Occupe-toi d'Arletty !

Jean-Pierre de Lucovich

Occupe-toi d'Arletty !

roman

PLON
www.plon.fr

ISBN : 978-2-259-21422-3

1

La partie était terminée. Un poker qui avait commencé à 21 heures. Il était 2 heures. Les gueules blafardes de mes amis autour de moi, les perdants qui ressassaient leurs coups malchanceux... j'en avais ma claque. Il y avait Roland, qui faisait le book à Longchamp, Max, pianiste au Florence, François, surveillant au lycée Voltaire et organisateur de la partie dans son appartement, près de la place Blanche.

La pièce puait la Parisienne, des saloperies à deux francs les cinq. Je ne fumais que des Week-End et des Highlife, trop chères pour mes amis, pour moi aussi d'ailleurs. Je demandai à François d'ouvrir la fenêtre, masquée par de lourds rideaux noirs.

« T'es dingue ! Et la défense passive !

— Tu n'as qu'à éteindre la lumière. Tu as peur de quoi ? »

François s'exécuta en râlant. L'air frais dissipa la fumée dans la pièce.

J'avais gagné ce soir. Pas une fortune, mais de quoi m'offrir un pardessus en prévision de l'hiver qui serait peut-être aussi rude que celui de 41. Et aussi quelques verres en rentrant chez moi, pendant que mes copains – couvre-feu oblige – passeraient la nuit ici. François commençait déjà à installer par terre un matelas pour Max et à préparer le canapé pour Roland.

Impossible de faire autrement, il n'y avait plus de métro depuis minuit. Pour moi, c'était sans importance, j'avais envie de marcher, de m'aérer. De boire aussi. J'habitais pas loin, près de la place Saint-Georges. En sortant, je pris la rue Fontaine. Je passai sans m'arrêter devant le Chantilly dont la spécialité était les règlements de comptes entre Corses et truands de la Gestapo française de la rue Lauriston. Ça se terminait toujours mal. Le patron faisait venir des fiacres pour transporter à l'hôpital Marmottan les cadavres enveloppés dans des nappes. L'idée m'effleura de faire un détour par la rue Pigalle pour aller au Grand Jeu. Une mauvaise idée. Je n'étais pas spécialement dégonflé. Deux ans de boxe anglaise et un an de boxe française me permettaient, si les circonstances m'y obligeaient, d'allonger un type sans même faire usage de mes poings, juste avec mes pieds. Mais le Grand Jeu... Les clients, des voyous stupides et dangereux, et des petits barbeaux qui roulaient des mécaniques, avaient des casiers judiciaires gros comme des malles de voyage. L'endroit avait connu une certaine célébrité lorsque le taulier, un truand notoire, Lucien Fuhrer – son nom faisait rire, mais jamais devant lui –, s'était fait buter par un tueur qui n'avait jamais été identifié. Un journal avait eu l'audace, l'inconscience plutôt, de titrer son article « Fuhrer assassiné ! ». La boîte avait été fermée pendant trois mois.

Les rues adjacentes étaient sombres, les réverbères peints en bleu éteints depuis longtemps. Les bars se succédaient dans la rue Fontaine – le Paradise, El Garron, la Cabane Cubaine, le Troubadour. Ils semblaient fermés. Pas pour ceux qui montraient patte blanche. Je décidai de m'arrêter Chez Fanfan, un bar-restaurant où l'on jouait à la passe anglaise, tenu par Joseph Soro, dit Jo le Catch, qui s'était produit à la Mutualité et à l'Elysée Montmartre avant de devenir une figure du milieu. De loin, tout en continuant d'avancer, j'apercevais la porte du bar, ouverte et laissant passer une lumière violente. Bientôt, en m'approchant, je vis deux flics à pèlerine dont les vélos étaient appuyés contre le mur. Ils m'avaient repéré.

« Hé ! Vous là-bas, où allez-vous ? Approchez ! »

Je traversai la rue. J'avais de la peine pour eux, ils allaient être déçus.

« Vos papiers !

— Tout de suite, messieurs. Ma carte d'identité ou mon ausweis ? »

Celui qui m'avait interpellé portait la main à son képi :

« Excusez-nous, monsieur, nous ne pouvions pas savoir.

— Ça va, je suis un ancien de la maison. Que se passe-t-il ? »

Les deux gardiens s'écartaient. Un macchabée était allongé sur le trottoir devant le bar, quelques trous bien placés dans la poitrine, sa tête pendant dans le caniveau. Une flaque de sang reflétait la lumière de Chez Fanfan et donnait un aspect irréel à la scène. Le type était tombé en arrière lorsqu'on lui avait tiré dessus à sa sortie du bar. Les traits durs du visage s'étaient adoucis dans la mort, une occasion qui ne se représenterait plus.

Je demandai à l'une des deux pèlerines : « Qui est-ce ?

— On ne sait pas. Quand on est arrivé, les clients s'étaient volatilisés, il ne restait que le patron et la barmaid. On attend l'arrivée de la Criminelle. »

Jo le Catch se tenait sur le pas de la porte, pas plus inquiet que ça, réfléchissant à ce qu'il allait dire aux flics. J'aurais pu lui écrire sa déclaration : « J'le connaissais pas. Y venait de temps en temps. Y payait son verre, c'est tout. Je m'occupais pas de ses affaires. » Il fallait traduire : « C'était un minable qui avait refusé plusieurs fois de payer et qui faisait des histoires. Il m'avait menacé. D'ailleurs, vous avez qu'à demander, je suis pas le seul qu'il était venu emmerder. » Du Pigalle pur jus.

Le bruit lointain d'une patrouille allemande qui marchait au pas cadencé du côté du boulevard de Rochechouart troubla le silence avant de mourir dans la nuit. Au moment où je m'apprêtais à quitter les lieux, une traction avant noire vint s'arrêter en face du bar. La Criminelle. Le passager, cinquante ans à vue de nez, sorte de bouledogue croisé avec un sanglier mais en moins séduisant, sortit d'abord, suivi du conducteur, beaucoup plus jeune. Je le reconnus tout de suite malgré le chapeau qui cachait le haut de son visage : Jacques Perrégaux, avec qui j'avais fait l'Ecole de Police. Je l'avais perdu de vue, mais je savais qu'il était à la Criminelle après avoir fait ses débuts à la Brigade mondaine grâce à mon père. Nous étions comme des frères. Nous avions fait un bout de chemin ensemble à la Crim. Malgré les voies différentes que nous avions choisies, notre amitié était restée solide. Il n'avait jamais oublié, et ne manquait pas de me le rappeler, que je lui avais sauvé la vie au cours de l'arrestation mouvementée d'un caïd un peu nerveux du couteau. Mais pas assez pour moi, ou plutôt pour mon pied droit qui lui avait fracassé la mâchoire. Comprenez : dans une bagarre, l'autre surveille vos poings, pas vos pieds. C'est une erreur. Quand il s'en rend compte, il est trop tard. La boxe française, la savate comme on l'appelle, c'est net, c'est propre, on pourrait presque garder les mains dans les poches pendant que les jambes et les pieds font le travail. Jacques s'avançait vers moi et me vit en pleine lumière.

« Jérôme ! Qu'est-ce que tu fais là ?

— Je sortais d'un poker, je n'avais pas sommeil. En rentrant chez moi à pied, je suis tombé sur ce charmant spectacle.

— Ah oui ? » grogna le bouledogue.

Il me fixait de ses petits yeux perdus dans les gros plis de ce qui pouvait passer pour un visage. Jacques me souriait comme quelqu'un qui a l'habitude d'excuser la mauvaise humeur d'un collègue.

« Jérôme, je te présente l'inspecteur Simoni avec qui je fais équipe. » Se tournant vers Simoni : « Jérôme Dracéna. Il a fait l'Ecole de Police avec moi. Tu as probablement connu son père ?

— Oui. »

Une brève lueur s'alluma dans le regard de Simoni, indiquant qu'après cette précision il me haïssait peut-être un peu moins, ou un peu plus qu'avant. Jacques se penchait sur le mort et fouillait ses poches. Je lui demandai s'il le connaissait.

« C'est un vieux client, Raymond Corsi, dit Beau Raymond. Un truand de Saint-Etienne qui a fait le mac à Paris pendant un certain temps et quelques coups avec des voyous d'ici. La dernière fois, ça ne s'est pas très bien passé et notre ami a préféré prendre le large. Je me demande ce qu'il est venu faire à Paris... Tu as vu ou entendu quelque chose ?

— Rien. Je suis arrivé après la fête.

— Bien. Tu peux partir, Jérôme. Tu recevras une convocation pour venir témoigner, même si tu n'as pas assisté au crime.

— Une convocation pour témoigner », répéta Simoni, sans me regarder.

Au moment de nous séparer, Jacques me dit en me serrant la main :

« Ça me ferait plaisir qu'on se revoie. Tu veux qu'on déjeune ensemble un de ces jours ? Appelle-moi Quai des Orfèvres, tu demandes l'inspecteur Perrégaux, à la Criminelle. »

Je promis. Son sourire disparut. Se tournant vers Jo le Catch, il aboya : « Toi, rentre ! On a à causer tous les deux. »

Avant de partir, je regardai une dernière fois celui qui avait été le Beau Raymond. La bouche veule, les yeux trop rapprochés, le menton en chute libre, le cheveu devenu rare… Qui avait pu le surnommer le Beau Raymond ? Les putes, sûrement. Ça devait remonter à quand il était mac au début des années trente.

Je n'avais toujours pas sommeil. Bizarrement, la scène de Chez Fanfan m'avait donné soif. Les morts, à Pigalle, ne donnent pas souvent envie de pleurer. Il était 3 heures. Où aller ? Il restait le bar du petit hôtel Proust, rue des Martyrs, ouvert toute la nuit. Il avait l'avantage d'être à côté de chez moi. Je descendis la rue Fontaine, puis la rue Notre-Dame-de-Lorette jusqu'à l'hôtel sans rencontrer âme qui vive. Il valait mieux être un habitué du bar pour y entrer. J'étais un habitué. Je frappai à la porte qui s'ouvrit. Je saluai le patron, Martial, en entrant. J'ignorai l'échassière aux jambes croisées haut qui, perchée sur son tabouret, cherchait mon regard jusqu'à ce qu'elle comprenne que je n'étais pas un micheton. Trois types discutaient à voix basse au fond de la salle. Je m'installai au bar et commandai une fine à l'eau à Liliane, la barmaid.

« Mais c'est le p'tit Dracéna ! Qu'est-ce qu'il fait ici, à une heure pareille ? »

Je me retournai. Le veston prince-de-galles court et cintré, la cravate jaune sur la chemise bleu marine, le chapeau vissé sur la tête, la sèche au bord des lèvres : il n'y avait pas d'erreur possible, l'homme qui m'interpellait n'était pas de l'Académie française. Son visage ne me disait rien.

« On se connaît ?

— Je veux qu'on s'connaît ! Moi, j' t'ai vu plusieurs fois dans le bureau de ton père quand tu venais le voir Quai des Orfèvres. C'est normal que tu t'souviennes pas de moi, t'étais très jeune et ton père nous a jamais présentés.

Remarque, je l'comprends ! » Il éclata de rire. « Je t'offre un godet ? »

J'étais de bonne humeur et curieux d'en savoir plus. J'acceptai.

« Alors, laisse tomber ta fine à l'eau, y a mieux à boire. Liliane, fais tomber une Bollinger, ce soir, j'ai un invité d'honneur ! J'me présente, Riton, ou, si tu préfères, Riton l'Anguille, comme m'appelait ton père. Rapport à c'que j'étais insaisissable et que je lui glissais toujours entre les mains ! »

Il rit encore et je ris aussi. J'ai un faible pour les ordures sympathiques. Riton, à qui je n'aurais pas confié un ticket de métro, semblait entrer dans cette catégorie. Il entreprit de me raconter quelques épisodes, presque toujours flatteurs pour lui, de sa vie de voyou : Riton barman, Riton cambrioleur, Riton barbeau et, bien sûr, Riton l'Anguille. Manquait probablement au tableau Riton indic. Il était marrant, même si je ne parvenais pas toujours à deviner la vérité entre les mensonges. La faute à l'alcool. Les coupes de champagne se succédaient. Ma tournée, la sienne. Sa tournée, la mienne. Le Proust était, cette nuit, le rade idéal pour dépenser l'argent du poker.

« Dis-moi, Riton, comment as-tu connu mon père ?

— Oh ! tu sais, dans mon métier – il rit – on a souvent l'occasion d'entrer en contact avec des gens comme ton vieux ! Bref, en 39, j'ai vendu à Pigalle des photos un peu spéciales d'une actrice de cinéma très connue. De l'explosif ! Tu vas comprendre, elle était à poil et les photos avaient été prises au One Two Two ! »

Il exultait devant mon intérêt.

« Et alors ?

— Alors, ton père m'a agrafé là-bas, un soir, devant les gonzesses à Madame Fabienne, la taulière. La honte ! On a beau être un voyou, y a des choses qui gênent ! Mais ton père m'a pas fait la vache. Il m'a mis au trou et je suis sorti au bout de quelques jours. Crois-moi, je risquais plus ! Je sais c'que tu vas m'demander : pourquoi il m'a laissé sortir ? J'vais te l'dire : parfois, j'lui rendais des services. Quand il avait besoin de moi, Riton était là ! Et puis j'dois reconnaître que ton père a toujours été régulier, pendant les interrogatoires, jamais un coup d'trop !

— Personne n'était au courant de tes relations avec lui ?

— Personne, j'en suis sûr. Toujours entre les mailles du filet, Riton, c'est pas pour rien qu'on l'appelle l'Anguille ! Dis donc, tu m'as pas dit c'que tu faisais dans l'quartier à trois plombes du mat'. T'avais un rencart ? »

Il me fit un clin d'œil appuyé.

« Non, je sortais d'un poker, près de la place Blanche. Je n'avais pas envie de me coucher et je me suis arrêté Chez Fanfan pour prendre un verre mais…

— Ah ! chez Jo le Catch, fit-il sans me laisser finir, je connais. J'y vais plus depuis un certain temps, j'ai trop perdu à la passe anglaise, là-bas, mais j'ai des potes qui y vont toujours, Georges le Toulousain, Didi Lunettes. Y avait encore du monde ?

— Presque personne, sauf un certain Beau Raymond. Tu le connais ? »

Il s'était raidi.

« J'l'ai rencontré une ou deux fois. Tu lui as parlé ? Il t'a parlé de moi ?

— Non. Il n'aurait pas pu me répondre, il était allongé sur le trottoir devant le bar avec quatre balles dans le buffet.

— Merde, alors ! Beau Raymond en viande froide ! Sans char ?

— Sans char. Renseigne-toi. »

Sa bonne humeur était revenue. Il semblait soulagé. On but le dernier. On échangea nos numéros de téléphone, il me donna son adresse, je ne lui donnai pas la mienne, on se serra la main et on se sépara devant le Proust.

Il était 5 heures passées. J'étais complètement embrumé, mais je me sentais bien. Quel mal y a-t-il à boire un verre avec un voyou comme Riton ? Il n'avait tué personne. Il avait sûrement vendu beaucoup de monde mais son bagout de camelot me faisait rire. J'étais désormais à la vie à la mort avec mon nouvel ami Riton, mais il était probable que dans un futur plus ou moins proche ce serait plutôt la vie pour moi, la mort pour lui. Quoi de moins immortel qu'un indic trop bavard ? Le jour se levait place Saint-Georges. Je marchais à pas incertains. Des ménagères au visage fatigué commençaient à faire la queue devant la boulangerie en face de chez moi, prêtes à sortir leurs cartes de rationnement qui leur donnaient droit à 350 grammes de pain par jour. Un écriteau, à la devanture de l'épicerie voisine, prévenait : « Pas de pommes de terre ». J'étais trop soûl pour m'apitoyer. Après avoir bredouillé mon nom en passant devant la loge de la concierge, je montai mes trois étages en m'accrochant à la rampe. J'essayai d'ouvrir ma porte avec mon stylo avant de trouver ma clé et de m'abattre sur mon lit tout habillé.

2

Loin, très loin, un téléphone sonnait, mais j'étais incapable de répondre. Ma tête explosait. Je devais transpirer du champagne. Je ne décrochai pas. Lentement, les souvenirs de la soirée remontaient à la surface. Le poker, le cadavre Chez Fanfan, le bar de l'hôtel Proust, Riton l'Anguille et ses exploits… Je me traînai jusqu'à la salle de bains et m'aspergeai d'eau froide. Dans le miroir, au-dessus du lavabo, je découvris une gueule de bois aux yeux rouges, posée sur une chemise qui avait été blanche. J'avalai deux aspirines. Le téléphone sonnait de nouveau. Cette fois, je me sentais capable de donner le change, de répondre d'un ton ferme. Je décrochai. C'était mon père.

« Jérôme ? Que se passe-t-il ? Il est plus de 10 heures. Je t'ai déjà appelé deux fois, ça ne répondait pas. »

Il avait sa voix de flic, celle qui excluait toute discussion.

« Excuse-moi, papa, j'étais sorti pour acheter le journal.

— Bon. Ecoute-moi bien. Ne sors pas de chez toi cet après-midi avant d'avoir reçu un appel d'Arletty. Je lui ai donné ton numéro de téléphone. Elle va t'appeler de ma part, et…

— Arletty… la vedette de cinéma ? »

J'avais retrouvé mes esprits.

« Oui, Arletty, la vedette de cinéma, comme tu dis. Elle a des ennuis. Si elle s'est adressée à moi, c'est parce que nous nous connaissons depuis longtemps et que je l'ai sortie d'une affaire délicate il y a quelques années. Elle m'en a toujours été reconnaissante. Seulement, elle ne savait pas que je n'étais plus Quai des Orfèvres. Tu vas t'occuper de l'affaire, je l'ai prévenue. Dès que tu l'auras vue, c'est-à-dire très vite j'espère, tu m'appelleras et tu viendras déjeuner à la maison pour tout me raconter. Tu as compris ?

— Compris. Tu sais de quel genre d'ennuis il s'agit ?

— Elle n'a pas voulu m'en parler au téléphone. Je compte sur toi. Je t'embrasse. »

Mon père. Louis Dracéna, commissaire principal à la Brigade mondaine. Ou plutôt ex-commissaire, puisqu'il avait pris sa retraite l'année dernière, un an après l'entrée des Allemands dans Paris. Aujourd'hui, nos rapports étaient redevenus normaux, chaleureux, mais il n'en avait pas été toujours ainsi. Lui, fils de paysan monté à Paris, flic sorti du rang qui s'était hissé au poste de commissaire principal à la Mondaine après être passé par les Renseignements généraux et la Criminelle, avait rêvé pour son fils d'un parcours sans faute dans la Grande Maison. J'avais fait mes études au lycée Voltaire où j'avais décroché mon bac. Ensuite, j'avais obéi à mon père lorsqu'il m'avait fait faire l'Ecole de Police d'où j'étais sorti inspecteur, avec une place de huitième sur soixante-douze candidats. Il était fou de joie, ce jour-là. Il avait ouvert une bouteille de champagne. Ma mère pleurait, mon père tirait sur son cigare. « La pipe, c'est bon pour ceux qui se prennent pour Maigret », aimait-il à dire avec un sourire en coin.

J'avais débuté à la Criminelle, après avoir fait un peu de commissariat pour me familiariser avec le terrain. Mon père ne voulait pas m'avoir sous ses ordres à la Mondaine. Les affaires auxquelles j'avais participé m'avaient passionné, mais au bout de deux ans j'en avais eu ma claque des flingués, des poignardés, des étranglés. Je l'avais laissé entendre en douceur à la brigade, mais ça n'avait pas plu. Ça ne se faisait pas dans la maison. On ne quittait pas la Crim, c'est la Crim qui vous quittait. Le futur que j'entrevoyais au 36 ne me plaisait pas. Le bureau aux murs pisseux sous les toits, les rapports interminables tapés à la machine avec deux doigts, les horaires impossibles, les plaisanteries grasses arrosées de bière... Non, je ne me voyais pas grimpant les échelons comme mon père pour finir en costume trois-pièces dans un grand bureau un peu moins jaunâtre, au deuxième étage. J'étouffais. Je ne pouvais plus continuer ainsi. La première personne à qui je devais en parler était mon père, bien sûr. Je passai une nuit blanche à réfléchir. Le lendemain, je lui annonçai ma décision. Je n'avais pas la foi. Je n'étais pas fait pour cette vie de règlements et de contraintes qui pèsent sur le policier. Je n'avais pas envie de croiser toute la journée dans les couloirs du 36 des gens qui, flics compris, ressemblaient à des photos anthropométriques. Mon père était effondré, vexé, furieux.

« Et on peut savoir ce que tu veux faire ?

— J'ai envie de devenir détective privé. Avec tout ce que j'ai appris au 36, j'ai une certaine expérience, des atouts, qui me permettront de me débrouiller et... »

Il suffoquait. Il me coupa la parole, hors de lui :

« Détective privé ! C'est tout ce que tu as trouvé ! Des cocus qui te demandent de suivre leurs femmes qui vont se faire lever par des gigolos dans des dancings, des flagrants délits d'adultères sordides, des comptables indélicats qui piochent dans la caisse, c'est ça que tu veux ?

— Les débuts seront peut-être un peu difficiles, mais j'y crois. Non seulement je te demande d'accepter ma décision, mais aussi de m'aider. »

Mon père était blême. Il me regardait fixement. Nous étions debout l'un en face de l'autre, figés dans un silence insupportable. J'allai à la fenêtre. Un chanteur des rues s'installait avec son orgue de Barbarie. Des vélos-taxis s'écartaient pour laisser passer une troupe des Jeunesses du Maréchal en béret et uniforme bleu marine, qui avançaient au pas cadencé. La peste en marche. Mâchoires volontaires, regards fixés vers l'avenir de la France, une France dont je ne voulais pas. Je savais qui ils étaient, ce qu'ils allaient devenir, des salauds fanatiques. Mais aujourd'hui, seul mon avenir m'intéressait. Deux longues minutes s'écoulèrent. Je me retournai. La colère de mon père était retombée, son visage avait repris une expression normale. J'attendais. J'espérais. Et l'incroyable se produisit. Il souriait. La plus grande qualité de mon père dans sa vie professionnelle comme dans sa vie privée, c'est sa faculté d'analyse foudroyante qui lui permet de s'adapter sur-le-champ à n'importe quelle situation et de changer d'avis sans perdre la face.

« Détective privé… Je n'en reviens pas. Après tout, je ne peux pas te forcer à continuer au 36 si tu n'en as pas envie. Bon. Tu commences quand ? »

Il était très fort. J'avais envie de me jeter dans ses bras mais j'éclatai de rire. Ma mère, entre-temps, était entrée dans la pièce. Elle ne comprenait rien.

« Qu'est-ce que vous avez tous les deux à rire comme des crétins ? »

Mon père l'affranchit et le seul commentaire de ma mère fut : « Tu viendras quand même déjeuner le jeudi ? »

3

Mes débuts, c'est vrai, n'avaient pas été faciles. Je me sentais un peu nu après avoir rendu mon 7,65 mm, ma carte de police et l'insigne qui l'accompagnait. Je me procurai un coup-de-poing américain, un objet utile capable de faire des dégâts sur un visage ennemi. A l'époque, j'habitais à droite, à gauche, chez des copains, mais la plupart du temps chez des filles accueillantes que je n'avais pas laissées indifférentes. Parfois, elles m'aidaient quand j'étais fauché. Perrégaux m'avait dit un jour en riant : « Si tu continues, on va te faire tomber pour proxénétisme ! » Je lui avais répondu sur le même ton : « Ce n'est pas parce qu'une danseuse de Tabarin me nourrit et me donne un peu d'argent de poche de temps en temps que ça fait de moi un hareng ! »

Aidé financièrement par les économies de mon père qui suivait mes activités de près, je trouvai un petit deux-pièces rue Saint-Georges. L'une serait ma chambre, l'autre mon salon, ma salle à manger et surtout mon bureau. En emménageant, la prétention me poussa à accrocher une plaque de cuivre sur ma porte, où l'on pouvait lire « Jérôme Dracéna. Enquêtes-Filatures. Discrétion assurée ». Je la retirai vite après avoir croisé les regards réprobateurs des habitants de l'immeuble.

Mon père avait aussi promis de m'indiquer des affaires. Il tint parole. Je commençai par recevoir un grand bourgeois qui ne comprenait pas pourquoi sa femme revenait très fatiguée de chez sa mère, deux fois par semaine, toujours vers 19 heures. Il trouvait ça louche. Il avait raison. Sa femme adorait sa mère mais elle lui préférait un joueur de polo argentin qu'elle rencontrait dans un hôtel de passe de la rue Henri-Rochefort, près du parc Monceau. La mère couvrait sa fille par haine de son gendre. J'évitai le pire après avoir fait le coup de poing avec l'Argentin qui m'avait repéré pendant une filature. Il disparut contre un peu d'argent versé par sa maîtresse et ma promesse de confirmer au mari que bobonne se rendait bien chez sa mère deux fois par semaine.

Plus tard, une pimbêche, femme d'un industriel, voulut savoir si la secrétaire de son mari était aussi moche qu'il la lui décrivait. Le mari était sympathique, la secrétaire jolie. Je la décrivis à l'épouse comme « boutonneuse et courte sur pattes, mais d'après mes renseignements, une employée modèle, indispensable à votre époux ». La pimbêche était si contente qu'elle paya sans sourciller mes honoraires sans voir que j'avais multiplié par deux les heures de filature. En prime, j'affranchis le mari…

Je pratiquai aussi des notaires véreux, des assureurs marrons, des gigolos prêts à tout. Des affaires réglées le plus souvent dans la discrétion. Parfois, un peu de terreur physique s'imposait. Une gentille veuve dans le besoin s'était fait voler ses économies par un faux agent d'assurances. Elle était venue me voir, en larmes. J'avais rendu visite à l'escroc, un minable déguisé en voyou, qui avait essayé de la ramener. Je n'avais pas mis longtemps à récupérer l'argent. Le temps d'entendre ses côtes craquer et qu'il me supplie de ne pas continuer. Je n'aime pas le travail à moitié fait mais je suis raisonnable, je sais m'arrêter quand il le faut. De toute manière, je n'avais plus envie de le toucher, il avait vomi de peur sur son costume. La veuve pleurait quand je lui avais rendu l'argent. Elle voulait me payer, je refusai. Il y avait assez de riches cocus en circulation pour me permettre de faire ma BA de temps à autre.

A la suite du décès de ma grand-mère maternelle, ma mère avait touché un petit héritage dont elle tenait à me faire profiter. Les affaires n'allaient pas trop mal. L'Occupation ne changeait rien aux habitudes des maris trompeurs, des femmes volages et des héritiers sans scrupules. L'adultère, c'était mon métier, c'était ma vie privée aussi. Paris semblait peuplé de femmes mariées sans maris. Ils étaient prisonniers en Allemagne. Comme le disait élégamment mon pote d'entraînement, Marcel le Boxeur : « Y a qu'à s'baisser ! » Les absents ont parfois raison mais seulement quand ils sont là. On n'est pas infidèle à quelqu'un qui est parti en emmenant sa jalousie. Et moi alors, qu'est-ce que j'aurais dû faire, me prendre moi-même en filature ?

J'avais acheté chez un copain garagiste une petite Juvaquatre d'occasion qui ne consommait pas trop d'essence. Mon père était presque fier de moi. Je lui rendais visite régulièrement au 36 où je croisais dans les escaliers des inspecteurs de la Crim que j'avais connus pendant mes deux ans dans la maison. Tous ne m'avaient pas pardonné d'avoir quitté la brigade. J'avais droit à des poignées de main réticentes et des regards glacés qui ne trompaient pas. Je retrouvai aussi Jacques Perrégaux, mon copain de l'Ecole de Police, qui était, d'après mon père, l'un des meilleurs éléments de la Crim. Nous déjeunions ensemble de temps à autre dans un bistrot de la place Dauphine. Il m'aimait bien, mais je sentais qu'il examinait mes costumes, mes chemises et mes chaussures, acquis la plupart du temps grâce à une affaire réussie, avec, me semblait-il, une touche de réprobation. Il était encore jeune mais le 36 avait déjà imprimé sa marque, ses fringues trahissaient le flic de loin. Il me demandait si je ne regrettais pas la Crim. Non, je ne regrettais rien.

Un jour de mai 1941, mon père me téléphona.

« Tu n'as pas oublié que tu viens dîner samedi pour ton anniversaire ? J'ai un cadeau pour toi. » Et il précisa sur un ton mystérieux : « Un cadeau utile, très utile... »

Lorsqu'il ouvrit la porte, je vis qu'il avait sorti son costume croisé bleu marine des grandes occasions. Ma mère avait exhumé une robe de 1938 qui lui allait encore à merveille. J'aime beaucoup ma mère. Elle est terre à terre, d'une intelligence moyenne, mais elle a une immense qualité : elle me donne toujours raison. Mon père nous proposa l'apéritif.

« Une larme, Louis, tu sais comment je suis quand j'ai bu, minaudait ma mère.

— Allons, Yvonne, tu ne vas pas t'évanouir pour une gorgée de porto ! »

Nous passâmes à table. Je ne voulais pas savoir par quels moyens mon père avait pu trouver un gigot par ces temps de disette. Un boucher de ses relations ? Le cadeau d'une taulière reconnaissante ? Et, pour accompagner le gigot, ni topinambours, ni rutabagas, mais des flageolets, de vrais flageolets. Nous mangions avec bonheur et un peu de honte, loin de la misère extérieure. Ma mère desservit et revint de la cuisine avec un gâteau couronné de bougies.

« Papa, maman, c'est de la folie, comment...

— On n'a pas vingt-sept ans tous les jours, dit mon père faussement sérieux. Tu es vieux maintenant ! Tu te débrouilles bien dans ce que tu fais, je l'avoue aujourd'hui. J'avais envie de marquer le coup. A ta santé ! »

Une bouteille de champagne avait fait son apparition.

Nous trinquâmes et mon père dit à ma mère :

« Attention, Yvonne, tu titubes déjà !

— Ton père est idiot. Je me demande ce que je fais encore avec lui ! »

L'ambiance était joyeuse. Mon père prit un air sérieux pour me dire : « Je t'ai dit l'autre jour que j'avais un cadeau pour toi. Le voici. Il n'est pas gros, mais il pourra t'être utile dans certaines circonstances, j'en suis sûr. »

Il sortit une enveloppe de sa poche et me la donna. Je l'ouvris et en retirai une carte. En haut, imprimé en gros caractères, un mot me sauta au visage : Ausweis. En dessous, mon nom, suivi d'un texte qui ordonnait à la personne qui en prendrait connaissance de me donner toutes facilités pour circuler. Un ausweis ! Le sésame qui permettait de circuler sans problème dans Paris, à pied, à vélo ou en voiture, de jour comme de nuit, sans avoir à donner d'explications aux flics ou à la patrouille de chleuhs qui m'interpellerait. J'étais stupéfait. Mon père, goguenard, me regardait.

« Tu ne t'attendais pas à ça, hein ? Tu pensais que j'allais t'offrir une paire de chaussures ou un stylo, des cadeaux utiles, c'est vrai, mais enfin, rien à côté de ça ! »

Je n'en revenais pas. « Je peux te demander comment tu l'as obtenu ?

— Tu peux toujours me le demander, mais ne compte pas sur moi pour te le dire. »

Je connaissais son numéro. Je savais qu'il ne pourrait pas résister longtemps. Il avait trop envie de me raconter le « coup magistral » – son expression favorite – qui lui avait permis d'obtenir cet ausweis.

« Allez, papa, ne te fais pas prier, tu meurs d'envie de parler. »

Il minaudait, ce qui est rare chez les flics qui ont passé vingt ans Quai des Orfèvres.

« Bon, mais oublie ce que je t'aurai dit en sortant d'ici. »

Il s'installa dans son fauteuil, se versa un petit verre de fine, alluma un cigare et, après avoir longuement préparé son entrée en scène, il commença à raconter.

« Tu sais peut-être qu'aux Tuileries, la nuit, il se passe pas mal de choses. C'est un rendez-vous de tantes bien connu où il nous est arrivé, à la Mondaine, de ramener quelques beaux poissons dans nos filets. Mais ce soir-là, la pêche a été miraculeuse. J'étais dans les jardins côté Seine avec Pardo et Leroyer. Il ne faisait pas très chaud. C'est peut-être pour ça que ces messieurs-dames étaient moins nombreux que d'habitude. Il était 1 heure, il ne se passait rien, on s'apprêtait à rentrer, lorsque nous voyons quelque chose qui bouge dans un buisson. On s'approche en silence, on allume nos torches, et alors là, le spectacle ! Deux types en train de s'enfiler à tout-va ! Ils s'arrêtent net, cloués comme des papillons dans la lumière de nos torches. On voit qu'ils ont peur. Ils se rajustent vite fait, et nous, on leur demande leurs papiers. Tu ne devineras jamais : un Allemand et un Français ! L'Allemand, qui parlait le français comme toi et moi, était un lieutenant de la Kommandantur. Il avait un ausweis, évidemment, mais pas pour s'envoyer en l'air dans les buissons des Tuileries ! Si je l'avais surpris avec une femme, il ne risquait pas d'être inquiété, mais avec un homme ! Et l'autre, tu sais qui c'était ? Le fils d'un ponte de la collaboration ! Lui non plus, il n'a pas envie que l'affaire s'ébruite. Ils sont là, comme deux bêtes traquées, sûrs qu'on va les embarquer. Je les laisse un peu mariner, et au bout d'un moment, tiens-toi bien, je décide de laisser courir. Je fais le généreux, l'indulgent. Je rends service, tu comprends. Maintenant, ils me doivent. Mais avant de les libérer, je note tout, nom, date et lieu de naissance, adresse, téléphone, et je leur dis : "Messieurs, vous pouvez partir." Ils n'en reviennent pas. Ils n'arrêtent pas de me remercier, de s'excuser, jusqu'à ce qu'on leur dise de déguerpir. Ils s'en vont en courant dans la nuit, et nous, on rigole. Leroyer me demande : "Vous êtes sûr qu'on a eu raison de les laisser partir, patron ? – Mais oui. Un officier boche et le fils d'un grand collabo, on était sûr d'avoir des ennuis, ça valait pas le coup. Allez, on va se coucher, les gars." Et chacun rentre chez soi. Le lendemain, je gamberge et je me dis que le Frisé a dû être vraiment soulagé de s'en être tiré comme ça. Nos amis occupants veulent bien fermer les yeux sur l'homosexualité de leurs troupes à l'intérieur des boîtes spécialisées, mais là, en public, c'est autre chose. Ce lieutenant Klaus Brehmer pouvait se retrouver comme un rien sur le front russe où l'ambiance est beaucoup moins agréable qu'aux Tuileries ! »

J'écoutais le récit de mon père, bouche bée. En comédien chevronné, sûr de ses effets, il allait se surpasser dans le finale.

« Bref, quelques jours plus tard, je téléphone au bureau de Brehmer et je m'annonce : commissaire principal Dracéna, mais sans préciser "de la Brigade mondaine". On me le passe. Sa voix est sèche, mais il change vite de ton lorsque je lui rafraîchis la mémoire à mots couverts. Je lui demande un rendez-vous. Il hésite, puis il me dit : "D'accord, mais pas dans mon bureau. Je peux vous voir demain à 19 heures à la grande brasserie de la place du Palais-Royal." Et il raccroche. Le lendemain, je suis à la brasserie. J'attends. Soit il vient, soit il me fait arrêter, mais j'en doute. Je le vois arriver de loin d'un pas pressé.

« Heureusement, il est en civil, ça m'aurait emmerdé qu'on me voie avec un fridolin en uniforme. Il s'assied, il a l'air inquiet. Il a les cheveux rasés autour des oreilles, quelques rides, un regard changeant, entre vice et dureté. Je commence par le rassurer. Je lui explique que je ne suis pas ici pour lui extorquer de l'argent ou des renseignements. On n'évoque même pas la nuit des Tuileries. Je lui dis brutalement : “Je voudrais un ausweis pour mon fils. Il est détective privé. Il en a besoin pour pouvoir se déplacer plus facilement dans Paris.” Je précise que tu ne t'occupes pas de politique ni d'affaires de marché noir. Et, au bluff, j'ajoute pour le convaincre : “Si jamais on vous demande des explications, vous pourrez toujours dire que mon fils travaille pour vous.” Sur le moment, il est estomaqué, mais je vois aussi qu'il respire. Il réfléchit.

« “Bien. Je vais voir ce que je peux faire.” J'insiste. “Je suis sûr que vous pouvez faire beaucoup. Voici ma carte avec mon adresse personnelle.” Il s'est levé et il est parti, après m'avoir salué d'un signe de tête. J'ai reçu ton ausweis huit jours plus tard. Qu'est-ce que tu dis de ça ? Si c'est pas un coup magistral !

— Magistral, mais c'était tout de même gonflé et surtout très risqué, non ?

— Peut-être, mais une tante allemande et le fils d'un grand collabo en train de s'enfiler dans un bosquet à 2 heures du matin aux Tuileries, c'est trop beau, ça se refuse pas. Tu comprends, je les tenais par les couilles, si je puis dire ! »

Ma mère revenait de la cuisine et elle a dit à mon père : « Louis, tu ne vas pas encore nous casser les pieds avec tes deux invertis ! »

*

J'aurais voulu me rendormir après le coup de téléphone de mon père, mais j'étais encore sous le choc de l'annonce de ma future rencontre avec Arletty. Je suis un fou de cinéma. Je vois, quand mon emploi du temps le permet, jusqu'à quatre ou cinq films par semaine. Je lis les deux magazines de cinéma, *Vedettes*, et surtout *Ciné Mondial*, où j'ai un copain photographe qui me tient au courant des derniers potins et des sorties de films. Mais

Arletty, c'était spécial. J'avais vu presque tous ses films depuis 1938 : *Hôtel du Nord*, *Circonstances atténuantes*, *Fric-Frac*, *Le jour se lève*, *Tempête sur Paris*. Arletty, c'était mon genre de beauté. La peau très blanche, des yeux sombres, des cheveux noirs de jais. J'aimais sa gouaille, son rire inimitable, son regard à fois ironique et allumeur. J'avais du mal à y croire, mon rêve allait devenir réalité.

Allongé sur mon lit, je voyais sa carrière défiler devant mes yeux. Madame Raymonde, dans *Hôtel du Nord*, le rôle qui l'avait rendue célèbre. Une scène me poursuivait : elle est assise au bord d'un lit, en combinaison noire, pendant que Bernard Blier lui embrasse les pieds. Je me voyais à la place de Bernard Blier. Plus tard, je m'étais précipité pour voir *Tempête sur Paris* – encore une scène où elle était en bas noirs, cette fois avec Dalio. Je me voyais à la place de Dalio. Après, il y avait eu *Madame Sans-Gêne*, *La femme que j'ai le plus aimée*, *Boléro* – trois films en six mois ! – et *L'Amant de Bornéo*, qui allait sortir mais ça pouvait attendre. J'allais la voir « en vrai », comme disait ma concierge, qui avait vu tous ses films aussi, mais pas pour les mêmes raisons. La principale étant que, comme elle, Arletty était née à Courbevoie. Je ne savais pas grand-chose de sa vie sentimentale. Elle était souvent photographiée dans des cocktails, des galas de cinéma, parfois accompagnée par le même officier allemand, en civil ou en uniforme. Qui était-ce ? Il semblait plus jeune qu'elle. Pourquoi lui et pas moi ? Il y avait peut-être une place à prendre… Mais cela était une autre histoire.

Je passai l'après-midi à la maison. A 5 heures, le téléphone sonna. Je décrochai. Au bout du fil, une voix acidulée, inimitable.

« Monsieur Jérôme Dracéna ?

— Oui, c'est moi.

— Bonjour, c'est Arletty. »

Juste avec cette petite phrase, bonjour, c'est Arletty, elle venait d'entrer chez moi.

« Bonjour, madame. J'attendais votre appel. Mon père m'a prévenu que vous auriez peut-être besoin de mes services.

— Ah, votre père, c'est quelqu'un ! » Elle rit en cascade, exactement comme à l'écran. « Je l'connais depuis une dizaine d'années alors j'ai tout de suite pensé à lui, mais en téléphonant Quai des Orfèvres, j'ai appris qu'il avait pris sa retraite. Je l'ai donc appelé chez lui – dites donc, votre mère, elle a pas l'air commode au téléphone ! Enfin, bref, il m'a expliqué que vous étiez compétent et qu'il vous donnerait un coup de main si c'était nécessaire. Pouvez-vous venir me voir demain en fin d'après-midi, vers 6 heures ?

— Vous pouvez compter sur moi.

— Je suis au 13, quai de Conti. C'est à côté de l'Institut. Vous trompez pas d'adresse, vous vous retrouveriez chez des vieillards qui doivent pas me trouver bon genre mais qu'est-ce qu'on en a à faire du bon genre, hein ? »

Elle rit et je ris avec elle.

« Vous entrerez par l'impasse Conti, au 2. Prenez aussi mon numéro de téléphone au cas où vous auriez un empêchement : Danton 47 48. Vous avez tout noté ? Alors, à demain. »

Voilà, c'était fait. Demain, je serais chez Arletty. Je la verrais de près. Je lui parlerais. Je plaisanterais peut-être avec elle.

Je téléphonai à mon père pour lui rendre compte. Avant de raccrocher, je lui demandai : « Arletty m'a dit que vous vous connaissiez depuis dix ans. Tu m'as dit que tu l'avais tirée d'une histoire délicate, c'est bien ça ?

— C'est à peu près ça. Si tu dois la voir demain, viens donc déjeuner après-demain. Tu me raconteras tout et je t'en dirai plus, mais, ajouta-t-il avec un petit rire complaisant, pas devant ta mère ! »

Qu'est-ce qui avait bien pu se passer avant la guerre entre Arletty et le jeune inspecteur Louis Dracéna ? Une bouffée de jalousie me submergea. Mon Arletty aurait été son Arletty ?

4

Fatigué par la nuit précédente, je restai chez moi. J'ouvris quelques dossiers en retard. En retard, pour moi, cela veut dire non payés. Le premier de la pile concernait un banquier pour qui j'avais travaillé il y a trois mois et qui n'avait toujours pas réglé mes honoraires. Je souriais tout seul en me remémorant l'affaire. Quand Edouard Leroy-Ferreux était venu me voir, il était resté debout devant moi après avoir laissé tomber ses gants sur mon bureau d'un air ennuyé. Il transpirait. Ça n'allait pas avec sa chemise en soie crème. Une cinquantaine d'années, la bouche méprisante, l'œil froid. L'antipathie immédiate que dégageait le personnage était presque palpable. Cela me convenait, me permettrait de lui tenir la dragée haute. De décider des conséquences de l'enquête d'après ce que je découvrirais. Je n'y peux rien, c'est plus fort que moi, je suis un épidermique, doublé, à l'occasion, d'un sentimental. Que voulait-il, cet Edouard Leroy-Ferreux dont j'avais lu le nom dans des journaux collaborationnistes et dont on disait qu'il subventionnait *Le Réveil du peuple*, « l'hebdomadaire des énergies, de l'idéal et du redressement » ? Je le regardais. Encore une histoire de cocu, sûrement, mais celle-ci, j'allais le découvrir, sortait de l'ordinaire. Irène, son épouse, se rendait régulièrement à côté de Paris pour passer quelques jours chez sa sœur Solange, qui venait de perdre son mari. Elle en revenait les traits tirés, distante, de mauvaise humeur. Il ne comprenait pas, quelque chose lui échappait. Il voulait en avoir le cœur net. Etais-je capable de mener une enquête discrète ? Je lui demandai s'il avait questionné sa femme et quelles avaient été ses explications.

« Elle m'a répondu que sa sœur était très éprouvée. Elle n'arrête pas de pleurer, elle a du mal à rester seule. Quand Irène veut partir, Solange la supplie de rester. Ma femme, qui adore sa sœur, n'ose pas refuser, elle a peur qu'elle fasse des bêtises. »

Je flairai le coup classique. Le mari riche et assommant, les deux sœurs complices. Mères, sœurs, cousines, que deviendraient les pauvres femmes infidèles sans l'aide de leur famille ?

« Vous êtes allé voir votre belle-sœur ?

— Oui. C'est vrai, elle ne va pas bien, mais je ne l'ai pas trouvée aussi mal que ma femme me l'avait dit. Elle m'a confirmé les visites d'Irène et s'est excusée pour les soucis qu'elle nous causait. J'ai l'impression – j'espère que ce n'est qu'une impression – que, malgré les apparences, ma femme me cache quelque chose.

— Vous n'avez pas pensé à la suivre ? »

Il se redressa, outré.

« Moi, Edouard Leroy-Ferreux, suivre ma femme ! A qui croyez-vous parler ! Il y a des gens pour ça, sinon, je ne serais jamais venu vous voir. Allons, je n'ai pas de temps à perdre : vous acceptez ou pas ? »

J'acceptai. Je lui prendrais volontiers un peu d'argent, le plus possible, mais j'avais aussi très envie de découvrir ce que fricotait Irène Leroy-Ferreux quand elle prétendait être chez sa sœur Solange. Je lui annonçai, en les majorant, le montant de mes honoraires. Il tiqua. Je lui demandai une avance pour mes frais. Il tiqua encore. Radin, avec ça ! Sans la connaître, Irène Leroy-Ferreux m'était déjà sympathique. Il sortit son portefeuille et en tira à contrecœur quelques billets qu'il posa devant moi. Pouvait-il me faire confiance ? Il semblait en douter. Il n'avait pas tort. Il me tendit une enveloppe.

« Vous y trouverez ma carte et une photo de ma femme, que vous n'avez jamais vue. Elle doit se rendre chez sa sœur après-demain en fin d'après-midi. Faites le nécessaire. Quand vous aurez besoin de me joindre, vous ne m'appellerez sous aucun prétexte chez moi, mais à mon bureau. C'est bien compris ? Au revoir, monsieur. »

Il remit ses gants en pécari, jeta un coup d'œil de regret sur les billets restés sur mon bureau et sortit en regardant d'un air méfiant autour de lui comme si la rue Saint-Georges était un coupe-gorge. Je le vis par la fenêtre monter dans une Delage noire après qu'un chauffeur lui eut ouvert la portière avec déférence. Dans l'enveloppe, je trouvai une photo d'Irène Leroy-Ferreux. C'était une jolie femme aux longs cheveux châtains ondulés. Elle était en tenue de plage, à Cannes ou à Juan-les-Pins, peut-être. Elle me plut. Je ne savais pas avec qui elle trompait son mari mais l'amant ne pouvait pas être pire que l'affreux Edouard. Sur la carte, je lus l'adresse du couple, 15, avenue d'Eylau, dans le 16e.

Le jeudi, vers 16 heures, photo en poche, j'allai chercher la Juvaquatre au garage et pris le chemin du 16e. Le 15, avenue d'Eylau était un bel immeuble des années vingt. De loin, on pouvait voir qu'il n'y avait qu'un appartement par étage. Je me garai un peu en retrait et me préparai à une longue attente. 18 heures. Une jolie femme sortit du 15. Irène Leroy-Ferreux monta dans un cabriolet Panhard Dynamic dont elle garda la capote fermée. Elle démarra et prit la direction de la place de l'Etoile d'où elle descendit les Champs-Elysées. Je suivis, à distance raisonnable. Elle continua en se dirigeant vers la place de la

Concorde, puis elle rejoignit le boulevard des Capucines, jusqu'à la place de l'Opéra. Elle roulait maintenant avenue de l'Opéra. Sans mettre sa flèche, elle tourna brusquement à gauche pour s'engager dans la rue Sainte-Anne. J'avais failli la perdre mais le peu de circulation me permit de tourner aussi et de ne pas la lâcher. La Panhard s'arrêta à la hauteur du numéro 12. Je connaissais cette adresse. Je me garai une trentaine de mètres derrière elle. Irène Leroy-Ferreux sortit de sa voiture, marqua un temps d'arrêt, regarda autour d'elle et entra dans l'établissement. Ça commençait à devenir intéressant. Le 12, rue Sainte-Anne, c'était la Vie Parisienne, la boîte de la chanteuse Suzy Solidor. Le contraire d'Arletty, la Solidor ! Une grande armoire à glace aux yeux bleus, très blonde, un visage qui hésitait entre le bûcheron nordique et le modèle pur aryen glorifié par la Nouvelle Allemagne. Chanteuse réaliste mais surtout lesbienne notoire, même si on savait qu'elle avait été la maîtresse de Mermoz jusqu'à sa disparition, fin 36. Son cabaret (« Chez Suzy Solidor. Programme de Goût et de Qualité », disait la publicité dans les journaux) marchait très fort grâce à une clientèle d'officiers allemands et de noctambules parisiens qui venaient l'entendre interpréter de sa voix de basse son grand succès, « Lily Marlène », la chanson fétiche de l'Afrika Korps. Mais aussi pour son répertoire dramatique – « Mon cœur est triste sans amour, je ne veux qu'une nuit... » – où il était toujours question de ports sinistres et de marins qui ne reviendraient pas. J'avais accompagné mon père un soir lorsqu'il était à la Mondaine. La salle était petite. Autour d'une piste où se produisait la chanteuse, des tables et des banquettes accueillaient les clients le long de murs couverts de portraits de la patronne par ses nombreux amis peintres, tous célèbres, Domergue, Labisse, Bérard, Paul Colin... Certains dataient de l'époque où elle avait tourné dans *La Garçonne*, en 36. Je n'avais pas vu le film mais pour les garçonnes, ce soir-là, j'avais été servi. Elles étaient une dizaine autour de la petite scène, toutes en costume d'homme, éperdues devant leur idole et ses chansons cafardeuses. Parfois, sur le tard, pour épater les bourgeois déjà grisés par la présence de ces lesbiennes dont ils avaient entendu parler mais qu'ils voyaient pour la première fois, Solidor modifiait le texte d'une de ses chansons les plus connues. « Elle le fait souvent et ça marche toujours », m'avait expliqué mon père. Au lieu de « la mer est verte, laisse un peu la fenêtre ouverte », elle disait « laisse un peu ta braguette ouverte ». Fous de joie, les bourgeois. Et troublés : si elle parlait de braguette, elle n'aimait peut-être pas les femmes autant qu'on le disait ? Suzy Solidor était venue saluer mon père après son tour de chant. Ils avaient parlé à voix basse pendant que j'échangeais quelques mots sans intérêt avec la jeune femme brune aux cheveux courts qui l'accompagnait. J'appris qu'elle s'appelait Doris. Elle semblait ennuyée d'avoir à me faire la conversation.

Le temps passait lentement. Je m'ennuyais ferme dans ma voiture. J'avais faim. Je détestais Edouard Leroy-Ferreux et ses gants en pécari. Vers minuit, son épouse sortit de la Vie Parisienne au bras d'une jeune femme brune aux cheveux très courts, en tailleur noir. Je reconnus Doris. Ça bougeait enfin. J'étais prêt. Elles montent dans la Panhard – Irène ouvre galamment la portière pour Doris avant de s'installer au volant – et la voiture démarre. Les Guichets du Louvre, le boulevard Saint-Germain, je les suis discrètement. Boulevard Raspail, boulevard Edgar-Quinet. Direction le Sphinx ? Elles n'auraient pas l'imprudence de se montrer dans l'un des bordels les plus connus de Paris, au risque de tomber sur des amis du mari, peut-être sur le mari lui-même ! J'essayais d'imaginer Edouard Leroy-Ferreux nu avec ses gants en pécari au Sphinx… La Panhard ralentit et s'arrêta devant le Monocle, un repaire de lesbiennes bien connu, une boîte de femmes, comme aurait dit ma mère. Le couple, car je ne m'étais pas trompé, c'était bien un couple, entre. Je décide de jouer le provincial en goguette. Je laisse passer un moment et j'entre à mon tour. Je sais que je ne serai pas toléré plus de cinq minutes. Les hommes, ici, sont aussi bienvenus que le général de Gaulle à l'ambassade d'Allemagne. Il va falloir faire vite. Une femme en smoking à la nuque rasée m'accueille. Elle porte un monocle. Derrière elle, une porte entrouverte donne sur une salle d'où me parviennent des rires et de la musique. Je sens tout de suite que je suis l'ennemi.

« Monsieur ?

— Bonsoir. Je viens de Nantes, je suis de passage à Paris, dis-je en prenant l'air gêné, et j'aurais bien voulu assister à un spectacle un peu... déshabillé. On m'a dit que chez vous... vous comprenez ce que je veux dire... » Mon ton est égrillard. Elle ne sourit pas.

« Je comprends très bien. Mais on vous a mal renseigné. Nous n'avons pas ce genre de spectacle ici. Nous sommes un club privé. Voyez donc du côté de Pigalle, vous y trouverez sûrement ce que vous cherchez. Bonsoir, monsieur. »

Je la remercie en m'excusant. Elle me tourne le dos et disparaît dans la salle. J'ai trente secondes devant moi. Je la suis et jette un coup d'œil à l'intérieur. Je veux voir à quoi ressemble une soirée ordinaire au Monocle mais surtout en savoir plus sur la vie secrète d'Irène Leroy-Ferreux. La plupart des femmes, clientes et serveuses, sont habillées en homme, costume-cravate ou smoking. Seules quelques femmes que je classai dans la catégorie bourgeoises venues s'encanailler sont en robe. Une chanteuse en fourreau pailleté se tord les mains sur « Je suis seule, ce soir », le succès de Léo Marjane. Sur la piste, des couples enlacés dansent les yeux dans les yeux. Je trouvai alors ce que je cherchais : dans le fond, sur une banquette, collées l'une contre l'autre, Doris et Irène Leroy-Ferreux s'embrassent à pleine bouche. J'enregistre la scène à la vitesse d'un appareil photo. On commence à me regarder, la femme au monocle s'avance vers moi. Je sors à reculons en ayant l'air de m'excuser. Mais ma mission n'est pas terminée. Il me faut maintenant découvrir où les deux femmes vont finir la nuit. J'attends dans ma voiture lorsque, vers 3 heures, elles font leur apparition à la porte du Monocle, avant de monter dans la Panhard et de démarrer en direction de Montparnasse. Tout est sombre. La Panhard roule lentement, ses lanternes peintes en bleu allumées. La belle Irène, c'est évident, doit, en tant qu'épouse d'un collabo important, avoir un ausweis pour pouvoir circuler à une heure si tardive. Je la suis d'assez loin pour ne pas donner l'éveil. Arrivée au carrefour Montparnasse, la Panhard tourne à droite boulevard Raspail, puis encore à droite, rue Huyghens. J'espère qu'elles ne vont pas s'arrêter au Jimmy's qui n'est pas une boîte de lesbiennes mais plutôt un nid de collabos et de gros trafiquants. Une autre boîte où Irène Leroy-Ferreux pourrait rencontrer des amis de son mari – et son mari –, mais la question ne se pose pas, l'endroit est fermé. La voiture a ralenti et se gare maintenant en face du Jimmy's. Je suis au début de la rue, tous feux éteints. J'ai un bon angle de vue mais il fait trop sombre. Je sors de la voiture en évitant de claquer la portière et m'avance doucement jusqu'au Jimmy's. En face, les deux femmes sont devant un petit immeuble composé de trois ateliers d'artiste. Doris prend une clé dans son sac et ouvre la porte. J'attends. Les verrières des trois ateliers sont masquées par des rideaux, mais au bout d'un moment un faible rai de lumière filtre du deuxième étage. Je n'ai plus qu'à relever le numéro de l'immeuble.

Je rentrai chez moi en pensant à Solange, la sœur d'Irène Leroy-Ferreux, si « seule », si « triste », et à son beau-frère, Edouard, qui allait en avoir pour son fric.

*

Le téléphone sonna très tôt le lendemain. Je ne répondis pas. Puis, deux fois encore dans la matinée. Je ne décrochai pas. Le banquier, qui s'impatientait, j'en étais sûr. Je fis durer le plaisir jusqu'à midi. Il rappela pour la quatrième fois.

« Enfin, c'est insensé, je vous ai appelé plusieurs fois dans la matinée, ça ne répondait jamais. Que faisiez-vous ?

— Je dormais.

— Quoi ! Vous dormiez ! Je ne vous paye pas pour dormir. Qu'avez-vous découvert ?

— Si je dormais, c'est parce que j'ai travaillé pour vous jusqu'à 6 heures du matin.

— Comment ! Et alors ?

— J'ai quelqu'un dans mon bureau, pour le moment, je ne peux pas vous en parler au téléphone. Venez cet après midi à 15 heures, vous saurez tout. »

Il était furieux. Et sur des charbons ardents. Parfait. Il verrait que je n'étais pas un de ses employés soumis mais un détective privé qu'il avait engagé sans savoir qu'il allait lui gâcher la vie. A 15 heures pile, il était là. Nerveux, très nerveux. Cette fois, il gardait ses gants, ce qui ne m'empêcha pas de voir que ses mains tremblaient.

« Je vous écoute. »

Je lui fis le récit de ma soirée. L'attente avenue d'Eylau. La filature derrière sa femme jusqu'à la Vie Parisienne. L'amie de sa femme, Doris. Le Monocle. J'évitai de lui décrire la scène où elles s'embrassaient. Je supposais qu'il se faisait maintenant une idée de la situation. Il m'écoutait, ne montrant aucune émotion. Je terminai mon rapport par la fin de la nuit dans l'atelier de Doris. Il me regardait et me dit cette phrase stupéfiante :

« C'est curieux, Irène ne m'a jamais parlé de cette amie. Et au cours de la soirée vous ne les avez jamais vues avec des hommes ? »

J'étais abasourdi. « Non, jamais. Je crois que ce n'était pas dans leurs intentions. »

Je le fixai. Soudain, je comprenais. Sa femme le trompait avec une femme, ce n'était pas grave. Du moment qu'il n'y avait pas d'homme dans sa vie ! Je lisais ses pensées. Le scandale du 5 à 7 dans une garçonnière avec son flagrant délit plein de cris et d'humiliations était évité. Tout s'expliquait. La sœur souffrante ? Le mensonge n'était pas bien grave. Il n'aimait pas sortir, sa femme avait eu envie de s'amuser et n'avait pas voulu l'ennuyer avec des choses aussi peu importantes. Il laissait beaucoup de liberté à Irène mais jamais, il en était certain, elle ne songerait à prendre un amant. Tout finissait bien. Il me noyait sous un flot de paroles.

Son soulagement abject me donna envie de lui casser la gueule. Il s'est levé et m'a remercié du bout des lèvres. Il était navré d'avoir oublié son carnet de chèques, mais, me rassurait-il, je n'avais pas à m'inquiéter, mes honoraires me seraient réglés rapidement. Aujourd'hui, trois mois plus tard, malgré deux factures envoyées à son bureau, je n'avais toujours pas été payé. Avait-il envie que j'aille le relancer à sa banque ? J'imaginai la scène avec un plaisir mauvais. Pour commencer, le dialogue avec sa secrétaire.

« Monsieur, vous désirez ?

— Je voudrais voir M. Leroy-Ferreux. Je n'ai pas rendez-vous. Dites-lui simplement que c'est de la part de M. Dracéna, détective privé. »

Non, il n'avait sûrement pas envie que cela se passe ainsi et moi non plus mais je n'avais aucune raison de lui faire de cadeau. J'appelai à la banque privée Leroy-Ferreux et demandai à lui parler. La voix distante d'une secrétaire de direction habituée aux importuns me répondit :

« De la part de qui ?

— M. Dracéna.

— Puis-je vous demander à quel propos, monsieur ?

— Je suis un parent éloigné. Nous ne nous sommes pas vus depuis longtemps, mais je suis sûr qu'il se souviendra de moi. »

On me le passa. Au bout du fil, il était furieux. « Vous êtes fou, comment osez-vous m'appeler à mon bureau ?

— C'est vous qui m'avez demandé de ne pas vous appeler à votre domicile. Vous devriez être heureux que je ne débarque pas à la banque et que je demande à votre secrétaire si elle a en attente une facture impayée au nom de M. Jérôme Dracéna, détective privé, pour une enquête confidentielle concernant votre femme. Qu'en pensez-vous ?

— Ça va, ça va, bredouilla-t-il. Vous aurez votre chèque par courrier dans les deux jours et je ne veux plus entendre parler de vous.

— Même si votre femme trompe Doris avec une autre femme ?

— Salaud ! »

Je raccrochai. Un banquier collabo, arrogant, radin, malhonnête : j'aurais eu tort de me gêner. J'ai eu mon chèque.

5

De chez moi, je téléphonai à Perrégaux pour qu'il m'en dise plus sur Beau Raymond. Je lui racontai qu'après l'avoir quitté devant Chez Fanfan j'étais allé au bar de l'hôtel Proust où j'avais fait la connaissance de Riton. Il avait salement marqué le coup lorsque j'avais parlé de Beau Raymond, mais il avait eu l'air soulagé lorsque je lui avais dit qu'il s'était fait repasser. Jacques s'exclamait :

« Je le connais ton Riton ! Il a été un des indics de ton père mais il mange à tous les râteliers, y compris celui de la Crim. Je suis étonné qu'il soit encore en vie après tout ce qu'il a balancé. C'est drôle que tu me parles de lui, on a trouvé son adresse dans le portefeuille de Beau Raymond.

— Pourquoi, à ton avis ?

— Ils se sont fait emballer tous les deux quand ils vendaient des photos cochonnes devant les cabarets de Pigalle. Ça ne te dit rien ? Il y avait même un troisième larron qui fourguait les trente-deux positions avec Hitler dans le rôle principal ! Ça s'est moins bien passé pour lui, il a eu affaire à la police allemande et il est allé en taule. Ensuite, les deux autres sont passés à la vitesse supérieure avec des photos de vedettes truquées, mais ça s'est mal terminé pour eux aussi, ton père les a envoyés au ballon. Parles-en à ton père, il te racontera toute l'histoire. Si tu veux mon avis, je ne vois pas pourquoi Beau Raymond serait monté de Saint-Etienne pour effacer Riton. Ou alors, pour lui faire peur et essayer de récupérer un peu d'oseille… Maintenant que tu es intime avec Riton, plaisanta Jacques, fais-moi signe si tu apprends quelque chose ! A bientôt, j'espère, salut, Jérôme. »

A 8 heures, je descendis chez la concierge. Je ne sais pas comment Mme Tarot se débrouillait – je crois que son neveu travaillait aux Halles –, mais il y avait toujours de bonnes odeurs de cuisine qui sortaient de sa loge. Elle cultivait des pommes de terre dans la petite cour, derrière, et des tomates sur le toit. Elle m'aimait bien. J'avais réglé pour elle un petit problème. Un demi-sel du quartier la harcelait et menaçait de la dénoncer pour marché noir. Je lui avais offert un petit séjour à l'hôpital. Etait-ce ma faute à moi si sa mâchoire, encore une, avait eu la malchance de se trouver sur le chemin de mon pied droit ? Mme Tarot m'en était reconnaissante à jamais. J'étais son petit Jérôme, son chouchou. Un célibataire qui présentait bien, qui n'embêtait personne dans l'immeuble, et qui la protégeait. Chaque mois, je lui donnais mes tickets de ravitaillement. Une misère, 275 grammes de pain par jour, 120 grammes de viande par semaine et 500 grammes de sucre par mois, mais il y avait toujours un petit quelque chose à manger à la maison quand je rentrais. Elle faisait le ménage dans mon appartement en râlant, quand il commençait à ressembler à un terrain vague. Il y avait une sorte de cérémonial lorsque je lui demandais de monter chez moi pendant que je serais sorti. Je me tenais sur le pas de sa loge et, après avoir fait semblant de réfléchir, elle me répondait : « Touchez pas à rien, c'est moi qui s'en occupe ! »

J'aimais Mme Tarot.

« Tenez, ce soir, j'ai fait du bœuf bourguignon. Je vous en donne une assiette, allez vite le manger pendant que c'est chaud. »

Je remontai, l'assiette fumante à la main. Je m'installai près du poste de TSF après l'avoir allumé. Je tombai sur : « ... car, comme Carthage, l'Angleterre sera détruite. » C'était Radio Paris. Je venais d'échapper à l'éditorial de Jean Hérold-Paquis, qui avait pour habitude de conclure son émission par cette menace, qui devait empêcher Churchill de dormir ! La semaine précédente, il avait annoncé : « La France périra dans un hoquet de chewing-gum. » Il y aurait eu de quoi rire, mais la Résistance, elle, ne riait pas. Elle l'avait condamné. Jean Hérold-Paquis périrait, si tout se passait bien, dans un hoquet de sang devant ses amis allemands ou dans la rue, devant des passants, l'éditorialiste ayant pour habitude de se déplacer à pied, sans protection.

Radio Paris, ce beau nid de collabos. Qui, à Londres, avait trouvé « Radio Paris ment, Radio Paris est allemand » sur l'air de la cucaracha ? Je tirais mon chapeau à l'auteur. Comme ils ne pouvaient pas gaver les gens toute la journée avec de la propagande, ces messieurs proposaient aussi des émissions de variétés, L'Heure du thé, Le Fermier à l'écoute et, la plus populaire, Cette heure est à vous. Elle commençait justement au moment où je finissais mon assiette. Son animateur était André Claveau, le chanteur bellâtre qui faisait se pâmer les femmes de prisonniers en mal d'amour avec son grand succès « J'ai pleuré sur tes pas ». Claveau ne se contentait pas de chanter, il donnait aussi des conseils aux esseulées, rassurait les angoissées. Après le bourguignon et quelques verres de vin, je me sentais indulgent. Capable d'encaisser les chansons idiotes de Nila Clara et de Lyane Mairève, et d'avaler sans peine le « Sombreros et Mantilles » de Rina Ketty. Je changeai de station et tombai sur Maurice Chevalier, qui chantait « Le Régiment des jambes Louis XV », suivi par l'émission Le Tabac du coin, où j'écoutais d'une oreille distraite les sketches de Jean Rigaux et de Jean Tissier. Au moment où j'allais éteindre le poste, le speaker présenta la nouvelle chanson d'Edith Piaf,

« L'Accordéoniste ». Piaf ! Toute ma vie, je me souviendrais de cette soirée chez mes parents où nous écoutions ensemble un programme de variétés. Le présentateur avait annoncé un disque de Piaf et nous entendîmes :

Moi, Hitler, j'l'ai dans l'blair
Et j'peux pas le renifler
Les nazis ont l'air d'oublier
Qu'c'est nous
Qu'on les a dérouillés
Si t'es nazi, va t'faire piquouzer.

Le disque s'était arrêté net. Nous nous regardions, stupéfaits. Le programme avait repris après un silence, sans un mot d'explication, avec « Premier rendez-vous », chanté par Danielle Darrieux. Mon père s'était juré de connaître le fin mot de l'histoire. Quelques jours plus tard, il avait appris par un copain d'enfance qui travaillait à Radio Paris que le présentateur s'était trompé de face en mettant le disque et nous avions entendu une chanson que Piaf avait créée à l'Alhambra avant la guerre. Le type, qui jusqu'à présent donnait toute satisfaction aux Allemands, avait eu du mal à justifier de sa bonne foi auprès de ses maîtres, mais ils ne l'avaient pas jeté en prison et s'étaient contentés de le convoquer pour lui passer un savon. Depuis, Piaf préférait chanter des histoires de mauvais garçons et de filles de joie malheureuses.

J'éteignis le poste et feuilletai quelques magazines que je n'avais pas jetés. Un numéro de *Je suis partout*, qu'on appelait *Je chie partout*, laissé, j'en étais certain, dans mon bureau par un connard qui était venu me demander de « faire quelque chose » pour que sa voisine « qui doit cacher des Juifs, ça ne m'étonnerait pas », cesse d'écouter, malgré ses protestations, la radio de Londres. Il m'avait montré le *Pilori*, un journal qui reflétait exactement, m'expliquait-il avec fierté, ses opinions. Je connaissais le torchon et sa rubrique spécialisée dans la délation, « Boycottons les salopards ». On pouvait y lire des lettres de lecteurs qui commençaient par « Je suis un bon Français comme vous. Il faut régler une fois pour toutes la question juive », et qui finissaient par « veuillez recevoir mes salutations empressées ». Pas toutes anonymes, les lettres, certains signaient de leur nom. Je l'avais laissé parler un moment mais il était tellement ignoble que je l'avais mis dehors avec un coup de pied au cul. Il s'était permis de protester avant de s'excuser avec un sourire mielleux lorsque je lui avais mis mon ausweis sous le nez. Rentré chez lui, il avait dû se poser des questions...

Dans cinq minutes, comme chaque jour, la BBC allait émettre à destination de la France. Je me mis en pyjama et me couchai au moment pile, 21 h 15, où les quatre coups sourds qui annonçaient l'émission résonnaient dans le poste. « Ici Londres, les Français parlent aux Français... » Cela faisait du bien d'entendre ça après Radio Paris. J'écoutais attentivement, mais de Gaulle, hélas, ne parlerait pas ce soir. J'attendais toujours avec impatience le moment des mystérieux messages personnels, que les Allemands essayaient en vain de brouiller. Ce soir-là, le speaker annonçait « Alphonse éternuera, trois fois – Les chênes font de l'ombre aux platanes – Les jumeaux n'iront pas en vacances »... Le crincrin obsédant du brouillage continuait, inutile. Seules quelques personnes, en France, avaient compris ce que signifiaient ces trois énigmes.

J'éteignis le poste et ma lampe de chevet, puis je collai mon oreille au mur, derrière mon lit. J'entendais le crincrin qui tentait encore de brouiller le dernier message : « Les éléphants aiment boire à l'aube avec les tigres ». Mon voisin écoutait aussi Londres, je le savais, mais jamais aussi fort que ce soir. Le lendemain, après huit heures de sommeil et une douche froide, je me sentis mieux. Je me rasai, choisis une chemise blanche, sortis mon costume bleu marine et nettoyai mes chaussures noires avec un coin du couvre-lit. Arletty m'attendait, Pétain n'était pas mon cousin. En sortant, je ramassai un tract sur mon paillasson : « Auditeur de la radio anglaise… considère ce papier comme un premier avertissement. Consciemment ou non, en écoutant et propageant cette propagande, fruit de l'alliance judéo-communiste, tu commets un crime. Sans préjudice des sanctions judiciaires auxquelles tu t'exposes, sache qu'il est des Français décidés à tout pour que cesse ton action criminelle. Essaie de comprendre où est ton devoir… Sinon, à notre grand regret, nous n'hésiterons pas à te l'imposer. » Je n'aime pas qu'on me tutoie, encore moins qu'on me menace en me tutoyant. Qui avait déposé cette saleté sur les paillassons des locataires ? Le cancrelat que j'avais viré et qui serait revenu ? Possible. C'était le genre à dénoncer sa mère.

Au moment où j'allais emprunter l'escalier, mon voisin, un charmant vieux professeur de lettres qui essayait de survivre avec un salaire de misère, ouvrit sa porte et découvrit le tract. Il commençait à le lire quand il s'aperçut de ma présence et me salua. Je lui rendis son salut et, après l'avoir regardé longuement en silence, je lui dis :

« Dites-moi, monsieur le professeur, vous saviez que les éléphants aiment boire à l'aube avec les tigres ? »

Il était décomposé. Je m'approchai et lui pris le bras amicalement. « Pardonnez cette mauvaise plaisanterie, monsieur le professeur. Moi aussi, j'ai trouvé cette saloperie sur mon paillasson. Moi aussi, j'écoute Londres. Vous n'avez rien à craindre de moi, mais un conseil : la radio, ce soir, moins fort ! »

Je crus qu'il allait se mettre à pleurer. Puis, il sourit faiblement et m'adressa un chut étouffé en mettant sa main devant sa bouche.

6

Je pris le métro à Saint-Georges après avoir acheté *Le Petit Parisien*. Deux doryphores en uniforme attendaient au milieu du quai, là où s'arrêteraient les wagons rouges de première classe qui leur étaient réservés. Sur ma banquette en bois, en seconde, quelqu'un avait laissé un journal. Un communiqué des frères Lissac, opticiens bien connus, me sauta aux yeux – « Lissac n'est pas Isaac mais le nom authentique d'une vieille famille aryenne française » –, qui me donna envie de leur envoyer un petit cercueil. Je descendis à Concorde et traversai le pont. Il faisait beau. Partout, des vélos, des vélos-taxis, des voitures à gazogène et même quelques calèches. J'aime bien le vélo mais j'aime surtout les femmes à vélo. La mode était courte, les jupes s'envolaient. Les jambes, la teinture au brou de noix donnait l'illusion de bas dont la couture était remplacée par une ligne au crayon noir, fascinaient l'occupé comme l'occupant. Le gros sac en bandoulière fait pour accueillir un masque à gaz ne parvenait pas à gâcher leur silhouette. J'empruntai les quais. En avançant, à la hauteur du pont du Carrousel, je pouvais voir sur le quai de la rive droite les premiers amateurs de bain de soleil. Sur un mur, une affiche déchirée proposait : « Si tu veux gagner davantage… viens travailler en Allemagne. » Un petit marrant avait ajouté à la peinture noire : « Et tu t'en mettras plein les Boches. »

Je continuai jusqu'au quai de Conti. Arrivé devant le numéro 13, j'entrai, comme me l'avait indiqué Arletty, dans l'impasse voisine. Je sonnai au numéro 2, un bel immeuble du XVIIe siècle. La porte s'ouvrit sur une soubrette en uniforme noir et blanc et une cour de gravier plantée de lauriers-roses. Derrière la soubrette, une femme sans âge m'observait d'un air soupçonneux.

« J'ai rendez-vous avec Mlle Arletty. M. Dracéna. » La soubrette, un demi-sourire insolent sur un visage un peu trop maquillé pour sa fonction, me dévisageait.

« Bien, monsieur. Je vais…

— Vous pouvez disposer, Yvette. »

Le ton de Mme Soupçon était sans appel. Yvette se retira après m'avoir jeté un regard complice. Complice de quoi ?

« Si vous voulez bien me suivre. »

J'entrai dans le salon. C'était luxueux, beaucoup mieux que chez moi, ce qui n'était pas difficile. Posé sur un joli bureau, dans un cadre en miroir, un homme au visage énergique me fixait de ses yeux clairs. Il était en uniforme de la Luftwaffe.

« Asseyez-vous, Mademoiselle va vous recevoir. »

Je restai debout devant une fenêtre en regardant le Pont-Neuf. Lorsque soudain… la voix.

« Monsieur Dracéna ? Je vous attendais. Merci d'être accouru si vite au secours d'une pauvre femme en danger… »

Elle souriait mais sans gaieté. Je la regardai. A quarante-quatre ans, elle était encore belle avec ses cheveux noirs tirés en chignon, ses yeux sombres un peu cernés et une silhouette qui n'avait rien à envier à une danseuse du Moulin-Rouge. Elle portait un tailleur blanc de haute couture et, au poignet droit, un bracelet de brillants, l'équivalent de plusieurs dizaines de kilos de beurre au marché noir.

« Maintenant que vous m'avez examinée de la tête aux pieds, voulez-vous que nous causions, monsieur Dracéna ? »

Je m'excusai en bredouillant. Elle souriait vraiment cette fois et retrouvait sa gouaille naturelle.

« Je vous chinais, vous vexez pas. Quand on fait du cinéma, on a l'habitude d'être passée en revue, ça fait partie du métier. Voulez-vous une tasse de thé ? Un porto ? Du porto. Vous avez raison, je vais vous accompagner. »

Arletty surprit mon regard lorsque je constatai que Mme Soupçon n'avait pas quitté la pièce.

« Vous pouvez parler sans crainte, monsieur Dracéna. Marie est à mon service depuis dix ans. C'est comme ma sœur. »

Peut-être, mais dans les familles, les sœurs ne se conduisent pas toujours comme des sœurs... Nous étions maintenant l'un en face de l'autre, chacun assis sur un canapé, notre verre de porto à la main. Elle était redevenue sérieuse.

« J'ai pas pour habitude de tourner autour du pot. Voici pourquoi j'ai demandé son aide à votre père. »

Elle se leva, s'approcha d'une bibliothèque où s'alignaient des classiques reliés en cuir noir et fit pivoter une étagère. Elle prit derrière les livres une boîte à chaussures en carton qu'elle déposa devant moi.

« J'ai reçu ça la semaine dernière. Allez-y, ouvrez-la. »

Je soupesai d'abord la boîte. Ce n'était pas très lourd. Le format, le poids, je me doutais de ce que j'allais découvrir. Je retirai le couvercle. A l'intérieur, il y avait un petit cercueil de bois en haut duquel on avait dessiné une tête de mort sur une étiquette. J'examinai le cercueil. J'en avais déjà vu, mais celui-ci était différent. Je ne savais pas en quoi exactement, je lui trouvais un côté un peu… luxueux.

« C'est pas tout, continua Arletty. Il y avait aussi une lettre. » Elle me tendit une feuille de papier à lettre bleu clair. « Lisez-la, je vous en prie. »

Je lus : « Salope. Pendant que les vrais Français se battent contre l'occupant, tu as choisi l'Allemagne. Mais ton heure viendra. Salutations. »

« "Salope", ça m'gêne pas – elle sourit –, mais c'est plutôt le reste qui m' tourmente. J'ai hésité longtemps avant d'appeler votre père et puis j'me suis décidée, c'est trop grave.

— Quelle a été votre première réaction lorsque vous avez reçu le cercueil ?

— Monsieur Dracéna, je suppose que vous êtes un peu au courant par votre père de ma vie privée. Je m'occupe pas de politique, je n'fais pas de déclarations aux journalistes, seulement, l'homme qui partage ma vie n'est pas exactement un gaulliste. C'est un officier allemand de la Luftwaffe, le capitaine Karl von Sperlich. Si vous voulez voir à quoi il ressemble, il est dans un cadre derrière vous. Il m'a été présenté au cours d'un concert par des amis communs, le comte et la comtesse de Chambrun, et nous sommes tombés amoureux. Comme ça ! fit-elle en claquant les doigts.

« C'est pas d'ma faute si j'suis sentimentale, mais faudrait pas me prendre pour une poule ! J'ai tourné un film avant la guerre où j'avais une réplique qui a fait beaucoup rire : "J'ai l'corps un peu vadrouille, ça n'empêche pas d'avoir l'âme ingénue", mais minute, faut pas confondre, c'était pas moi, c'était mon personnage. Bon, d'accord, j'vous l'accorde, y avait un peu de moi… »

Je retrouvais l'Arletty d'*Hôtel du Nord*.

Elle s'était levée maintenant. Elle était lancée. Devant moi, unique spectateur au premier rang.

« J'ai toujours voulu tenir Karl à l'écart de ma vie professionnelle, sauf pendant le tournage de *Madame Sans-Gêne* où il est intervenu pour que nous puissions tourner au château de Grosbois, occupé par un général allemand qui voulait rien savoir. Pas de quoi fouetter un chat ! Un jour, il m'a demandé de l'accompagner à un dîner en l'honneur du général Hanesse, le chef de la Luftwaffe en France, où il y avait Goering et Laval. C'était une erreur de ma part, je l'reconnais, mais je pouvais pas faire autrement, et j'ai peut-être eu tort aussi d'accepter une invitation à l'ambassade d'Allemagne, mais l'ambassadeur, Otto Abetz, est un ami de Karl. Il est charmant, d'ailleurs. Vous savez qu'il est francophile et que sa femme est française ? »

Je le savais. Abetz avait épousé Suzanne de Bruyker, qu'il avait connue avant la guerre lorsqu'elle était la secrétaire de son ami Jean Luchaire, devenu depuis le grand patron de la presse collaborationniste. Francophile ou pas, charmant ou pas, pour moi, Abetz, c'était l'ennemi, l'occupant. Je l'aurais bien vu mort. Exécuté par la Résistance, par exemple. J'aurais aimé assister à ses obsèques, juste pour voir à quoi ressemble l'enterrement d'un dignitaire nazi. La musique, les uniformes, les discours en teuton. J'aime les enterrements où l'on n'est pas ému. C'est plus facile quand vient le moment de serrer les mains de la famille.

« Pourquoi moi ? » continuait Arletty qui ne s'était pas aperçue de mon moment d'absence. Elle marchait de long en large. « Y en a d'autres, des actrices qui s'affichent avec des frisés, et pas des moins connues ! Vous voulez que j'vous fasse la liste ? Vous allez vous marrer, c'est moi qui vous l'dis ! D'abord, y a Mireille Balin, depuis qu'elle a rompu avec Tino Rossi, elle se montre partout, aux premières, chez Maxim's, avec un officier allemand. Et Viviane Romance, Suzy Delair, Junie Astor, qui sont allées représenter le cinéma français en voyage officiel à Berlin ? Ginette Leclerc, comment elle a eu l'autorisation d'ouvrir sa boîte aux Champs-Elysées ? Vous devriez y aller un soir, vous verrez, c'est Gestapo et compagnie là-dedans ! Tiens, j'allais oublier Michèle Alfa. Elle, c'est le bouquet ! Elle est à la colle avec le lieutenant Rademecker, qui est le neveu de Goebbels et le chef de la section spectacles à la Propaganda Staffel. Ils ont réquisitionné l'appartement d'Henry Bernstein, qui s'est réfugié aux Etats-Unis. Qu'est-ce que vous dites de ça ? Attendez, j'ai pas fini. Marie-Louise Mourer, ça vous dit quelque chose ? Non, bien sûr. Aujourd'hui, elle s'appelle Martine Carol, et elle va tourner sous son nouveau nom dans *La Ferme aux Loups*. Pourquoi pas, si elle trouve que ça fait mieux ! Ce qui fait carrément moins bien, c'est son ami Alfred Palmieri, le type qui l'aide financièrement, vous voyez c'que je veux dire, et qui trafique avec la Carlingue, la Gestapo française de la rue Lauriston. Il tient aussi un tripot qui fait un peu bordel avenue Victor-Hugo, où il convoque Martine lorsqu'il reçoit des Allemands importants pour ses affaires. Vous en voulez encore ? »

J'en voulais encore. Non seulement j'étais au spectacle, mais je récoltais une moisson d'informations qui pourraient peut-être me servir. Elle avait repris son souffle.

« Y en a qu'une que j'respecte, à qui j'pardonne tout, c'est Danielle Darrieux. Elle est comme moi, elle a un cœur d'artichaut. Vous savez pourquoi elle a fait le voyage officiel à Berlin avec les autres ? Danielle est folle amoureuse d'un diplomate dominicain, Porfirio Rubirosa – mince de prénom ! –, que les Allemands, qui le soupçonnent d'espionnage, ont assigné à résidence en Allemagne, dans un bled perdu. Si Danielle est allée à Berlin, c'était pour demander à Goebbels, qu'elle a rencontré là-bas, de laisser revenir Rubirosa en France et de les autoriser à se marier. Elle a réussi. Je dis bravo ! »

Le jour baissait. Arletty avait retrouvé son calme, mais je n'avais pas avancé. Je revins à la charge. Je lui fis part de mes doutes sur l'origine du cercueil. Y avait-il dans son passé des événements qui pourraient pousser quelqu'un à se venger ?

« Pour c'que j'ai fait, ça m'étonnerait ! Avant la guerre, j'ai touché un peu à la coco et à l'opium. Comme tout l'monde, y avait pas d'quoi en faire un plat ! Comme tout le monde aussi, il m'est arrivé de prendre un verre au Chabanais ou au One Two Two, ça s'faisait, c'était très à la mode chez les mondains. Evidemment, y a eu cette histoire de photos truquées où une fausse Arletty posait à poil. Quand je pense qu'on a essayé de faire passer cette grue pour moi ! Votre père a réglé l'affaire en deux coups de cuillère à pot, il vous en parlera mieux que moi. A mon avis, tout ça, c'est du passé. Ah oui, on a même dit que j'aimais les femmes. C'est pas d'ma faute si j'leur plais ! Mes vrais amis savent tous que les gousses, c'est pas mon truc, demandez-leur…

— Et dans votre vie professionnelle ?

— C'est drôle que vous me demandiez ça, dit-elle après avoir réfléchi quelques instants… Je pensais à quelqu'un qui… peut-être… vous savez qui est Dita Parlo ?

— Oui. C'est l'actrice allemande qui jouait la paysanne dans *La Grande Illusion*, chez qui Jean Gabin et Dalio se réfugient pendant leur évasion.

— C'est ça. En 1940, elle devait avoir le rôle principal dans *Tempête sur Paris*, que vous avez peut-être vu. »

Si je l'avais vu ! Mais le moment était mal choisi pour lui parler de ma scène favorite où elle est en combinaison et porte-jarretelles avec Dalio.

« Finalement, c'est moi qu'on a choisie pour jouer Ida Caulaincourt, une chanteuse de music-hall. J'ai su qu'elle avait dit un peu partout que je lui avais volé son rôle. Un soir, j'l'ai rencontrée à La Tour d'Argent où elle dînait avec des Allemands. Elle m'a assurée qu'elle m'en voulait pas, mais quelque chose dans son attitude a fait que j'y ai pas cru. Elle a pas eu de chance, la Parlo, elle avait déjà été remplacée par Annie Ducaux dans *L'Empreinte du dieu*. En tout cas, je sais pas ce qu'elle est devenue.

— C'est une piste intéressante.

— Vous pourriez aller voir mon ami Carette de ma part, il a tourné avec elle dans *La Grande Illusion*. Je crois qu'il habite au Vésinet, mais j'ai pas son adresse, vous la trouverez dans l'*Annuaire du spectacle*, Jérôme. Vous permettez que j'vous appelle Jérôme, n'est-ce pas ? Entre nous, pas de manières.

— Mademoiselle Arletty, je voudrais…

— Mademoiselle Arletty ! Vous alors, c'que vous êtes cérémonieux ! Vous allez m'appeler Arlette, comme tous mes amis, comme votre père, précisa-t-elle en se penchant vers moi, l'air entendu. Mademoiselle Arletty ! Pourquoi pas Madame Arletty, tant que vous y êtes ! Vous connaissez mon vrai nom ? Léonie Bathiat. Tu parles d'un effet sur une affiche ! Imaginez : Léonie Bathiat et Louis Jouvet dans *Hôtel du Nord* ! Quand j'ai débuté comme mannequin chez Poiret, j'ai demandé qu'on m'appelle Arlette, mais quand j'ai joué ma première revue aux Capucines, le directeur du théâtre l'a d'abord changé en Arletti, puis avec un y, ça faisait englishe… Alors, à partir d'aujourd'hui, ce sera Arlette, d'accord ?

— D'accord, Arlette. » J'avais du mal mais je m'y habituerais.

« Voilà, c'est mieux. Dites, on n'a pas parlé de vos honoraires. Vous travaillez pas à l'œil, tout d'même ! Dites-moi votre prix.

— En général, c'est deux cents francs par jour, sans compter mes frais.

— C'est entendu. »

Elle alla jusqu'à un secrétaire, ouvrit un tiroir et en revint avec une liasse de billets. « Tenez, y a une semaine d'avance, plus de quoi couvrir vos frais. Mais j'espère que vous serez arrivé à quelque chose avant le retour de Karl, qui est en mission en Italie. Il m'a téléphoné plusieurs fois depuis son départ mais j'lui ai parlé de rien pour pas l'inquiéter. Vous savez que le magazine américain *Life* a publié récemment la liste des personnalités françaises condamnées à mort par la Résistance. Y avait Céline, Chevalier, Guitry, j'y étais même pas, ça m'a vexée ! Alors, je compte sur vous, hein, votre nouvelle amie Arlette n'a pas envie de s'retrouver à la morgue. »

Je m'étais levé, nous étions maintenant l'un en face de l'autre. Elle ne bougeait pas. Elle avait cessé de sourire. Son visage était si proche que j'aurais pu l'embrasser. En y pensant aujourd'hui, j'aurais dû. Un siècle s'écoula avant mon – notre ? – retour sur terre. J'avais peut-être laissé passer le moment magique. Il me restait le rêve et les photos des magazines de cinéma. Avant de partir, je lui demandai de me confier le cercueil et la lettre. Elle me raccompagna jusqu'à la porte et je la quittai en lui disant : « Au revoir, Arlette. »

7

Je rentrai chez moi et téléphonai à mon père pour lui raconter en quelques mots mon rendez-vous avec Arletty. Il me demanda de venir dîner le soir même. Quelque chose clochait dans l'histoire du cercueil. Mais quoi ? La piste Dita Parlo m'intriguait. Je décidai de rendre visite à Carette le plus rapidement possible. A mes débuts de flic privé, lorsque j'avais été amené à débrouiller une affaire gênante pour un acteur connu, je m'étais procuré l'*Annuaire général du spectacle en France*. Une véritable mine. On y trouvait les adresses et les numéros de téléphone de tout le milieu artistique, acteurs, metteurs en scène, chanteurs, musiciens. Je l'ouvris à la lettre C : « Carette, Julien, 9, avenue du Grand-Veneur, Le Vésinet (S. et O.). Tél : 585 au Vésinet. » J'appelai : « Monsieur Carette ?

— Lui-même à l'appareil. »

Je reconnaissais sa voix traînante, son accent de titi parisien. « Excusez-moi de vous déranger. Je m'appelle Jérôme Dracéna, je vous téléphone de la part de votre amie Arletty qui m'a suggéré de vous voir. Elle pense que vous pourrez peut-être m'aider à résoudre un problème qui la concerne.

— Mince ! Mon Arlette a des ennuis ! Si j'peux faire quelque chose pour elle, je suis là. J'vous attends demain à midi, on prendra l'apéro ! »

Je n'avais pas déjeuné, je mourais de faim. Je descendis chez Mme Tarot et trempai un gros morceau de pain dans le ragoût qui mijotait sur son fourneau. Elle protesta pour la forme.

« En voilà des manières ! J'en gardais pour vous ce soir, mais Monsieur est impatient, Monsieur trempe !

— Ça sentait si bon. Et puis, je ne serai pas là ce soir.

— Ah bon ! Monsieur a rendez-vous avec une poule !

— Non, Monsieur dîne chez ses parents. »

Elle m'embrassa. Pour elle, je ne serais jamais qu'un garnement, un peu le fils qu'elle n'avait pas eu, et moi je la voyais comme une seconde mère. Nous formions un couple parfait.

Mes parents habitaient depuis dix ans rue Séguier, juste en face du 36, quai des Orfèvres, de l'autre côté de la Seine, ce qui avait permis à mon père d'aller à pied à son bureau lorsqu'il était à la Mondaine. J'avais épuisé mes bons d'essence, il ne me restait plus qu'un demi-réservoir, mais j'étais fatigué, je pris la Juvaquatre. J'emportais avec moi le cercueil dans sa boîte à chaussures et la lettre.

Mon père m'ouvris la porte. « Alors ?

— Une seconde, laisse-moi respirer.

— Assieds-toi. Ta mère est dans la cuisine. Je te sers un Martini ? »

Je commençai par lui raconter l'épisode de Chez Fanfan et ma rencontre avec Riton l'Anguille, ce qui l'amusa, mais c'est Arletty qui l'intéressait. J'enchaînai avec mon entretien avec elle, le cercueil, la lettre. Mes doutes.

Il montra la boîte du doigt : « Fais voir. »

J'ouvris la boîte et lui tendis le cercueil. Il l'examina longuement et fit glisser le couvercle. Il prit un air condescendant, comme un expert à qui on essaie de fourguer un faux tableau. « Si c'est la Résistance qui a fait ça, je suis le pape ! »

Il me fit signe d'approcher et me remit le cercueil entre les mains. « Tu sais avec quel bois il a été fabriqué ? Avec ça ! »

Il me montrait sur la commode une boîte de ses cigares favoris, des havanes de Por Larranaga. « Regarde le bois, c'est le même. Du cèdre. Et, à l'intérieur, ces imbéciles n'ont même pas fait attention à ce petit bout d'étiquette qui dépasse, dans le fond. Tu vois, là, on peut lire les lettres “ay”, ça doit venir d'une boîte d'Henry Clay, des havanes qui ne sont pas bon marché. Ils ont dû penser qu'Arletty ne montrerait ça à personne. Je les connais, les cercueils de la Résistance. Crois-moi, ils ne sortent pas de chez Hermès, c'est du brut ! Et la tête de mort, c'est plutôt une croix dessinée sur le cercueil, pas sur une étiquette. Qu'est-ce que c'est que ces amateurs ! Tu as la lettre ? »

Il la lut attentivement. « C'est le bouquet. D'habitude, le texte est composé de lettres découpées dans un journal et collées sur une feuille de papier ordinaire. Ici, c'est écrit à la main sur du papier à lettre bleu parfumé par quelqu'un qui n'a même pas pris la peine de cacher son écriture. Quelqu'un qui est sûr que la lettre ne sera pas montrée à la police. A mon avis, même si Arletty s'affiche avec un officier allemand, même si elle a été reçue à l'ambassade d'Allemagne, laisse tomber la piste de la Résistance, je n'y crois pas. Qu'est-ce qu'elle t'a dit d'autre, Arlette ? »

Je notai qu'il l'avait appelée Arlette. Je lui racontai l'histoire Dita Parlo, ma prochaine visite à Carette. Il approuvait de la tête, tout en buvant son Martini à petites gorgées.

« Trouve-la, cette Dita Parlo et va la voir.

— L'autre jour, tu m'as parlé d'une affaire délicate qui concernait Arletty, dont tu t'étais occupé. Tu peux m'en dire plus ?

— Tu fais bien de me le rappeler, ça pourra peut-être t'aider dans ton enquête. Tu sais, ou tu ne sais pas, qu'au

One Two Two, il n'y a pas si longtemps, la taulière, Fabienne Jamet, faisait croire à ses clients les plus riches qu'elle avait des vedettes de cinéma parmi ses filles, Viviane Romance, Ginette Leclerc, et d'autres moins connues. Si elles venaient au One Two Two, expliquait-elle, c'était pas seulement pour le fric, mais aussi par vice. Ils plongeaient, les caves ! Mais la Jamet les prévenait, une vedette de cinéma, ça se paye beaucoup plus cher qu'une fille ordinaire. Et ça marchait. Le seul problème, c'était que la Viviane et la Ginette étaient bidons mais elles ressemblaient énormément aux vraies, c'était incroyable. Avec un éclairage tamisé et trois verres dans le nez, ils voyaient pas la différence. Bref, pendant un moment, il y a eu une fausse Arletty criante de vérité qui attirait du monde. Ç'aurait pu en rester là si ton nouveau pote Riton et son acolyte, Beau Raymond, n'avaient pas voulu mettre sur le marché des photos d'elle à poil, en la présentant comme la vraie Arletty.

— Comment as-tu été mis au courant ?

— Par Fabienne Jamet ! Les fausses Viviane Romance et autres Ginette Leclerc, tant que ça ne sortait pas de son claque, ça faisait de mal à personne, sauf au portefeuille des michetons. Mais quand des photos de la fausse Arletty à poil ont commencé à circuler sous le manteau dans Paris, minute ! C'était mauvais pour la réputation de Mme Jamet, qui est, je te l'apprends, la fille d'un inspecteur de police et d'une tenancière d'hôtel de passe. Du beau linge ! D'année en année, son claque était devenu de plus en plus chic, tu n'imagines pas le nombre de gens connus qui allaient là-bas, pas forcément pour s'envoyer en l'air, juste pour prendre un verre, Tino Rossi, l'Aga Khan, Marlène Dietrich, j'en passe. Tu penses bien qu'à la Mondaine, on la connaissait, la Jamet. Elle me rencardait de temps à autre, et moi, en échange, j'arrangeais quelques histoires emmerdantes qui auraient pu tourner au scandale. En même temps, on se faisait des dossiers ! Un jour, elle m'a appelé pour me raconter l'histoire des photos. J'ai coffré tout le monde, Riton, Beau Raymond et la fausse Arletty, qui s'appelait Daisy, je crois. La débandade ! Riton a balancé Beau Raymond, Beau Raymond a chargé Riton, et ils se sont entendus tous les deux pour accabler la Daisy qui avait déjà, sous un autre nom, trempé dans une histoire de trafic d'opium. Ils lui ont fait croire que c'était Arletty qui avait appris la supercherie et l'avait fait coffrer. L'autre, qui avait un petit pois dans la tête, a tout gobé, elle était furax. J'ai mis Riton au trou quelques jours pour le principe, c'était un de mes indics, mais les deux autres sont restés un peu plus longtemps.

— C'est la fin de l'histoire ?

— Pas tout à fait. Daisy a disparu à sa sortie de prison. Quant à Beau Raymond, tu sais mieux que moi ce qui lui est arrivé. Il était peut-être monté à Paris pour buter Riton, mais il a été liquidé avant. Par qui ? Pas par Riton, j'en suis certain, c'est un voyou mais il a pas les couilles pour ça.

— Tu penses que je devrais m'intéresser à cette piste-là aussi ?

— Pourquoi pas ? On ne sait jamais, ne néglige rien. Viens, on va dîner et ensuite tu iras faire un tour au One Two Two.

— Quoi, ce soir !

— Le plus tôt sera le mieux. Ne te plains pas, tu vas y aller dans les meilleures conditions. Tu verras Fabienne Jamet de ma part. Mais, fais gaffe, en principe, c'est réservé aux Allemands et c'est aussi un des repaires de la bande Bonny-Lafont, de la rue Lauriston. J'espère que tu n'as pas oublié ce que je t'ai dit l'autre jour, pas besoin de te le rappeler. »

Non, pas besoin, j'avais appris ma leçon par cœur. Henri Chamberlin, dit Lafont, un truand dangereux connu de la Crim, avait déjà une dizaine de condamnations derrière lui lorsqu'il avait été incarcéré au camp pénitentiaire de Cépoy avant l'entrée des Boches dans Paris. Il s'en était évadé avec deux agents allemands qui avaient été arrêtés pour espionnage en 39. A Paris, occupé depuis le 14 juin 40, ils le présentent à leurs supérieurs. Lafont est un mariole qui a ses entrées partout dans le milieu. Il fait découvrir le Paris by night à ses nouveaux amis et, surtout, il les tuyaute sur les endroits où il y a des marchandises à saisir, des coups à faire. Au bout d'un moment, les Allemands ont tellement confiance en lui qu'ils lui demandent de former sous son commandement un bureau d'achats qui sera aussi un service de renseignements. Il a carte blanche. En juillet 40, avec l'autorisation des Allemands, il fait sortir de Fresnes une trentaine de truands, des escrocs, des cambrioleurs, des macs, un policier révoqué. Le dessus du panier !

Je gardais à tout hasard dans un tiroir de mon bureau la liste communiquée par mon père des noms de ces messieurs. Il m'avait fait ajouter récemment le nom de Pierre Bonny, un flic compromis dans l'affaire Stavisky et renvoyé plus tard de la police pour détournement de fonds. Il venait d'arriver à la Carlingue, comme on appelait la rue Lauriston, qui n'était ni plus ni moins, maintenant, qu'une Gestapo française dont les membres avaient des armes, des ausweis et des cartes de police. Ils pillaient les biens des Juifs partis à l'étranger, ils rackettaient, ils trafiquaient, ils volaient pendant des fausses perquises, ils arrêtaient et ils torturaient en toute impunité. Lafont, qui se faisait aussi appeler M. Henri, s'était rendu si indispensable aux frisés qu'ils lui avaient accordé la nationalité allemande et qu'ils en avaient fait un Haupsturmführer, un capitaine dans la Werhmacht. A la fin de sa mise en garde, mon père avait ajouté : « Il lui arrive même d'aller parader en uniforme dans les bureaux de la PJ ! Demande à ton ami Perrégaux si ce n'est pas vrai. Personne ne dit rien, tout le monde a peur. »

Ce soir, il insistait : « Tu comprends pourquoi je te demande de faire très attention. Si tu as des ennuis avec eux, même moi, avec tous les gens que je connais, je ne pourrai rien pour toi. »

Ma mère s'était retirée dans la chambre après nous avoir rappelé que le dîner était prêt. Elle aussi écoutait la radio anglaise. Mon père l'appela à travers la porte en me faisant un clin d'œil : « Comment, Yvonne, le dîner n'est pas prêt ! »

Elle fit semblant d'être fâchée et nous servit un gratin de topinambours. Mon père avait déniché un camembert plâtreux. C'était l'Occup, c'était mieux que rien.

8

Il ne faisait pas froid, mais la Juvaquatre ne démarra qu'à la manivelle. Je vérifiai que mon meilleur ami, le poing américain, était dans la boîte à gants, et j'allumai mes lanternes. Dans la rue, quelques passants se dépêchaient de rentrer chez eux avant le couvre-feu. Je traversai la Seine sans encombre jusqu'à l'Opéra, puis je débouchai rue de Provence par la rue de la Chaussée-d'Antin. 106, 108, 110, 122, j'y étais. Une Mercedes-Benz était rangée le long du trottoir du One Two Two, sous la surveillance de deux chleuhs qui arrêtaient les rares voitures, dont la mienne, qui passaient. C'était toujours la même chose. Un aboiement, d'abord : « *Papiere, bitte* », suivi d'un salut et d'un claquement de talons après avoir vérifié l'ausweis. Une Hotchkiss et une traction avant six cylindres étaient garées en face du 122. Je trouvai une place plus loin. Ce soir, il devait y avoir du beau monde, du beau monde allemand puisque le claque leur était réservé.

L'entrée du One Two Two n'avait rien de spectaculaire. C'est à l'intérieur que le luxe vous sautait aux yeux. Une jeune femme souriante m'accueillit dans un vestibule à l'éclairage rose. A droite, au vestiaire, une autre jeune femme au décolleté plongeant proposait sur un plateau des cigarettes anglaises et américaines. Debout, à gauche, un costaud dans un smoking trop petit me jetait un regard soupçonneux.

Je me nommai et demandai à voir Fabienne Jamet. La jeune femme, toujours souriante, me demanda de patienter et poussa une porte capitonnée d'où s'échappaient des rires et de la musique. Je reconnus au passage, avant qu'elle ne referme la porte, la voix de Mona Goya qui chantait « Près de toi ce soir ». Oui, près de toi ce soir, près, tout près des frisés et de leur portefeuille…

La porte s'ouvrit. Une femme entra, bras ouverts, sourire aux lèvres, en disant : « Louis, tu aurais dû… » Son sourire s'éteignit lorsqu'elle me vit.

« Excusez-moi, ce n'est pas Louis, c'est son fils, Jérôme. »

Le sourire réapparut. « Mince ! Il aurait pu m'prévenir de votre visite, votre père. C'est tout lui. Ah ! il a pas changé. Dans le temps, quand il faisait une descente avec ses hommes et que je protestais, il me répondait en rigolant : "C'est ce soir ou Jamet !" C'était quelqu'un, votre vieux. Donnez-moi de ses nouvelles. »

Je la regardais. Elle ressemblait à Mistinguett en un peu plus vulgaire. La robe venait sûrement de chez un grand couturier, et elle n'avait pas gagné son collier de perles à la Foire du Trône. Le maquillage chargé trahissait l'ancienne pute.

« Mon père va très bien, merci. Vous savez sans doute qu'il a pris sa retraite. La nuit, maintenant, il dort. Fini la tournée des boîtes.

— Vous êtes sûr que ça lui manque pas ? Une fois qu'on y a goûté… Bon, trêve de bavardages. Je suis contente de vous connaître, en tout cas. Vous êtes ici en client ou pour d'autres raisons ? Venez, j'vous offre un verre, vous allez m'expliquer tout ça au bar. »

J'entrai derrière elle dans un grand salon fait pour en mettre plein la vue. Au sol, un tapis vert imitait la mousse, des colonnes donnaient à l'endroit un cachet de temple grec. Sur des socles, des femmes s'exhibaient, en robe longue mais seins nus, attendant d'être choisies... Je regardai les clients. Deux officiers vert-de-gris en uniforme, assez jeunes, assis sur un divan. A une autre table, trois Allemands bruyants en civil, les passagers de la Mercedes-Benz, probablement. Au bar, deux hommes d'une quarantaine d'années à chevalière en or et cigare riaient fort avec un type en costume sombre qui sentait la rue Lauriston.

Il me regardait tandis que Fabienne Jamet et moi prenions place au bar. Elle commanda du champagne à la barmaid dont le décolleté était le frère jumeau de celui de la vendeuse de cigarettes.

« Alors, qu'est-ce qui vous amène, Jérôme ? »

Elle était aimable, mais je sentais sa méfiance. Je lui expliquai, en résumant, qui j'étais, ce que je faisais, pourquoi j'étais là. Je comptais, bien entendu, sur sa discrétion, comme elle pouvait compter sur la mienne.

« Mon père m'a raconté l'affaire de la fausse Arletty. Riton, Beau Raymond, les photos truquées...

— C'est de l'histoire ancienne ! coupa-t-elle. Tout le monde a payé, surtout les salopards qui avaient monté le turbin. Qu'est-ce que vous voulez savoir ?

— J'ai besoin de savoir exactement ce qui s'est passé et ce qu'est devenue la fausse Arletty.

— Daisy ? Elle a disparu. Tant mieux, c'était une raclure. Son seul atout dans la vie, c'était de ressembler comme deux gouttes d'eau à Arletty. C'est pour ça que je l'avais engagée. J'aurais mieux fait de m'casser une jambe ! Ah, y avait de la demande pour elle ! Parce que, votre père a dû vous le dire, ici il y a eu deux ou trois filles qui étaient des sosies de vedettes connues. J'ai eu une Viviane Romance, une Ginette Leclerc, j'ai même eu une Danielle Darrieux, mais un client est tombé amoureux d'elle, il l'a épousée ! J'peux vous dire que ça marchait. Le nombre de caves qui ont cru se taper des vedettes ! Ça leur coûtait beaucoup plus cher, et nous, qu'est-ce qu'on s'marrait après leur départ ! Bon. Où j'en étais ? Ah oui ! Daisy. Elle a commencé par vendre de l'opium en douce aux autres filles et à des clients. Ça m'a pas plu mais j'avais besoin d'elle, j'lui ai juste passé un savon et je l'ai menacée de la foutre dehors si elle recommençait. A l'époque, elle était maquée par Beau Raymond qui lui a présenté son pote Riton l'Anguille. C'est Riton qui a eu l'idée de la photo, qu'il a fait prendre par un photographe spécialisé. Vrai, c'était Arletty crachée, et elle était nue ! Même moi, j'aurais pu m'y laisser prendre. Au final, j'ai été affranchie par une des filles avec qui Daisy était en délicatesse depuis l'histoire de l'opium.

— Qu'est-ce qui s'est passé ?

— J'ai prévenu votre père. Ça la foutait mal une histoire comme ça au One Two Two. J'aurais pu finir au placard. Votre père a emballé tout le monde, ça n'a pas traîné. Vous auriez vu le panier de crabes ! Ils se sont tous balancés les uns les autres ! Mais votre père a dû vous le raconter, non ?

— Et Daisy ?

— J'vous l'ai dit, je sais pas où elle est. Quand elle est sortie de taule, elle est revenue me voir, croyant que j'allais la reprendre. Non, mais ! Je l'ai foutue dehors. Quant à Riton, il a pas intérêt à se pointer, il est tricard à vie ici. » Elle prit un ton détaché pour me demander : « Vous savez que Beau Raymond s'est fait dessouder il y a quelques jours ?

— J'en ai entendu parler. Vous avez une idée ? Il était peut-être monté à Paris pour régler son compte à Riton, mais qui avait intérêt à le supprimer, lui ? Daisy, qu'il avait fait plonger ?

— J'la vois pas mettant quatre balles dans le buffet à Beau Raymond dans un bar de Pigalle.

— Tiens, vous savez qu'il a été flingué ?

— Oh ! tout se sait très vite dans le monde de la nuit... »

Je tournais en rond. Je n'imaginais pas une Daisy assoiffée de vengeance envoyant un cercueil et une lettre de menace à Arletty. Elle avait probablement juste assez d'imagination pour avoir envie de se venger de Riton et du Beau Raymond, et encore, pas au point de vouloir les flinguer.

« Venez, je vais vous faire visiter la maison. »

Je ne voulais pas vexer Fabienne Jamet, et j'avoue que j'avais tellement entendu parler du One Two Two que j'acceptai.

Les chambres étaient réparties sur trois étages. Au premier, Fabienne me glissa sur un ton faussement confidentiel : « On a dû vous le dire... nos chambres... elles sont spéciales. C'est pas pour les coincés, c'est pour ceux qui ont des goûts pas comme les autres, les mecs à passion. Par exemple – elle ouvrait la porte de la première chambre –, si vous êtes du genre médiéval, vous aurez celle-ci. »

Carcan, chaînes, fouets, billot, fenêtre en forme de meurtrière, un vrai paradis pour masochistes.

« Si vous préférez les croisières, j'vous donnerai celle-là. »

Elle ouvrait une deuxième porte et m'invitait à regarder. La chambre était décorée en cabine transatlantique avec, sur le lit bateau, une bouée de sauvetage. Fabienne vit que je remarquais la fenêtre en forme de hublot.

« Y en a même qui demandent qu'on leur balance un seau d'eau pendant qu'ils sont en action ! J'vous jure... »

Après la chambre japonaise, le compartiment de l'Orient-Express, la polaire avec son igloo et l'Africaine et ses peaux de bête, Fabienne, fière de sa visite – pendant laquelle je n'avais pas été avare de compliments –, insista pour que nous prenions un dernier verre au bar.

Les Allemands en civil et les deux officiers avaient disparu – dans des chambres ? –, le truand de la Carlingue discutait avec la fille du vestiaire, et les trafiquants s'étaient installés à une table avec deux pensionnaires. La barmaid posait un nouveau disque sur le pick-up. Pas de chance, c'était « J'ai peur de ton amour » par Reda Caire, un chanteur qui avait encore moins de voix que Jean Sablon. Fabienne Jamet avait commandé du champagne et s'était éloignée pour dire quelques mots aux types attablés avec les filles. J'appelai la barmaid. Elle arriva en ondulant et posa ses seins sur le bar.

« Je suis sûr que vous avez autre chose à me proposer que Reda Caire ? Je ne sais pas moi, Django Reinhardt ? »

Elle tripota une pile de disques, trouva ce qu'elle cherchait et me lança : « Voilà, un Django Reinhardt tout chaud pour Monsieur ! » Elle revenait vers moi en cachant son visage derrière le disque. Je lus le titre sur l'étiquette, « Chez moi, à six heures ».

« C'est le nom du morceau ou une invitation ?

— A votre avis ? »

Fabienne Jamet causait maintenant avec le gestapiste qui, de temps à autre, jetait un regard dans ma direction. Il devait se renseigner sur moi auprès de Fabienne. Elle le laissa pour me rejoindre. Nous levâmes nos verres. Il fallait que je rentre. J'avançai que je devais me lever très tôt, mais elle protesta.

« Vous n'allez pas partir sans avoir fait connaissance avec mes filles. Allez, c'est la maison qui régale, choisissez. » Elle tapait dans ses mains pour appeler la sous-maîtresse qui s'approcha. « J'ai trouvé une autre Viviane Romance, mais ce soir elle est occupée avec un client. La Ginette Leclerc est partie, mais j'ai une nouvelle qui devrait vous plaire, c'est le sosie de Mireille Balin. Ne me dites pas que vous n'avez pas le choix, vous pouvez même prendre une fille qui ressemble à personne ! »

Je remerciai, essayant d'être le plus courtois possible. Elle était vraiment désolée. Une autre fois, peut-être. Oui, je ne manquerais pas de faire ses amitiés à mon père. J'étais sur le point de partir. Soudain, sur une intuition, je lançai un hameçon à l'aveugle. « Vous n'auriez pas une Dita Parlo, par hasard ?

— Non, mais j'ai eu la vraie ! » dit-elle en éclatant de rire.

Je me figeai. La soirée n'était pas tout à fait perdue. « La vraie ! Qu'est-ce qu'elle est devenue ?

— Elle avait tourné dans *Danseuses pour Buenos Aires*, après elle a eu un passage à vide. Elle a passé six mois ici. Elle plaisait bien, Dita, et puis un jour elle m'a annoncé qu'elle partait pour raisons personnelles.

— Qu'est-ce qu'elle a fait ensuite ?

— Du cinéma ! Vous voyez, on commence au One Two Two et on finit sur la couverture des magazines… »

Je dis à Fabienne que je cherchais à retrouver Dita Parlo pour les besoins de mon enquête.

« Quand elle travaillait ici, elle habitait un petit hôtel à Pigalle, le même d'ailleurs que Daisy, la fausse Arletty. » Elle appelait la barmaid. « Domino, mon petit, passe-moi le registre, non, pas celui-là, le vieux qui est sous le bar. » Elle le feuilletait. « Voilà, Parlo, Dita, hôtel Guelma, Villa Guelma, à Pigalle. Vous pouvez pas le rater, c'est à côté d'un bordel d'hommes. Il en faut pour tous les goûts, pas vrai, mais vous trompez pas ! Domino, écris l'adresse sur une feuille et donne-la à monsieur Dracéna. »

Tandis que Fabienne se dirigeait vers la porte, la barmaid s'approcha, le papier à la main. Ses yeux brillaient. Elle le posa devant moi sur le bar et se pencha. Moi aussi. La vue était imprenable. En haut, il y avait l'adresse de Dita Parlo, en bas, la sienne : Domino, 102, rue Saint-Lazare. Opéra 12 22. Ce n'était pas loin de chez moi, je pourrais y aller à pied.

9

En me réveillant le lendemain matin, j'avais envie de me vider le corps, la tête. J'allai à la salle, rue Montmartre, où je tapai dans un punching-ball pendant une demi-heure avant de monter sur le ring et de me faire étendre par mon pote Marcel le Boxeur. Marcel : le nez cassé à jamais, les oreilles en chou-fleur et, entre nous, une amitié à toute épreuve. Je terminai par vingt minutes de savate. J'avais mon compte mais la tête claire. Sous la douche, Marcel en remettait : « Dis donc, tu t'laisses aller, tu vieillis, la prochaine fois, j'm'attache les mains derrière le dos ! » On riait. Marcel, je l'avais connu leveur de poids boulevard des Batignolles quand j'étais à la Crim. Avant, il avait disputé quelques combats comme poids moyen sous le nom de Kid Robert's, mais ça n'avait pas duré longtemps. Ce n'était pas un indic, il me tenait simplement au courant des bruits qui circulaient entre Blanche et Pigalle sans balancer de noms précis. Un jour, j'étais intervenu auprès d'un inspecteur de la Mondaine qui voulait l'embarquer pour pas grand-chose. Plus tard, quand il s'était retrouvé raide, je lui avais dégoté ce boulot de sparring partner à la salle où j'avais mes entrées. Je pouvais compter sur lui en cas d'ennuis.

Je rentrai chez moi à pied, et passai à côté d'une école communale. C'était l'heure de la récréation. Les enfants chantaient « Maréchal nous voilà » en attendant une distribution de biscuits vitaminés. Plus loin, aux Deux Anes, on donnait la revue *Paris Ich Liebedich* avec Alibert. Je voyais en me rapprochant un écriteau qui disait : « Le personnel et les artistes de cette salle sont aryens ». Je l'arrachai sous le regard fuyant des passants. Ce n'était pas la première fois. Un jour, avec mon pote François, le pion du lycée Voltaire, nous avions arraché une pancarte à l'entrée du Casino de Paris qui prévenait le public que l'endroit était « interdit aux Juifs et aux chiens ». Après, nous avions téléphoné régulièrement pendant un mois pour avertir qu'il y avait une bombe dans la salle.

J'allai chercher ma Juvaquatre au garage où je l'avais laissée en réparation. Je mis moins de trois quarts d'heure pour me rendre au Vésinet. Le 9, avenue du Grand-Veneur, était un joli pavillon séparé de la rue par un modeste jardin. Je sonnai. Une voix familière me répondit par la fenêtre ouverte du premier étage.

« Voilà, voilà, j'arrive, vous impatientez pas. Y a qu'les citrons qui sont pressés ! »

Carette ouvrit la porte. C'était lui, exactement comme dans ses films. Petit, la mèche noire qui retombait sur le front, l'insolence faubourienne dans ses yeux blagueurs. Je me présentai.

« Entrez, entrez, on va s'asseoir dans le salon. » Il cria en direction de la cuisine : « Ninette, apporte-nous une bouteille de vin blanc et deux verres, on a d'la visite. » Il se retourna et m'adressa un clin d'œil. « A la maison, y a toujours une bouteille de blanc au frais, pas vrai Ninette ? » Mme Carette entrait dans la pièce avec un plateau et ce sourire indulgent des femmes qui ont choisi pour mari un grand enfant irresponsable à qui on passe tout.

Les meubles du salon étaient signés Levitan, « garantis pour longtemps », disait la publicité. Aux murs et sur les meubles, des photos de Carette dans ses films, et il en avait tourné ! Ninette s'était éclipsée. Il remplissait nos verres.

« Bon. Qu'est-ce que je peux faire pour vous, ou plutôt pour Arlette ? Qu'est-ce qu'il lui arrive ? »

Il ne me laissait même pas le temps de lui faire le compliment pompeux que j'avais préparé pour briser la glace. Je me sentais ridicule mais je me lançai. « Je vous remercie de me recevoir à propos d'Arletty mais je veux d'abord vous dire, en tant qu'admirateur, combien je suis heureux de rencontrer l'homme qui a prononcé l'une des meilleures répliques du cinéma français des dix dernières années. »

— Dis donc, tu m'charries, toi, c'est que j'vais m'fâcher ! » dit-il en rigolant et en levant son verre qu'il vida d'un trait après que nous eûmes trinqué. « Et on peut savoir c'que c'est cette fameuse réplique ?

— Au début, dans *La Grande Illusion*, au moment où, sous l'œil du capitaine de Boëldieu, joué par Pierre Fresnay, vous allez descendre dans le tunnel que les prisonniers ont creusé pour s'évader, vous lui dites : "J'me déguise en taupe… inambour !"

— Mais tu continues à m'charrier, c'est rien d'le dire ! » Il était de plus en plus hilare et remplissait nos verres. « Tu sais que j'ai trouvé ça au dernier moment, c'était pas dans le script de Renoir, mais Fresnay était tellement coincé que j'passais mon temps à le choquer. Quand Yvonne Printemps, sa femme, qui était aussi connue comme actrice que comme chanteuse, venait le voir pendant le tournage, fallait voir ça ! Ça t'aurait plu ! Le soir, au dîner, on plaçait la Printemps à côté de moi et moi, j'y allais, j'en remettais : "Dis donc, Pierre, j'me la taperais bien la chanteuse ! Fais voir comment qu't'es belle ! Elle a d'belles miches, Yvonne. J'peux pas y goûter ?" Et j'lui pinçais les seins en faisant pouët pouët ! Fresnay n'osait rien dire, il avait du mal à sourire, on aurait dit qu'il avait la colique ! » Il reprit son sérieux. L'acteur en représentation cédait la place à l'ami d'Arletty. « On n'est pas là pour causer de *La Grande Illusion*, on est là pour parler d'Arlette. Je l'adore, on est tous les deux de Courbevoie, elle est comme un pote pour moi. Alors, vas-y, raconte.

— Arlette a des ennuis, plutôt graves. J'ai été flic, avant de devenir détective privé. Elle m'a engagé pour la protéger et découvrir qui lui en veut. J'étais chez elle hier. Elle a reçu un cercueil et une lettre de menaces. Je ne peux pas vous en dire plus mais un certain nombre de choses me font douter que la Résistance soit derrière. Je lui ai donc demandé de réfléchir à ceux ou celles qui pourraient lui en vouloir pour une raison ou pour une autre, dans le milieu du cinéma, par exemple. Elle m'a parlé de Dita Parlo, avec qui vous avez tourné dans *La Grande Illusion*.

— Dita Parlo ! C'est vrai qu'elle l'avait mauvaise quand elle a été remplacée par Arlette dans *Tempête sur Paris*. J'm'en souviens bien, et comment, une belle blonde aux yeux bleus, très teutonne, mais il en faut pour tous les goûts, hein ? J'aimerais bien t'aider, seulement Arlette a oublié une chose : bien sûr qu'elle était dans *La Grande Illusion*, la Parlo, et moi aussi, mais on n'a jamais tourné de scène ensemble. Si tu t'souviens, on m'voit au stalag dans la première partie du film, et elle, beaucoup plus tard, en fermière quand elle cache Gabin et Dalio dans sa ferme après leur évasion. On m'l'a présentée quand elle est arrivée, pendant le tournage, c'est tout. J'peux vraiment rien pour toi... Attends, j'y pense, pourquoi t'irais pas voir Pierre Fresnay ? Il a tourné avec elle dans *Mademoiselle Docteur*, il sait peut-être où elle est, mais s'il est aussi coincé que dans *La Grande Illusion*, tu vas pas t'marrer. J'sais pas si c'est une bonne recommandation mais tu peux l'appeler d'ma part, tu verras bien. En tout cas, si tu vois Yvonne, oublie pas ! – il fit mine de se pincer les seins : pouët pouët ! »

La bouteille de blanc était vide. Sur le pas de la porte, il me dit d'un air désolé : « J'aurais bien voulu t'aider pour Arlette, mais dis-lui quand même que son pote de Courbevoie l'aime et qu'il l'embrasse. »

Je rentrai chez moi. Je voulais essayer de joindre le plus vite possible Pierre Fresnay. L'*Annuaire* magique me livra son adresse et son numéro de téléphone : 8 bis, rue Saint-James, à Neuilly, Maillot 84 25. J'appelai. C'est lui qui me répondit.

« Monsieur Fresnay ?

— Oui, c'est moi.

— Mon nom est Jérôme Dracéna. Je vous appelle de la part de Carette. Il m'a dit que vous pourriez peut-être me donner le renseignement que je cherche.

— Que voulez-vous ? »

Il avait la voix du capitaine de Boëldieu s'adressant à un bidasse.

« Je cherche à savoir ce qu'est devenue Dita Parlo avec qui vous avez tourné *Mademoiselle Docteur* et, éventuellement, où je pourrais la joindre.

— Monsieur, je n'ai rien à vous dire. »

Il me raccrocha au nez. Il cachait quelque chose, ou bien l'explication était plus simple. La jalousie d'Yvonne Printemps était bien connue. Les scènes qu'elle faisait à Fresnay en public étaient célèbres. Peut-être était-elle à côté de lui pendant qu'il téléphonait. J'eus envie de le rappeler et de suivre le conseil de Carette : « Allô, monsieur Fresnay ? Si Yvonne est à côté de vous, pouët pouët ! »

Je téléphonai à Arletty pour lui rendre compte de ma visite pour rien à Carette. Elle était désolée, elle aurait dû lui téléphoner elle-même mais elle était sur le point de sortir et me demandait de venir chez elle le lendemain matin. Il était temps d'aller faire un tour du côté de l'hôtel

Guelma où Dita Parlo avait habité pendant son « séjour » au One Two Two. Ce n'était pas loin, je décidai de marcher. Je passai devant des boîtes de nuit fermées, pas belles à voir en plein jour. Sur les portes de certaines d'entre elles, encore des écriteaux : « Nous certifions que tout notre personnel est aryen ». C'était devenu une habitude, j'en arrachai deux au passage.

L'hôtel Guelma était modeste, très modeste, mais pas sordide comme son environnement aurait pu le laisser craindre. Il n'y avait aucune pute devant la porte mais des géraniums sur le bord des fenêtres. J'eus l'impression que c'était plutôt un hôtel pour fauchés, pour les danseuses et les barmen des cabarets voisins. Deux numéros plus loin, je vis un petit immeuble aux volets fermés qui devait être le bordel d'hommes indiqué par Fabienne Jamet. Un homme bien habillé en sortait en baissant la tête et s'éloignait à pas rapides.

La réception du Guelma se résumait à un comptoir en bois sur lequel étaient posés un registre et une sonnette. Le réceptionniste était du genre maussade, avec des yeux méfiants qui cherchaient à me situer. Sa chemise et ses ongles étaient sales.

« Bonjour. » Il ne répondit pas. Je recommençai d'une voix plus forte. Cette fois-ci, il réagit, du bout des lèvres.

« C'est pour quoi ?

— Une de mes amies, qui a habité ici l'année dernière, m'a demandé de récupérer les affaires qu'elle avait laissées en partant. Mademoiselle Parlo, Dita Parlo.

— J'me rappelle pas. »

Je sortis un billet et le fis glisser vers lui. « Vraiment ? Essayez de vous souvenir, une jolie jeune femme blonde aux yeux bleus...

— Maintenant, ça m'revient. Elle avait une chambre au deuxième mais elle couchait souvent dehors. Elle parlait à personne.

— Elle n'a rien laissé en partant ? »

Il attendait. Je lui glissai un autre billet.

« Attendez, je vais voir. » Il passa dans le bureau mitoyen et en revint avec une valise de taille moyenne qu'il posa sur le comptoir sans la lâcher. Il attendait encore du fric, dommage, la caisse venait de fermer.

Je voulais me saisir de la valise mais il s'accrochait. Je mis la main dans la poche de ma veste et glissai mes doigts dans le poing américain. Je lui demandai comment il s'appelait : Jeannot.

« Tu vois, Jeannot – mon poing était à quelques centimètres de son visage –, tu as déjà touché deux fois. La troisième, c'est lui qui va te toucher si tu t'entêtes ! Enlève tes mains. »

La valise était fermée. Une paire de ciseaux était accrochée sur le côté, derrière le comptoir. Je m'en emparai et fis sauter les serrures. Jeannot se penchait pour regarder à l'intérieur. Il recommençait à s'agiter.

« Tourne-toi, face au mur. Si tu bouges, tu morfles ! » Il n'avait pas envie de faire connaissance avec mes phalanges en acier. Il obéit.

Dans la valise, je trouvai un soutien-gorge, des culottes en soie, une guêpière, des escarpins vernis, des magazines de cinéma, une publicité découpée dans un journal qui affirmait que « Gyraldose assainit et fortifie les organes féminins », une carte de cocktails à en-tête du One Two Two, un plan de Paris et une carte de visite rose, « Madame Léone Relations mondaines Ecran lumineux 56, rue d'Argout ». Dita Parlo avait-elle fait des extra pendant ou après ses six mois au One Two Two ?

Je passai la main sur la doublure du fond de la valise. Sur le côté, une déchirure avait été maladroitement recousue. Je sentis un corps étranger à travers le tissu que je déchirai. C'était une enveloppe un peu épaisse. Je la mis dans ma poche sans l'ouvrir.

« Dites donc, vous n'avez pas le droit... »

Jeannot s'était retourné et semblait prêt à me tomber dessus. Je lui balançai la valise à bout portant et m'arrêtai sur le seuil de la porte. Il s'avança vers moi. Je lui montrai encore une fois ma main droite toujours armée du poing américain. Jeannot recula.

Dans la rue, je me mis à rire tout seul en imaginant un film dont le titre serait « L'Homme aux phalanges d'acier », avec Arletty, Jérôme Dracéna, Dita Parlo et Karl von Sperlich, qui jouerait un cocu, bien sûr.

Je brûlais d'impatience de connaître le contenu de l'enveloppe. Je marchais maintenant sur le terre-plein du boulevard de Clichy. Je m'assis sur un banc et ouvris l'enveloppe avec un doigt. J'en tirai trois photos qui montraient les mêmes personnages, mais dans des attitudes différentes. La scène se passait dans un cabaret teuton – à Berlin ? –, comme le laissait supposer un menu en allemand posé sur le bar, à l'arrière-plan. Les cinq personnes avaient pris la pose pour le photographe, probablement celui de l'établissement. A l'extrême gauche, je reconnaissais Dita Parlo. A côté d'elle, une belle femme blonde au type slave, puis un homme d'une trentaine d'années au visage énergique, que j'avais déjà vu dans un cadre chez Arletty, le capitaine Karl von Sperlich. Collée à lui, il y avait une grande brune très maquillée, aux traits durs, avec, à sa gauche, un type aux cheveux très courts blonds, presque blancs, les yeux bleu pâle et la joue droite zébrée d'une balafre. Une vraie gueule de salaud, de sadique, de tueur, le choix était large, peut-être les trois à la fois. Tout le monde était en tenue de soirée, tout le monde souriait, sauf le balafré qui fixait le photographe comme s'il allait le tuer. On sentait quelqu'un qui n'aimait pas être photographié, mais qui n'avait pas pu l'éviter ce jour-là.

Je rangeai les photos dans ma poche, A première vue, en me basant sur la différence physique entre le Karl von Sperlich du cabaret et celui d'aujourd'hui, elles avaient dû être prises entre 1936 et 1938. Pour la première fois depuis le début de mon enquête, j'avais le sentiment de tenir une piste sérieuse. Mais qui étaient les trois personnes photographiées avec Dita Parlo et le capitaine von Sperlich ?

10

Je tournai la clé dans la serrure, le téléphone sonnait. C'était Arletty. Sa voix était angoissée.

« Jérôme, je viens de recevoir le même paquet que l'autre jour mais cette fois, y a pas d'lettre. Vous vous rendez compte, une semaine seulement après le premier envoi ! J'ai peur. Pouvez-vous venir tout de suite ? »

Dehors, un peu plus loin dans la rue, Chez Marguerite, un bordel réservé aux hommes de troupe, était déjà en activité. Des frisés entraient en riant bruyamment. Ils allaient payer, on leur donnerait un jeton et un préservatif, *der Pariser*, comme ils l'appelaient, et ils monteraient. Un quart d'heure plus tard, ce serait fini. On n'était pas au One Two Two.

Je repris la Juvaquatre que j'avais laissée en bas de chez moi. Je réfléchissais en conduisant. Une semaine entre les deux cercueils, ça non plus, ça ne sentait pas la Résistance, d'habitude, ils vous laissaient mijoter longtemps avant de passer à l'action après vous avoir envoyé un autre cercueil. Quel rapport y avait-il entre Karl von Sperlich et Dita Parlo, l'actrice allemande à qui on avait préféré Arletty pour *Tempête sur Paris* ? Que faisaient-ils ensemble dans un cabaret berlinois avant la guerre ? Je décidai de ne pas parler à Arletty de la photo. C'est la soubrette qui m'ouvrit la porte, quai de Conti. Ses yeux se dérobaient, cette fois, elle ne souriait pas.

« Vous avez rendez-vous avec Mademoiselle ?

— Elle m'attend. »

Arletty entra, le visage fermé. « Laissez-nous, Yvette. Entrez, Jérôme. » Dans le salon, sans un mot, elle déposa devant moi un paquet identique au premier envoi. Je l'ouvris : à l'intérieur, le même cercueil, la même tête de mort. Pas de lettre. « Celui-ci n'est pas arrivé par la poste, c'est Yvette qui l'a trouvé devant la porte, sur le paillasson, il y a une heure. Que se passe-t-il, Jérôme ? J'ai rien fait de spécial depuis la semaine dernière, je suis allée dans aucun cocktail, aucune manifestation. Je comprends pas. J'ai peur. »

J'essayai de la rassurer. « Malgré les apparences, nous sommes certains maintenant – j'ai montré le premier cercueil à mon père – que la Résistance n'est pas dans le coup. Ça vient d'ailleurs. La piste Dita Parlo, même si elle n'est peut-être pas impliquée directement, me semble sérieuse et je vais la suivre. Dans l'immédiat, nous allons faire deux choses. Puis-je utiliser votre téléphone ? » J'appelai la salle et demandai à parler à Marcel.

« Alors, p'tite tête, t'en as pas assez pris plein la tronche c'matin, tu veux remettre ça ? Commence par manger des épinards !

— Arrête tes conneries, Marcel, je ne plaisante pas. Ecoute-moi et ne pose pas de questions. Tu vas aller chez toi prendre quelques vêtements et des affaires de toilette. Ensuite, tu prends un taxi, à mes frais évidemment, et tu te pointes 13, quai de Conti. Je t'attendrai devant la porte. Tu habites au-dessus de la salle, tu ne devrais pas en avoir pour longtemps, il faut que tu sois là dans moins d'une heure. Tu as pigé ? »

Je me retournai vers Arletty. « J'ai demandé à mon ami Marcel de veiller sur vous pendant quelques jours. C'est un boxeur en qui j'ai toute confiance. Il est fidèle comme un caniche et fort comme un bœuf. Et il est de Courbevoie. » J'avais réussi à la faire sourire. Arletty, Carette, Marcel, Mme Tarot, la bande de Courbevoie... « Est-ce que vous avez une chambre de bonne pour le loger ? » Elle fit signe que oui. « A propos de bonne, où avez-vous trouvé votre femme de chambre ?

— Yvette ? Quel rapport ? Mais bon, si ça peut vous être utile... Elle m'a été recommandée par la comtesse Tchernycheff, un jour où nous parlions personnel de maison dans un cocktail. Suzette, mon ancienne femme de chambre, m'avait quittée brusquement, j'ai pas encore compris pourquoi, et, à tout hasard, je lui ai dit que je cherchais quelqu'un. »

Je demandai qui était la comtesse Tchernycheff.

« C'est une aristocrate russe, une aventurière qui a tourné en France dans quelques films entre 34 et 36. Elle a commencé par un beau navet plutôt olé olé, *Les Aventures du roi Pausole*, elle a même eu un petit rôle dans un de mes films, *Pension Mimosas*. C'est là que je l'ai connue. Elle avait pris un nom d'actrice à la noix, Ila Méery. On l'a vue dans *Lac aux dames*, où elle essayait de séduire Jean-Pierre Aumont qui jouait un maître nageur au Tyrol ! Encore un navet d'première ! Elle était aussi dans *Zouzou*, avec Joséphine Baker et Jean Gabin. Ensuite, elle a épousé Henri Garat, la vedette d'*Un mauvais garçon*. Depuis, ils ont divorcé mais elle continue à se faire appeler Mme Garat, ça l'arrange pour ses affaires. Je la croise dans des réceptions, elle a toujours été très aimable avec moi mais c'est pas quelqu'un à qui je raconterais ma vie. Pourquoi vous m'demandez ça ? »

Je lui dis que je voulais poser quelques questions à Yvette. Arletty appela d'abord Marie à qui je demandai ce qu'elle pensait de la femme de chambre. « Elle s'est présentée peu de temps après le départ de Suzette, de la part d'une amie de Madame, la comtesse Tchernycheff. Elle travaille bien mais... » Elle hésitait, gênée. « Je la trouve un peu trop curieuse, je l'ai surprise deux fois en train d'écouter aux portes sans qu'elle me voie, j'aurais peut-être dû en parler à Madame…

— Pouvez-vous aller la chercher et lui dire que je veux lui parler ? »

Je sortis avec Marie et attendis dans l'entrée pendant qu'Arletty, restée dans le salon, donnait un coup de téléphone. La porte était fermée mais je pouvais entendre ce qu'elle disait. Comme Yvette… Marie était de retour, seule, dans tous ses états.

« Je suis montée la chercher, sa chambre était vide, son placard aussi. Elle est partie avec toutes ses affaires ! J'étais dans l'office, je ne l'ai pas entendue. Je suis désolée, monsieur, je ne comprends pas, je ne sais pas quoi vous dire… »

Pour qui Yvette écoutait-elle aux portes ? Pourquoi ce regard fuyant lorsqu'elle m'avait accueilli ? Comment le second cercueil était-il arrivé sur le paillasson ? Je retournai dans le salon.

« Vous avez découvert quelque chose ? me demanda Arletty.

— Plus ou moins mais je ne peux pas vous en parler pour l'instant. Permettez-moi de vous poser une question indiscrète : est-ce que le capitaine von Sperlich a laissé chez vous des affaires avant de partir ?

— Pas seulement avant de s'absenter. Il a ici en permanence quelques costumes qui sont rangés dans un placard. Pourquoi, ça vous intéresse ? »

Je me lançai en sachant comment elle allait réagir. « Arlette, ce que je vais vous demander est très délicat et ne va pas vous plaire mais je voudrais quc vous mc laissiez examiner ces vêtements. »

Elle me regardait, hors d'elle. « Quoi ! Jamais j'me suis permis de fouiller dans les affaires de Karl, alors vous, encore moins ! Vous y pensez pas ! Dans le genre indiscret, vous vous posez là ! »

J'attendis que sa colère retombe. « Arlette, je vous demande de me faire confiance comme vous l'avez fait jusqu'à présent. C'est vraiment important, je ne peux négliger aucun détail. »

Elle hésitait : « Soit, mais en ma présence. Venez. »

Elle prit une clé dans un secrétaire et je la suivis dans l'entrée jusqu'à une penderie dont elle ouvrit la porte. Une serviette en cuir était posée par terre contre un mur. Je compris, en constatant qu'elle n'était pas fermée à clé, que la pêche serait maigre. J'avais raison. J'en sortis, sous l'œil attentif d'Arletty, deux numéros du *Pariser Zeitung*, un exemplaire de *Signal* avec Goering en couverture, un programme de l'Opéra pour un concert Wagner, une paire de jumelles… Je regardai les vêtements : trois costumes sombres, une tenue de cheval et une veste bavaroise. Je fouillai les poches, tâtai les doublures, pour ne trouver qu'un briquet et une invitation à l'ambassade d'Allemagne, vieille de trois semaines. Restait la veste bavaroise. Les deux poches intérieures étaient vides sauf que le fond de celle de gauche n'était pas fermé par une couture mais par une fine fermeture Eclair, que je fis glisser silencieusement. En dessous, dans la doublure, je devinai une enveloppe. Arletty ne me quittait pas des yeux mais la chance me sourit sous la forme de Marie qui désirait lui parler. Le temps qu'Arletty tourne la tête, je fis disparaître l'enveloppe dans une poche de ma veste. Je continuai pour la forme à tripoter les costumes et finis par dire à Arletty que je n'avais rien trouvé d'intéressant.

« Vous voyez ! » Elle triomphait. « Qu'est-que vous pensiez, découvrir que Karl est un espion anglais ? »

Nous étions revenus dans le salon et, en regardant par la fenêtre, je vis arriver Marcel. Je descendis pour l'accueillir et lui expliquer ce qu'il avait à faire. Il avait mis une cravate et portait un costume à larges rayures qui allait mal avec ses oreilles en chou-fleur et ses mains de boucher. Il s'était rasé, peigné et portait une petite valise en carton. Il m'interrogeait du regard.

« Je vais t'expliquer ton boulot en deux mots. Tu es ici chez Arletty, fais pas cette tête, on dirait que tu vas t'évanouir, tu l'as vue au cinéma, maintenant, tu vas la voir en chair et en os. Elle est menacée de mort et je cherche à savoir qui c'est. Toi, tu vas rester ici et veiller sur elle, de jour comme de nuit. Tu seras logé et nourri, avec, en fin de parcours, quelques billets à la clé. Ça te va ? »

Remis de sa surprise, il me dit en me broyant la main : « Je veux, mon poteau ! »

Je fis monter Marcel pour le présenter à Arletty, qui attendait dans le salon. Il tripotait son chapeau en se dandinant. Arletty, qui savait comme personne mettre les gens à l'aise, lui dit avec un rire complice : « Vous, j'parie qu'vous êtes de Courbevoie ! » Marcel, les yeux baissés, rougissait comme une rosière. Il était K-O debout.

J'avais hâte d'être chez moi pour découvrir le contenu de l'enveloppe. Je devinais que j'allais y trouver des photos. Il n'y en avait que deux. La première était identique à celle que j'avais trouvée dans la valise de Dita Parlo. Sur la seconde, prise dans le même cabaret, Karl von Sperlich était attablé avec la femme brune aux épaules nues. Ils se souriaient, on devinait qu'ils se tenaient les mains sous la table sans se soucier du photographe. Dans une autre enveloppe, plus petite, je trouvai une lettre non datée écrite sur du papier bleu clair parfumé : « Karl chéri, tu n'as pas répondu à ma dernière lettre. L'as-tu bien reçue ? Quand reviens-tu ? Je me languis de toi. Nous avons tant de choses à nous dire. J'espère te voir dès ton retour. Ta Crystal. » C'était suivi d'un post-scriptum : « Je crois que tu avais beaucoup aimé les photos prises chez moi. Si tu as envie d'en faire faire d'autres tirages, je tiens les négatifs à ta disposition. Veux-tu que je te les fasse parvenir à ton adresse parisienne, quai de Conti ? »

Les photos prises chez moi... les négatifs à ta disposition... ton adresse parisienne... Des menaces voilées destinées à faire peur. Ça puait le chantage. On voulait faire comprendre à Karl von Sperlich que, s'il s'obstinait à refuser de payer, on mettrait Arletty au courant de sa liaison avec une certaine Crystal. Qui était Crystal ? J'ignorais aussi, pour le moment, qui était l'homme à la balafre. Il me fallait très vite mettre la main sur les deux personnes dont j'avais fini par découvrir l'identité, Dita Parlo d'abord, la comtesse Tchernycheff ensuite.

11

Allongé sur mon lit, j'essayais d'y voir clair. Riton l'Anguille, Arletty, les deux cercueils, Karl von Sperlich, mon père, la soirée au One Two Two, Dita Parlo, Carette, l'hôtel Guelma, la disparition d'Yvette la femme de chambre, les photos, la lettre, Berlin, Crystal, la comtesse Tchernycheff, l'homme à la balafre… Les pièces du puzzle s'agitaient dans ma tête. Je m'endormis après une descente chez Mme Tarot d'où je remontai avec une assiette de blanquette assaisonnée de ses commentaires : « Alors, Monsieur n'a pas trouvé de poule pour sortir ce soir ? Tenez, prenez de la blanquette, ça vous consolera… » Je m'endormis après avoir écouté Radio Londres. Ce soir, on annonçait que « le bulldog a bien reçu les fleurs » et que « Blanche-Neige attend des nouvelles des sept nains ». Je rêvai toute la nuit et m'éveillai épuisé, toujours obsédé par le puzzle. Soudain, une image brouilla le tableau, celle de Domino, la barmaid du One Two Two. Que savait-elle ? J'avais envie de la voir pour d'autres raisons. J'attendis 11 heures pour l'appeler. Je la réveillai. Elle avait dû rentrer à l'aube du One Two Two :

« J'espère que je ne vous réveille pas. Vous vous souvenez de moi ? Jérôme Dracéna. Nous avons fait connaissance, l'autre nuit, rue de Provence…

— Mais non, je n'ai pas oublié. Je suppose que vous m'appelez pour que nous fassions mieux connaissance ? »

J'imaginais son sourire au bout du fil.

« Je ne travaille pas aujourd'hui. Je vous attends ce soir chez moi, à 6 heures, je crois que c'est le titre de votre morceau préféré... »

Une image de son décolleté me revenait. Qui aurait hésité ? Pas moi.

Avant de raccrocher, elle me dit à voix presque basse : « A tout à l'heure, Jérôme. Je vais me rendormir pour être en forme ce soir... »

Mon second coup de fil fut pour mon ami Tony, photographe à *Ciné Mondial*. Tony Locascio était né à Naples. Il était arrivé à Paris quand l'Italie était entrée en guerre aux côtés de l'Allemagne. En tant que journaliste italien travaillant pour un magazine soutenu par la Continental, la société allemande qui produisait des films français depuis 1939, il avait eu droit à un ausweis.

C'était pratique lorsque nous sortions ensemble. J'avais connu Tony à mes débuts de détective privé lorsqu'il était venu me trouver de la part d'un ami commun. Il m'avait demandé de m'occuper d'une histoire de chantage dont était victime une actrice mariée avec qui il avait une liaison. Tout s'était bien passé, plus ou moins en douceur – le maître chanteur n'avait tenu qu'un round –, mais l'affaire avait été réglée. Nous avions sympathisé, nous nous étions revus. Tony avait vite compris que j'étais un fou de cinéma et m'alimentait en potins de vedettes et anecdotes de tournage. Il était tous les jours en reportage, armé de son Rolleiflex, sur les plateaux de cinéma, dans les cocktails et les premières. Son carnet d'adresses était impressionnant. Il en avait un autre, toujours sur lui, qui était, disait-il, « l'équivalent d'une mine d'or ». Tony aimait l'amour à plusieurs et récoltait au cours de ses sorties les numéros de téléphone de jeunes femmes désireuses de le revoir. Un jour, je lui avais dit : « Tu devrais monter un journal qui s'appellerait "Je suis partouze !" » Il m'avait répondu : « Avec des photos de souris grises à poil ! » Nous avions ri comme deux collégiens contents de leurs plaisanteries à deux ronds, mais, en fait, derrière nos blagues, Tony et moi partagions le même fantasme, celui de la souris grise.

Il y avait beaucoup de mochetés parmi celles qu'on voyait dans les rues de Paris mais aussi quelques beautés et semi-beautés. L'uniforme strict, les bas gris, le chemisier blanc, la cravate noire, le calot, les cheveux tirés en chignon, tout nous donnait envie de connaître ce qui se cachait derrière cette façade sévère. Des actrices françaises s'affichaient avec des officiers allemands mais personne n'avait jamais entendu parler d'une aventure entre un Français et une souris grise. Le bruit avait couru qu'un inspecteur du 36 avait séduit une secrétaire de la Kommandantur et qu'il avait été révoqué après la découverte de leur histoire. La fille avait, paraît-il, été rappelée à Berlin. Vrai ou faux, nous nous en fichions. Tony avait réussi à localiser l'endroit réquisitionné pour loger le personnel féminin allemand, l'hôtel Saint-Romain, dans le 1er arrondissement. Nous étions allés plusieurs fois nous promener, l'air dégagé, autour de l'hôtel, pour en revenir bredouilles. Les souris sortaient généralement par deux sans regarder personne, pour aller faire des courses dans les grands magasins. Un jour, nous avions eu droit à un regard un peu appuyé. C'était maigre. Qu'aurions-nous fait, de toute façon ? Où serions-nous allés avec nos gretchen ? Nous nous consolions en nous disant qu'elles ne parlaient sûrement pas français et qu'elles devaient être beaucoup moins bien en civil. Tony en remettait : « Tant mieux. Si nous étions parvenus à nos fins, qui dit que nous n'aurions pas reçu un petit cercueil pour collaboration avec l'occupante ! »

Tony, c'était certain, devait pouvoir m'aider à trouver Dita Parlo. Il était justement sur le point de m'appeler, me dit-il, pour me proposer de déjeuner ensemble, et il précisa : « On ira au Fouquet's. J'ai fait des photos d'Edwige Feuillère dans le restaurant la semaine dernière, le patron est si content qu'il m'a invité avec les personnes de mon choix. Et puis, toi qui aimes les vedettes, il faut que tu connaisses le Fouquet's, le grand rendez-vous du cinéma français, et un peu allemand », ajouta-t-il. Quand je lui parlai de Dita Parlo, il me répondit sur un ton mystérieux que celle qu'il avait invitée à déjeuner avec nous « savait tout sur tout le monde et pourrait m'aider ». Il me demanda de passer le chercher à midi et demi à *Ciné Mondial* et raccrocha, content de son effet.

Le siège de *Ciné Mondial* était aux Champs-Elysées. C'est la Continental qui finançait le magazine mais ses bureaux n'étaient pas luxueux pour autant. Je trouvai Tony dans la petite salle de rédaction, en train de tripoter son Rolleiflex. Il était prêt pour la plaisanterie d'usage :

« Salut, Tony. Où en es-tu avec "Je suis partouze" ? Ça avance ?

— Ça avance. J'ai trouvé des souris grises qui acceptent de poser à poil ! »

Notre manque d'imagination était inépuisable. Mais tellement rassurant. Deux amis toujours contents de se retrouver. Tony ressemblait à Tyrone Power, un Tyrone Power à l'irrésistible accent italien, ce qui lui valait un nombre impressionnant de conquêtes dont j'étais parfois jaloux pendant quelques minutes. Tony enfila son veston, renoua sa cravate. Avant de partir, je lui demandai qui était la personne qui devait déjeuner avec nous. Il me regarda en souriant, l'air satisfait :

« Florence. J'ai décidé de vous réconcilier, c'est trop bête, cette fâcherie. Moi, ça me complique la vie, je vous aime tous les deux sans jamais pouvoir vous voir ensemble. Voilà ! Si je te l'avais dit, tu ne serais pas venu, avoue ! »

J'étais assommé.

12

Florence Préville. De son vrai nom, Florence de Sénanville. Elle en avait changé lorsqu'elle avait décidé de faire du cinéma. Actrice, danseuse, chanteuse, ça ne se faisait pas chez les Sénanville. Des métiers de saltimbanque. Des fréquentations douteuses. Le père de Florence, Jean de Sénanville, diplomate de formation, était en poste à Vichy où il avait été appelé par le ministre des Affaires étrangères, Pierre-Etienne Flandin, qui en avait fait son premier secrétaire pendant les deux mois où il avait occupé ce poste. Il était resté au ministère lorsque l'amiral Darlan avait succédé à Flandin. Suzanne, la mère de Florence, avait suivi son mari, laissant sa fille seule à Paris dans leur bel appartement du Champ-de-Mars avec un compte en banque approvisionné régulièrement.

Lorsque je l'avais rencontrée, Florence était belle, élégante, amusante, mais sans talent. Elle avait commencé à tourner en 39. Des petits rôles d'abord, dans *Tourbillon de Paris*, avec Ray Ventura et ses Collégiens, *Les Loups entre eux*, avec Jules Berry et Renée Saint-Cyr. Sa chance, sa grande chance, c'était d'avoir eu pour amie d'enfance Corinne Luchaire avec qui elle était allée au lycée de Neuilly. Jean de Sénanville, lui, était très lié avec Jean Luchaire, le père de Corinne. Les deux filles avaient été, pour ainsi dire, élevées ensemble. Corinne aussi avait voulu faire du cinéma. Son premier rôle, à dix-sept ans, dans *Prisons sans barreaux*, l'avait révélée. La critique avait continué de l'encenser avec *Le Dernier Tournant*, où elle avait pour partenaires deux grandes vedettes, Michel Simon et Fernand Gravey. Florence n'avait jamais su que Corinne était intervenue auprès des producteurs du film pour qu'on lui donne un rôle, même modeste, dans *Prisons sans barreaux*.

Florence, qui était intelligente, n'avait pas mis longtemps à comprendre qu'elle ne serait jamais une vedette, mais elle avait sa beauté, son esprit, de l'argent, et semblait ravie de s'amuser à jouer des rôles de jolie écervelée dans des comédies sans importance.

Elle était très aimée dans le milieu du cinéma, invitée partout. Le seul nuage dans sa vie, depuis le début de l'Occupation, s'appelait Corinne Luchaire. Le père de son amie, Jean Luchaire, avait choisi son camp depuis longtemps. Il était devenu le grand patron de la presse collaborationniste, dirigeait un quotidien, *Les Nouveaux Temps*, et avait table ouverte rue de Lille, chez son ami l'ambassadeur d'Allemagne, Otto Abetz, avec qui il s'était lié à Paris dans les années trente. Pour compléter et assombrir le tableau, Luchaire était aussi un ami d'Henri Lafont qu'il voyait fréquemment rue Lauriston et avec qui il faisait des affaires. Tony m'avait dit un jour en rigolant : « Tu sais comment on appelle Luchaire ? Le louche herr ! »

Florence, qui avait appris que Corinne était tuberculeuse, lui gardait son amitié mais avait pris ses distances depuis le mariage récent de son amie, pendant son séjour dans un sanatorium en Savoie, avec un affairiste, le comte Guy de Voisins-Lavernière, lié, lui aussi, avec la Carlingue. Corinne marchait dans les pas de son père et s'affichait sans vergogne avec des officiers allemands au Shéhérazade, qui s'affichait comme « Der pariser Kabarett », et dont le directeur, le baron de Freygang, était un indicateur de la Gestapo. Florence était loin d'être une moraliste, il lui arrivait parfois de côtoyer des gens douteux et son père avait choisi Pétain, mais trop, c'était trop. Leurs rapports s'étaient faits de plus en plus rares.

C'est Tony qui me l'avait présentée un jour qu'il m'avait emmené avec lui sur le tournage de *Montmartre-sur-Seine*, où Florence jouait une Parisienne élégante aux côtés de Jean-Louis Barrault et d'Edith Piaf, qu'elle me décrivit comme « un avorton avec une voix de stentor ». Un nouveau jeune premier, Henri Vidal, jouait le beau peintre dont Piaf était amoureuse, et les seconds rôles étaient tenus par Paul Meurisse, un protégé de Piaf, et Roger Duchesne, un protégé, lui, de la Carlingue qui lui avait confié la direction d'une boîte de nuit à Pigalle, L'Heure Bleue. Duchesne était un faux beau brillantiné, aux joues de hamster, dont le physique avantageux plaisait aux femmes de tous les milieux.

Nous avions dîné avec Tony au Ciro's. Moi, le détective privé débutant, elle, une très jolie femme riche rompue aux jeux de la séduction. Qu'est-ce qu'elle m'avait trouvé ? Peut-être étais-je complètement différent des gens qu'elle fréquentait tous les jours. Que détective privé, pour elle, cela voulait dire dur de dur, voyou, bagarre, apache... Nous avions passé le dîner les yeux dans les yeux sous le nez de Tony, amusé, mais qui finit par s'ennuyer. Il s'éclipsa au dessert en souriant. « Vous êtes grands maintenant, vous n'avez plus besoin de nourrice ! »

Nous avions dansé. Slow, rumba, slow, rumba. La soirée s'avançait. Je marchais sur des œufs. Jamais je n'oserais lui proposer de venir chez moi, rue Saint-Georges, où Mme Tarot n'avait pas fait le ménage depuis deux jours, où, même si elle l'avait fait, l'appartement me ferait honte. Je ne savais pas quoi faire. Puis, j'entendis comme dans un rêve Florence me dire :

« Il n'est pas très tard. Je ne tourne pas demain. Voulez-vous que nous allions boire du champagne chez moi ? »

J'aurais bu de l'ammoniaque si elle me l'avait proposé. L'appartement du comte et de la comtesse de Sénanville ne donnait pas dans la fantaisie. Meubles, tableaux, tapisseries respiraient le sérieux, l'honorabilité. Florence me dit, tandis qu'elle tamisait les lumières :

« Ce n'est pas mon goût, en même temps, je ne suis pas fâchée, lorsque je rentre, de me retrouver dans un cadre qui n'a rien à voir avec le cinéma. Cela vous plaît ? »

Peut-être, après tout, avais-je eu tort de ne pas essayer de l'entraîner dans ma tanière de la rue Saint-Georges. Dans le genre, c'était un vrai décor de cinéma, celui d'un film dont le héros était un détective privé aux finances incertaines qui comptait sur sa concierge pour manger…

Nous avions passé la nuit dans le lit de papa-maman qui, pendant ce temps, devaient dormir sur leurs deux oreilles dans leur suite de l'hôtel du Parc, à Vichy. Pauvres parents… Jamais ils ne sauraient que les distractions et les appétits sexuels de leur fille s'accordaient mal avec les mots d'ordre du Maréchal : Travail, Famille, Patrie.

Notre idylle était au zénith. Nous nous voyions plusieurs fois dans la semaine. Florence, malgré ma réticence, avait exigé de voir mon deux-pièces qu'elle avait trouvé « très bien, très masculin, très excitant ». Elle continuait de travailler dans *Montmartre-sur-Seine* dont le tournage allait s'achever.

Florence m'annonça qu'elle tournerait de nuit pendant plusieurs jours et qu'il lui serait difficile de me voir ; elle aurait besoin de se reposer dans la journée. Un jour, je voulus lui faire la surprise de venir à Montmartre, juste avant le début du tournage de nuit qui avait lieu place du Tertre. Je montai la rue Lepic et, au moment où j'allais arriver sur la place, mon cœur s'arrêta. Florence et Roger Duchesne étaient assis presque face à face sur un banc. Duchesne avait l'air d'un loup qui va dévorer sa proie. Florence semblait plus détachée, mais la scène, à mes yeux, ne laissait aucun doute. Je me cachai pour les observer. Duchesne parlait sans arrêt. Il tenait les mains de Florence qui ne se dégageait pas. Il me sembla que Florence m'avait vu, qu'elle retirait ses mains, mais c'était trop tard.

Je dégringolai la rue Lepic et marchai jusqu'à chez moi dans un brouillard. J'étais furieux, désespéré, détruit. Nous devions dîner ensemble le lendemain, dernier jour du tournage. Je décidai, au prix d'un effort qui m'arracha le cœur, de faire le mort. A partir de 20 heures, mon téléphone se mit à sonner plusieurs fois de suite. J'avais envie de m'attacher les mains. Je ne répondis pas. A 21 heures, les appels cessèrent, jusqu'à minuit où ils reprirent. Je restai loin du téléphone. A 1 heure, le silence se fit.

J'essayai, sans succès, de fermer l'œil jusqu'aux premiers bruits de la rue. A 9 heures, le téléphone sonna. C'était peut-être un client. Encore une histoire de cocu sans doute, mais si c'était le cas, je serais obligé de répondre que je n'étais pas compétent, étant moi-même un cocu de première grandeur. Je ne décrochai pas.

Je traînais mon malheur, incapable de lire, d'écouter la radio, de travailler. Je m'habillai. A midi, on frappa à ma porte. Mme Tarot, sûrement, qui n'avait pas voulu me réveiller et m'apportait le courrier.

C'était Florence. Elle n'était pas maquillée. Elle avait pleuré.

« Mon chéri, qu'est-ce qui t'est arrivé ? J'étais morte d'inquiétude, tu n'as pas eu d'accident, j'espère ? »

Elle voulut se jeter dans mes bras. Je reculai. Elle était stupéfaite. « Mais enfin, vas-tu me dire ce qu'il y a, ce que j'ai fait ? Ma scène de nuit a été supprimée, j'ai eu envie de dîner avec toi Je t'ai appelé toute la soirée. Finalement, je suis restée seule chez moi à me ronger les sangs.

— Seule ou avec Roger Duchesne ?

— Roger Duchesne ?

— Oui, Roger Duchesne, l'homme qui te tenait les mains hier sur un banc, place du Tertre. Tu vois sûrement de qui je veux parler. »

La tristesse disparut de son visage. Elle éclata de rire. « Moi, avec Roger Duchesne ! Ce faux beau aux joues de hamster, comme tu l'appelles. Tu es fou ! Je ne t'en ai jamais parlé pour ne pas te rendre jaloux, mais il me court après depuis le début du tournage. Ça remonte même à plus loin, il me faisait déjà du plat lorsque nous tournions ensemble dans *Prisons sans barreaux*. Je lui ai toujours dit non mais rien ne le décourage. Hier, il m'a joué la grande scène du II, il a commencé à m'enlacer, à me prendre les mains, à me dire qu'il ne pouvait pas vivre sans moi… C'était parfaitement ridicule, mais au lieu de le gifler et de gâcher le dernier jour du tournage, j'ai préféré donner le change. Tu as bien vu que je ne me suis pas laissé embrasser, que jamais je n'ai eu l'air de lui céder… Roger Duchesne, ce séducteur pour midinettes ! Mon chéri, tu ne réponds pas ? »

Je ne répondais pas. La femme que j'aimais était bouleversée, au bord des larmes, et j'étais paralysé, incapable de dire un mot. Elle semblait sincère. C'est moi qui étais stupide, qui gâchais tout alors que je savais qu'elle disait la vérité. Nous restâmes silencieux l'un en face de l'autre pendant quelques minutes, puis des larmes jaillirent de ses yeux. Elle partit, laissant la porte ouverte.

13

« Tu viens ? »

Tony m'attendait. Quand il m'avait vu perdu dans mes souvenirs, il n'avait pas voulu, par délicatesse, me ramener trop brutalement à la réalité. J'hésitais.

« Tu crois que c'est une bonne idée d'avoir demandé à Florence de venir ? Je ne l'ai pas vue depuis six mois. Tu l'as prévenue que je serais là ?

— Oui, c'est une très bonne idée. Elle a envie de te revoir, elle me l'a dit. Arrête de faire ta diva et n'oublie pas ce que te dit ton ami Tony Locascio, expert italien en amour : vous deux, vous êtes faits l'un pour l'autre. *Capisci ?* »

Tony me donnait un coup de fouet. Sacré Tony ! Toujours positif, toujours prêt à rendre service. Tandis que nous marchions sur les Champs-Elysées en direction du Fouquet's, ma peur s'évanouissait, mais une légère angoisse montait à l'idée des premières paroles que nous allions échanger. Je faisais confiance à Tony.

C'était la première fois que j'allais au Fouquet's. J'étais souvent passé devant la terrasse dont la couleur dominante était, comme aujourd'hui, le vert-de-gris. Je savais par Tony et les articles des magazines de cinéma que c'était le rendez-vous des vedettes. Je le constatai en entrant dans le restaurant où un maître d'hôtel salua

Tony et nous conduisit avec déférence à notre table. Florence était en retard. Raimu déjeunait seul au milieu de la salle. Sur une banquette, Pierre Fresnay et Yvonne Printemps étaient assis en face d'un officier allemand avec une sale gueule. « C'est le Dr Diedrich, de la Propaganda Staffel », me souffla Tony.

Florence fit son entrée. Le tailleur cintré aux larges épaules, le maquillage sans faute, sa beauté fracassante... c'était la Florence que j'avais laissée partir. Elle me regardait droit dans les yeux, parfaitement à l'aise. Nous nous étions levés.

« Jérôme... Quel bonheur de te voir ! J'ai été si contente lorsque Tony m'a dit que tu viendrais déjeuner. Asseyons-nous, vous n'allez pas rester plantés comme deux militaires au garde-à-vous, et fêtons ça ! » Le ton était enjoué, naturel.

Etait-ce bien la femme que j'avais vue partir de chez moi le visage défait, en larmes ? J'étais arrivé au Fouquet's l'estomac noué, mais l'attitude de Florence, la façon dont elle me regardait dissipaient les mauvais souvenirs à toute vitesse. En quelques minutes, j'étais revenu au début de notre rencontre, amoureux comme jamais.

La conversation roulait sur les nouvelles du cinéma, les derniers potins. Tony et Florence savaient tout sur tout le monde. Florence se pencha vers nous : « Vous n'allez pas me croire mais c'est ici, à cette table, que j'ai déjeuné pour la première fois au Fouquet's. Un ami producteur avait voulu me présenter à Louis Jouvet dans l'espoir qu'il me ferait obtenir un petit rôle dans *Entrée des artistes*. J'étais morte de trac, je n'ai pas dit un mot et je n'ai pas eu de rôle, mais quel souvenir ! Jouvet était venu avec ses amis intimes, le scénariste Carlo Rim et sa femme. Ils ont beaucoup bu. Jouvet était éblouissant. A la fin du déjeuner, il a dit à la femme de Carlo Rim : "Si tu ne trompes pas ton mari, ce n'est pas parce que tu l'aimes, c'est parce que tu es trop orgueilleuse et que ça te vexerait de coucher tous les soirs avec un cocu !" J'ai rougi et j'ai éclaté de rire avec les autres. Jouvet m'a fixée de son regard sardonique et m'a fait un clin d'œil. Je ne l'ai jamais revu, on m'a dit qu'il était parti pour longtemps en tournée théâtrale en Amérique du Sud… »

Nous mangions, nous buvions. Nous étions gais. Chateaubriand béarnaise, haricots verts au beurre, profiteroles, où était la différence avec l'avant-guerre dans cet espace clos ? Un endroit où l'occupant avait l'occasion de constater chaque jour avec satisfaction que des Français, et non des moindres, avaient choisi la bonne voie de la Collaboration. Le Führer n'avait-il pas promis que le Grand Reich durerait mille ans ?

Nous finissions nos desserts. Florence avait pris ma main sous la table et ne me quittait pas des yeux. Moi non plus. Tony se leva.

« Je vais vous laisser à votre tête-à-tête mais je vous préviens, c'est la dernière fois. La prochaine, je serai votre témoin à la mairie ! »

Nous éclatâmes de rire tous les trois.

Tony parti, nos mains se mêlèrent. Chacun racontait sa vie sans l'autre, nous nous coupions la parole, indifférents aux serveurs qui commençaient à débarrasser. Le ciel était redevenu bleu, c'était décidé, nous allions nous revoir, nous ne nous quitterions jamais.

Arletty surgit dans ma tête, me rappelant que je travaillais pour elle, qu'elle était en danger, que mon enquête avançait lentement, mais pas sûrement. Et Florence, que pouvait-elle savoir sur Dita Parlo ?

« Florence, j'ai quelque chose de très sérieux à te demander, qui peut m'aider dans l'enquête que je mène actuellement. » Je lus l'inquiétude dans son regard. « Rassure-toi, il ne s'agit pas de nous. » Je lui résumai l'affaire sans rien lui cacher. Je savais que, dans une situation sérieuse comme celle-ci, elle serait muette comme une tombe.

« Qu'est-ce que tu attends de moi ? »

Je sortis la photo que j'avais trouvée dans la valise de Dita Parlo, la même que dans la veste de Karl von Sperlich, et lui demandai si elle reconnaissait quelqu'un parmi le groupe qui avait été photographié. Elle l'examina en silence.

« Je suis sûre que la photo a été prise à Berlin dans un cabaret de travestis, à côté du Kurfürstendam, le Club Barok. Je connais, j'y suis allée lorsque je vivais à Berlin quand mon père y était en poste. C'était très à la mode ; tout le monde, la haute société, les vedettes de cinéma, les artistes fréquentaient le Club Barok pour diverses raisons, pas toujours avouables. Là, je reconnais Dita Parlo, qui venait de faire ses débuts à l'écran. A côté d'elle, c'est la comtesse Tchernycheff, une aventurière russe qui a épousé plus tard Henri Garat. Et là – elle pointait son doigt sur la grande brune aux traits durs – je te présente Crystal, la vedette de la revue de travestis du Club Barok. Il est français ou elle est française, comme tu voudras, je n'ai jamais su son vrai nom. L'homme encadré par Crystal et la Tchernycheff, c'est Karl von Sperlich – elle eut un petit rire ; crois-moi, avant de devenir M. Arletty, il a été un beau noceur ! Quant au type au bout du bar, je l'ai croisé plusieurs fois dans des boîtes, à Berlin. Je ne sais rien sur lui, mais il m'a toujours fait peur, il y avait de sales histoires qui circulaient à son sujet. »

Je buvais ses paroles. J'avançais. Je demandai à Florence si elle savait où se trouvait Dita Parlo maintenant.

« Je l'ignore, mais je peux le savoir. Je vais appeler tout de suite mon amie allemande, Karla, qui travaille à la Continental. En général, elle est au courant des tournages et des déplacements des acteurs allemands. Et si tu veux en savoir plus sur Marie Tchernycheff, je connais deux filles, Théa Worth et Gin Etchehandia, c'est une ancienne Miss Biarritz, qui ont tourné avec elle quand elle s'appelait Ila Méery, c'était son nom de cinéma. »

Elle inscrivit les deux noms sur une page de son agenda, qu'elle déchira. Elle se leva pour aller téléphoner. J'essayais de faire entrer dans le puzzle les précieuses pièces que venait de me livrer Florence mais j'étais trop distrait par le bruit des conversations ambiantes. Florence revint et me dit en s'asseyant :

« Karla, mon amie de la Continental, s'occupe de savoir où se trouve Dita Parlo en ce moment. Je pense à autre chose. Tu devrais voir Henri Garat, je suis sûre qu'il aurait des choses intéressantes à te raconter. Il a divorcé de la Tchernycheff et ça s'est très mal passé. Je te préviens, il était tombé dans l'alcool et la drogue, je ne sais pas comment il est aujourd'hui. Tu trouveras son adresse dans l'*Annuaire du spectacle*. Voilà, mon chéri. Je veux te voir le plus vite possible mais pas ce soir, je dîne avec mes parents qui sont de passage à Paris et repartent demain. Je te téléphonerai vers midi, je pense que Karla m'aura appelée entre-temps. »

J'accompagnai Florence qui prit un vélo-taxi devant le Fouquet's, après m'avoir embrassé. J'étais un autre homme.

Au contraire de ma patience, mon infidélité n'a pas de limites. J'étais de nouveau amoureux de Florence, mais je n'oubliais pas que j'avais rendez-vous plus tard avec Domino. Florence, Domino. Elles étaient si différentes que je ne me sentais pas coupable. Florence, c'était sérieux pour longtemps. Domino, ce serait sérieux pour la nuit. Un raisonnement que j'avais tenu dans plusieurs occasions et qui s'était parfois retourné contre moi. Mais quoi ! J'étais stupide comme tous les hommes qui croient connaître les femmes.

Chez moi, je trouvai le numéro de téléphone d'Henry Garat dans l'*Annuaire du spectacle*, Wagram, 58 22. Je laissai sonner longtemps puis je raccrochai. Riton n'était pas chez lui non plus. En attendant de les rappeler, je m'amusais à feuilleter l'*Annuaire*. Tous les portraits de vedettes sortaient du Studio Harcourt sauf, pour les plus modestes, de chez un photographe inconnu dont la publicité disait « Un portrait de main de maître est signé Louis Sylvestre ». A côté des vedettes, on trouvait des obscurs, des sans-avenir, des fantaisistes en mal de cacheton, des inconnues aguichantes. C'était souvent marrant : « Maria Mascelli Jeune première coquette, compositions. Gally Doris et Jean Murati Les Aristocrates de la danse Du chic, du charme de l'élégance. Hélène Dorr Claquettes sur pointes. Céréda La Femme caoutchouc. Barbara La May Le Serpent humain »... J'aurais pu y passer la nuit mais Domino m'attendait. Ça ne répondait toujours pas chez Henri Garat, en revanche, Riton était chez lui.

Il était surpris – « Ça alors, le p'tit Dracéna ! Qu'est-ce que tu deviens, mon pote ? » – mais content, semblait-il, de m'entendre. Après tout, j'étais un ancien flic devenu détective privé, il y avait peut-être quelque chose à prendre en échange d'autre chose à donner. Je lui demandai s'il savait qui était Crystal – oui, il l'avait vue un jour au Liberty's – et s'il en avait entendu parler récemment – non, mais il allait faire son possible pour me rencarder. « C'est moi qui t'appellerai », dit-il avant de raccrocher. Cher Riton, fidèle à la famille Dracéna. Indic de mon père en fils !

14

Le téléphone sonna deux fois dans l'heure qui suivit. Personne au bout du fil. Quelqu'un voulait vérifier que j'étais chez moi. L'heure de mon rendez-vous approchait. Au moment où je passais devant la loge, Mme Tarot ouvrit sa porte.

« J'étais aux commissions quand vous êtes rentré, j'ai pas pu vous l'dire mais y a un type qui vous a demandé après le déjeuner.

— Un type qui ressemblait à quoi ?

— Ben, il avait des yeux bizarres et une balafre sur la joue. Y parlait avec un accent. Une vraie tête de croque-mort. C'est un ami à vous ?

— Pas tout à fait. Merci, madame Tarot. Qu'est-ce qu'il a dit avant de partir ?

— Qu'il repasserait. En tout cas, y m'plaît pas… »

Les choses bougeaient mais le mot danger commençait à clignoter au-dessus de moi comme une enseigne au néon. Je gênais l'homme à la balafre. Pourquoi ? Il y avait forcément un lien avec Karl von Sperlich, qui figurait avec lui sur la photo prise à Berlin, au Club Barok. Mais lequel ? Je réfléchissais en marchant vers la rue Saint-Lazare. Domino habitait au rez-de-chaussée d'un petit immeuble gris sans concierge. Quand elle m'ouvrit la porte, une bouffée d'un parfum très fort me fit reculer.

« Vous n'aimez pas mon parfum, Jérôme ? C'est *Mon Péché*, de Lanvin. Il est de circonstance, vous ne trouvez pas ? »

Elle portait un déshabillé qui laissait entrevoir, lorsqu'elle bougeait, des dessous de pute. Le mot était blessant. Elle ne m'avait pas racolé dans la rue, c'était une gentille barmaid du One Two Two que j'allais me faire au béguin, et qui ne me demanderait pas, avant, de lui faire son « petit cadeau ». Nuance. Rue de Provence, c'était autre chose, elle n'avait sûrement rien à refuser aux clients de Fabienne Jamet, mais je n'étais pas jaloux.

J'aurais pu lui sauter dessus tout de suite, mais mes retrouvailles avec Florence étaient trop fraîches. On a beau être un homme facile, on a quand même des sentiments. Entre mon déjeuner d'amoureux et ma nuit avec Domino, j'avais besoin d'un entracte. Je lui expliquai que ma journée avait été harassante et que j'avais envie de l'emmener dîner d'abord et d'aller boire un verre ensuite. Elle comprit et ajouta que nous avions tout le temps devant nous. Elle me demanda de patienter pendant qu'elle s'habillait. L'appartement était petit. L'éclairage discret, les murs roses et un petit bar en miroir évoquaient une chambre de claque, ce qui me parut aussi normal que de découvrir un portrait de Hitler dans le salon de Goering.

Pendant qu'elle chantonnait « Je suis seule ce soir » – encore une allusion ? – en s'habillant dans la chambre, je parcourus *La Vie parisienne* avec ses pages remplies de réclames en allemand pour les cabarets à la mode, l'Aiglon, le Royal Souper, le Beaulieu, le Perroquet, la Villa d'Este, où je ne mettrais jamais les pieds. Sous le magazine, je trouvai un catalogue de lingerie, « Diana Slip vous présente ses curiosités très parisiennes », qui proposait des gaines, des corsets, mais aussi des photos et des films, « des documents galants pris sur le vif, sans retouches, tous détails apparents », aux titres prometteurs, « Dortoir féminin, Sous la caresse du fouet, Au bord du lit »... Domino savait ce qu'elle faisait en laissant le catalogue en évidence. Je me demandais en le feuilletant si ce soir elle porterait la culotte « Mon secret » ou le modèle « Petit frisson ». Je commençais à imaginer la nuit qui m'attendait mais la réalité vint gâcher mon rêve lorsque je tombai sur le magazine *Vedettes*, avec Arletty sur la couverture dans son dernier film, *L'Amant de Bornéo*. Qu'est-ce que je faisais ici, chez une barmaid du One Two Two, au lieu de me démener pour trouver les salauds qui lui envoyaient des cercueils ? Mais j'avais bien droit à une petite récréation, non ?

Domino était prête. Elle était habillée, mais c'était comme si elle était nue. Son décolleté n'avait rien à envier à celui de la veille. Sa robe la moulait. On ne voyait que ses jambes, perchées sur des chaussures à semelles compensées. Elle était parfaite pour le genre de soirée que j'avais envie de passer. Florence, à ce moment précis, disparut de ma vie. L'air du soir était doux. Elle laissa la fenêtre entrouverte, tira à moitié les rideaux, éteignit les lumières et, sur le pas de la porte, me demanda :

« Où m'emmènes-tu dîner ? »

Le tutoiement était maintenant de rigueur. J'avais prévu un bistrot de marché noir où j'avais mes habitudes. Je craignis, pendant un instant, que le patron ne m'accueille par « Une bonne table comme d'habitude, monsieur Jérôme ? ». J'y aurais accordé de l'importance si j'avais été avec Florence mais je n'en étais pas encore là avec Domino.

« Une bonne table comme d'habitude, monsieur Jérôme ? »

J'aurais dû lui faire un clin d'œil en arrivant, c'était trop tard. Domino riait.

« C'est donc ici que tu emmènes toutes tes conquêtes ? »

Pendant le dîner, Domino m'abreuvait d'anecdotes, d'histoires de scandales étouffés, de magouilles de voyous, de vices cachés d'hommes politiques et d'acteurs en vogue. C'était amusant mais d'un intérêt limité pour mon enquête. Et Dita Parlo, qu'est-ce qu'elle savait d'elle ? Pas grand-chose.

Pendant son passage au One Two Two, elle ne s'était pas liée avec les autres filles. Elle avait des clients réguliers, et, quand elle ne travaillait pas, elle restait au bar où, parfois, des types venaient lui parler après avoir vérifié auprès de Fabienne Jamet qu'elle était là. Le plus souvent, des truands de la Carlingue et, plusieurs fois, un type aux cheveux blonds presque blancs avec une cicatrice sur la joue. Domino ne savait pas qui il était, elle ne lui avait jamais parlé. Dita semblait parfois préoccupée après son départ. Un jour, le balafré avait eu l'air de l'engueuler. Elle avait quitté le One Two Two le lendemain.

La soirée s'avançait. Pour faire honneur au musicien grâce à qui nous étions ensemble ce soir, je proposai à Domino d'aller écouter Django Reinhardt à La Roulotte, rue Chaptal. « "Chez moi, à six heures", sourit Domino. C'est vrai, on lui doit bien ça, chéri. »

J'aurais pu aussi lui dire que je préférais rentrer tout de suite avec elle plutôt que d'aller écouter Django, mais, je l'avoue, mon amour du jazz fut plus fort que mon envie d'elle, dont je savais que la suite n'était que différée. La Roulotte était enfumée, pleine à craquer. Là aussi, j'avais mes habitudes, mais j'y venais en général seul ou avec des copains. Au moment où nous entrions, le Quintet, sans Stéphane Grappelli resté à Londres après une tournée en Angleterre, finissait « Viper's Dream » et enchaînait sur « Minor Swing ». Je me sentais chez moi. Domino, heureuse loin du One Two Two, oubliait son bar et la mère Jamet. Je connaissais un peu Joseph Reinhardt, le frère de Django, qui était lui aussi guitariste et faisait partie du

Quintet. Il m'avait vu arriver. Je lui fis porter un mot par un serveur sans montrer à Dominique ce que j'avais écrit. Joseph le lut, me fit de loin un clin d'œil, se pencha vers Django et lui dit quelques mots à l'oreille. Lorsqu'elle entendit les premières mesures de « Chez moi, à six heures », Domino se tourna vers moi et leva son verre de champagne : « Toi, on peut dire que tu sais y faire ! A nous… » Au moment où nous partions, Django et ses musiciens laissaient la place à Michel Warlop et ses Stalactites, un très bon violoniste, mais ce soir, le roi du violon, c'était moi !

Sur le chemin du retour, dans les rues sombres, Domino s'accrochait à moi amoureusement. Elle était grise, très gaie. Elle murmurait d'une voix rauque dans mon oreille : « Toi et moi, on va se gaspiller, ce soir… » Je pensais à la chambre aux murs roses, à ses dessous noirs de chez Diana Slip. Chez elle, Domino me proposa un Alexandra. Je n'avais pas envie d'un cocktail mais d'une douche. Je me sentais sale. Je lui demandai la permission d'utiliser sa salle de bains.

« Tout ce que tu veux, chéri. Tu trouveras des serviettes propres au-dessus de la baignoire. Moi, je vais me changer et mettre un peu de musique en t'attendant. Excuse-moi, je n'ai pas de pick-up comme chez Fabienne, juste un phono, mais je crois que ça va te plaire. »

Je me déshabillai dans la salle de bains. La douche était chaude. Malgré le bruit de l'eau qui coulait fort, je reconnaissais « Vous qui passez sans me voir » par le Quintet du Hot Club. Décidément ! Je pouvais bénir Django pour cette soirée. Je restai longtemps, trop longtemps sous la douche. Lorsque j'en sortis, la musique avait cessé, l'aiguille du phono patinait sur le disque. J'appelai Domino à travers la porte. Elle ne répondit pas. Une serviette autour de la taille, je rentrai dans la chambre. Domino me tournait le dos et semblait dormir, la tête enfouie dans un oreiller. Elle était en déshabillé. Je m'approchai et la retournai. Ses yeux étaient ouverts. Le corps était à peine tiède mais son cœur ne battait plus. Morte étouffée pendant le temps que j'avais passé dans la salle de bains. Elle ne portait aucune trace de coups, elle n'avait pas pu se défendre contre son agresseur qui avait dû la jeter sur le lit par surprise et lui maintenir la tête sous l'oreiller jusqu'à ce qu'elle cesse de bouger.

Du travail de professionnel. Je regardai la fenêtre entre les rideaux mal tirés, elle était plus ouverte qu'au moment où nous avions quitté l'appartement. L'assassin nous avait suivis depuis La Roulotte. Il nous avait épiés par la fenêtre avant de s'introduire silencieusement dans l'appartement et de tuer Domino en quelques minutes. Qui était visé ? Domino ou moi ? Ou tous les deux ? C'était d'une audace inouïe. Il ne pouvait pas deviner que je prendrais une douche et que Domino serait seule dans la chambre, à quelques mètres de moi. Que se serait-il passé si j'étais sorti à ce moment-là ? Domino savait-elle quelque chose qu'elle n'avait pas eu le temps de me dire ? Mais quoi ? L'avertissement était clair : Arrête de fourrer ton nez partout, Dracéna, tu vois ce qui arrive à ceux qui parlent trop…

Je me rhabillai en vitesse. Je replaçai l'oreiller sur le visage de Domino, déchirai son déshabillé et mis les draps en désordre. Je fouillai sa garde-robe, ses sacs, en les faisant tomber par terre. Je jetai autour de moi le contenu des tiroirs de sa commode. J'y trouvai quelques bijoux que je mis dans ma poche. Puis, j'effaçai avec soin mes empreintes. Avant de partir, j'éteignis les lumières, ouvris largement la fenêtre et fermai les rideaux avant d'examiner ma mise en scène d'un regard de flic. Les poulets croiraient à un cambriolage qui a mal tourné : l'assassin, surpris par sa victime pendant qu'il fouillait, l'avait étouffée et s'était enfui en emportant des bijoux, comme le montraient leurs écrins vides.

Je sortis en fermant doucement la porte derrière moi. La rue était déserte. Je rentrai chez moi à pied en longeant les murs. Sur le chemin, je jetai, après les avoir essuyés, les bijoux dans un égout. J'aurais eu l'impression, en les revendant, de profiter de Domino après sa mort. J'évitai une patrouille allemande, je n'avais pas envie, ce soir, de montrer mon ausweis. Je marchais la rage au cœur, dévoré par une soif de vengeance qui m'effrayait. L'image d'un homme balafré au regard de tueur me poursuivit jusqu'à chez moi. J'étais triste, je me sentais coupable. Pauvre petite Domino que j'avais connue quelques heures, le temps d'avoir des souvenirs.

15

Je dormis mal et me réveillai tard. Ça ne répondait toujours pas chez Henri Garat. Je décidai de débarquer chez lui au flan, on verrait bien. J'avais noté son adresse l'autre jour en cherchant son numéro de téléphone, 12, rue Beaujon dans le 8e. Au moment où j'allais sortir, le téléphone sonna. C'était Florence. Son amie Karla l'avait rappelée, elle nous donnait rendez-vous ce soir à L'Heure Bleue, où Dita Parlo avait, assurait-elle, ses habitudes. L'Heure Bleue... L'Heure Bleue... la boîte de Roger Duchesne ! Je dis à Florence que je n'avais pas envie de me retrouver en face de Duchesne, que je n'étais pas sûr de garder mon calme.

« Ne sois pas ridicule ! J'ai promis à Karla que nous serions là-bas vers 19 heures. Je dois dîner ensuite avec un metteur en scène et un producteur, malheureusement pas avec toi. Et puis, ajouta-t-elle en riant, provoquant ma curiosité, tu vas voir ce que je vais en faire de ton Roger Duchesne. Tu peux venir me chercher ? »

Ma curiosité à l'endroit d'Henri Garat allait au-delà de mon enquête. Le chanteur d'« Avoir un bon copain », un immense succès populaire, avait-il beaucoup changé depuis *Le Congrès s'amuse* et *Un mauvais garçon*, les deux films qui avaient fait de lui le jeune premier préféré des Françaises ? Il était devenu une véritable idole. On disait même que les femmes embrassaient les pneus de sa voiture. Son smoking blanc était célèbre. Il avait eu un yacht, un avion, des millions qui avaient disparu au jeu, puis dans la drogue et l'alcool. La roue avait tourné, on lui préférait maintenant Tino Rossi.

En arrivant devant le 12, rue Beaujon, un immeuble d'aspect cossu, j'avais décidé d'employer avec Garat la méthode qui m'avait réussi avec Carette. Montrer tout de suite à l'acteur que j'étais un de ses admirateurs, que je connaissais ses films par cœur. Dans son cas, je n'avais vu qu'*Un mauvais garçon*, cela suffirait. La concierge me dit que Garat habitait « au deuxième étage, porte à gauche en sortant de l'ascenseur ».

Je sonnai, une fois, deux fois, longuement. Je m'apprêtai à partir lorsque la porte s'ouvrit. Il était en robe de chambre de soie, du savon à barbe sur les joues, un rasoir à la main. Son expression était plus interrogative que méfiante pour quelqu'un dérangé en pleine toilette par un inconnu.

« Monsieur ? Excusez-moi, j'étais en train de me raser.

— C'est moi qui m'excuse, monsieur Garat, mais je n'ai pas réussi à vous joindre au téléphone, je suis donc venu sans prévenir. Je m'appelle Jérôme Dracéna. Je suis un ami de Florence Préville. C'est elle qui m'a conseillé de venir vous voir. »

Il souriait maintenant, tout en s'essuyant le visage avec sa serviette. « Florence ! Comment va-t-elle ? Voilà un bon moment que je ne l'ai pas vue et je le regrette. Non seulement elle est charmante et jolie, mais elle est aussi amusante. Entrez et dites-moi en quoi je puis vous aider. »

L'appartement était clair et spacieux, mais il avait connu des jours meilleurs. Quelques meubles avaient survécu au passage des huissiers et, aux murs, des espaces clairs révélaient que des tableaux avaient dû finir en salles de vente. Sur un petit bar, des bouteilles vides faisaient de la figuration.

« Que puis-je vous offrir ? Florence vous a peut-être dit que j'avais arrêté de boire, mais je peux vous proposer du thé… »

Il m'invitait à m'asseoir dans un fauteuil en face de lui. Il attendait que je parle. C'était le moment d'utiliser la méthode Carette.

« Je vous remercie de me recevoir et vous allez savoir ce qui m'amène dans un moment, mais je voudrais vous dire d'abord combien je suis heureux de faire votre connaissance. Je suis un de vos admirateurs, sûrement moins agréable à regarder que Florence et vos spectatrices – il sourit en protestant de la main –, mais je connais vos films par cœur.

— Je suis très flatté, mais… »

Je l'interrompis en fredonnant les paroles de la chanson à succès d'*Un mauvais garçon* :

C'est un mauvais garçon
Qu'a des façons pas très catholiques
On a peur de lui
Quand on le rencontre la nuit
C'est un méchant p'tit gars
Qui fait du dégât
Sitôt qu'il s'explique.

Il riait franchement, sans défense.

« Je peux même vous citer ma réplique favorite : dans la scène du dancing, quand le voyou vous dit "Si t'es un homme, j't'attends dehors", vous lui répondez "Si tu m'vois pas, tu mettras la clé sous le paillasson !" »

Je vis que je venais de marquer des points, c'était le moment de passer à la vitesse supérieure.

« Eh bien, j'avoue que je suis surpris, monsieur Dracéna, surpris et touché. Je ne suis pas homme à faire la fine bouche devant un compliment. Maintenant, pouvez-vous me dire pourquoi Florence vous envoie ? »

Je sortis la photo et la lui tendis. « Je mène une enquête actuellement pour le compte d'une personnalité du cinéma et je cherche à en savoir plus sur les gens qui figurent sur cette photo. »

Il examinait le cliché. Son visage s'était assombri. « Vous me demandez l'impossible, monsieur Dracéna. Il y a une partie de mon passé sur cette photo. Une partie que je voudrais chasser de ma mémoire... Je suppose que Florence vous a déjà raconté un certain nombre de choses sur moi... »

Je restai prudent. « Elle m'a simplement dit que vous aviez été marié avec la comtesse Tchernycheff et que vous aviez divorcé récemment. »

Il hésitait. Je sentais en lui un mélange de colère et d'émotion.

« Après tout, si cela peut vous aider, et surtout – ajouta-t-il sur le ton de quelqu'un qui va avoir l'occasion de régler ses comptes –, si vous me promettez de ne pas oublier mes conseils... »

Il avait repris du poil de la bête. Il examinait la photo.

« Je crois qu'elle a été prise dans un cabaret de travestis berlinois dont le nom m'échappe, où je suis allé une ou deux fois avec des amis. Vous savez sans doute que j'ai tourné plusieurs films là-bas. On s'amusait beaucoup à Berlin avant la guerre, nous habitions tous à l'hôtel Adlon, c'était très gai et je suis beaucoup sorti, surtout la nuit. Nous étions tous les soirs au Café Imperator, au Delphi Palast, au Bar Masken... Mais je m'égare. Voyons, je peux vous nommer tout le monde. Pour commencer, l'actrice allemande Dita Parlo, ensuite Crystal, le travesti vedette de la boîte, Karl von Sperlich qui est maintenant, je crois, l'ami de cœur d'Arletty, mon ex-femme, la comtesse Tchernycheff, et, à droite, au bout du bar, Erich ou Egon

Voronov, il a plusieurs noms, l'un des personnages les plus infects qu'il m'ait été donné d'approcher. Je suppose que vous voulez en savoir plus sur Mara… »

Les mots avaient du mal à sortir.

« Elle est d'une grande famille d'aristocrates russes. Je l'ai connue à Berlin dans une réception mondaine où elle m'avait frappé par sa beauté, son élégance, mais aussi par son intelligence. Elle est cultivée, elle parle cinq langues. Je mentirais si je vous disais que nous sommes tombés amoureux l'un de l'autre tous les deux ensemble. En réalité, mon amour n'était pas partagé mais j'ai été aveugle, je ne m'en suis pas aperçu tout de suite. Elle cachait bien son jeu. Quelle comédienne ! Les ressources financières de Mara – plus tard, elle a changé son prénom en Marie – étaient mystérieuses. Elle achetait et vendait des tableaux, des meubles de prix, des objets rares. A qui, quand, comment, ses réponses à mes questions restaient toujours évasives. En fait, je l'ai réalisé plus tard, trop tard, elle voulait se marier et devenir Mme Henri Garat pour s'installer en France et mener à bien ses affaires. J'étais très amoureux, j'ai accepté.

« Au début, je n'ai rien vu, rien su. Puis, j'ai découvert la vérité, les tromperies, les trafics, mais c'était trop tard, elle portait déjà mon nom. Ce Voronov faisait des affaires avec elle. C'est un voyou dangereux qui a eu des ennuis avec la police berlinoise mais qui s'en est toujours tiré. La seule chose intéressante que je puisse vous dire à propos de cette photo, c'est que, à l'époque où elle a été prise, j'ai entendu parler d'un chantage dont aurait été victime Karl von Sperlich. Mara et Voronov étaient-ils impliqués ? Je n'en sais rien, mais je n'en serais pas étonné. »

Il avait la tête penchée, perdu dans des souvenirs encore frais que je faisais remonter à la surface. Un peu de savon à barbe était resté derrière ses oreilles. Il était malheureux, touchant.

« Vous m'êtes sympathique. Au point où j'en suis, je peux tout vous dire. Lorsque j'ai découvert la vraie personnalité de Mara, le sol s'est effondré sous mes pieds. Elle ne voulait pas divorcer. Elle a fini par accepter contre de l'argent et un appartement que je possédais dans le 16e arrondissement. Plus tard, j'ai appris qu'elle faisait des affaires avec un Suisse, Max Stoecklin, qui est aussi un agent allemand, et avec Lefranc, un antiquaire dont la spécialité est la liquidation de biens juifs. Il a été condamné à mort par Londres. Tout cela est terrible. Vous savez, Jérôme, permettez-moi de vous appeler Jérôme, en ce moment où je vous parle – il eut un sourire amer – j'ai l'impression d'être Athos dans *Les Trois Mousquetaires*, lorsqu'il met en garde d'Artagnan contre Milady de Winter, qu'il n'a encore jamais rencontrée. Souvenez-vous, elle est aussi belle que dangereuse, elle voudra le séduire, mais, l'avertit Athos, il la reconnaîtra grâce à la fleur de lis des criminels marquée au fer rouge sur son épaule. Eh bien, prenez garde, si vous rencontrez Mara, soyez prudent, c'est une autre Milady qui, malheureusement, n'a pas encore rencontré son bourreau de Béthune... »

Il s'était levé et marchait de long en large dans la pièce, les mains dans les poches de sa robe de chambre. Il voulait encore parler, mais n'y arrivait pas. Et, tout à coup : « Ecoutez, si vous avez besoin de tirer quelque chose d'elle, il vous faudra des munitions... »

Ce qu'il allait me confier le tourmentait, mais sa haine contre son ex-femme l'emporta.

« Pour ajouter aux horreurs que je vous ai racontées, il faut que vous sachiez qu'il lui arrive de trafiquer avec Henri Lafont, le chef de la Gestapo française, rue Lauriston, dont elle a été la maîtresse. J'ai appris récemment que mes amis juifs Hallenstein, avant de fuir aux Etats-Unis, avaient demandé à Mara, en qui ils avaient toute confiance les malheureux, de faire passer en Suisse leurs tableaux les plus précieux, des Monet, des Renoir, des Matisse... Mara s'en est occupée, elle a fait passer les tableaux en Suisse par Voronov, et ils sont maintenant dans un coffre à son nom à Genève, mais elle ne les restituera jamais à leurs propriétaires. Les Hallenstein ont tout perdu. Voilà où je veux en venir : au lieu de monter l'affaire avec Lafont, qui connaissait l'existence des tableaux et les convoitait, elle s'est associée avec Frédéric Martin qui se fait appeler Rudy de Mérode, un autre salaud qui est le chef de la Gestapo française de Neuilly. A mon avis, il a dû accepter de Mara une part moins importante du butin que celle qu'elle aurait été obligée de partager avec Lafont. Elle a joué un jeu très dangereux mais sa cupidité l'a emporté sur les risques qu'elle prenait. Comment a-t-elle pu oublier que Mérode avait déjà doublé Lafont dans une histoire de trafic de cuivre ? Si Lafont apprend ça, je ne donnerai pas cher de sa peau et je vous avoue que je ne lèverai pas le petit doigt pour la sauver. »

Sa tristesse avait disparu. Je lui demandai s'il était sûr de ses informations, qui l'avait renseigné. Il me fit cette réponse énigmatique, accompagnée d'un sourire entendu :

« Cher Jérôme Dracéna, j'ai gardé des amis et des relations à Paris aussi bien qu'à Berlin. Tous ne sont pas fréquentables, bien sûr, mais ils sont souvent très bien renseignés... »

Il s'affaissait dans un fauteuil. Notre conversation, les souvenirs, sa haine, plus vive que jamais, l'avaient épuisé. Je regardais la vedette déchue, l'ex-jeune premier en smoking blanc qui avait fait rêver les foules. Le menton s'était empâté, la drogue et l'alcool avaient éteint son regard. Il avait de beaux restes, mais pour qui ? Sur le pas de la porte, il me serra chaleureusement la main, content d'avoir oublié pendant un moment sa solitude grâce à quelqu'un qui allait peut-être faire expier celle qui avait gâché sa vie. Il me dit :

« Vous embrasserez la ravissante Florence pour moi. Et n'oubliez pas ce que je vous ai dit à propos de Mara, c'est Milady de Winter... »

16

A mon retour, je m'arrêtai à la loge. Mme Tarot épluchait des rutabagas.

« Vous tombez bien. Un ami à vous, M. Riton, est passé, il a dit qu'il vous attendrait ce soir à partir de 9 heures et demie à l'hôtel Proust. I'm plaît çui-là, il a l'air sympathique, c'est pas comme vot'croque-mort de l'aut'jour ! »

Je trouvai deux vieux œufs dans le placard de la cuisine, que je fis au plat avec un reste de margarine. Il restait un fond de vin rouge et un morceau de pain de la veille. Un vrai festin.

Ce soir, ce serait mon costume gris foncé avec une chemise blanche et une cravate de chez Charvet, cadeau de Florence. Je pris la voiture pour aller la chercher. Elle m'attendait chez elle, prête, parfumée, une coupe de champagne à la main. Je bus dans son verre. Nous étions en retard.

L'Heure Bleue se trouvait place Pigalle. Sur le chemin, je plaisantais avec Florence sans pouvoir me débarrasser d'un sentiment de malaise à l'idée de rencontrer Roger Duchesne. Deux gros cœurs bleus transpercés des aiguilles d'une montre dominaient l'entrée du cabaret. C'était l'heure du cocktail, la boîte commençait à s'animer. Aux tables, beaucoup de poules, seules ou accompagnées. Aucune femme élégante, Florence, avec sa robe haute couture, se distinguait. Les années de placard s'additionnaient sur la gueule des clients, comme sur un tableau. Un pianiste jouait « Bonsoir jolie madame ». Un maître d'hôtel allait nous conduire à une table lorsque Roger Duchesne apparut. Il se dirigea vers Florence, toutes dents dehors, le regard aussi brillant que ses cheveux, les bras levés en signe de bienvenue. Il portait un costume bleu marine et des chaussures en daim assorties. Il m'ignora.

« Florence ! Quelle joie, quel plaisir… »

Florence, glaciale, avait reculé. Il voulut l'embrasser. Florence recula encore et lui tendit sa main à baiser pendant qu'il faisait semblant de découvrir ma présence. Florence dit d'une voix enjouée :

« Je crois que vous ne vous connaissez pas. Jérôme, je te présente Roger Duchesne, tu sais, je t'ai parlé de lui, Duchesne dont on fait les cercueils… »

Il était blanc comme un linge. Je vis qu'il avait envie de gifler Florence, mais bien qu'il fût protégé par la Carlingue, il se rappela vite que le père de Florence était quelqu'un d'important à Vichy et que Lafont ne lui pardonnerait pas un incident avec la fille d'un membre du gouvernement. Il ramassa ce qui restait de son sourire et dit :

« Chère Florence, tu auras toujours le mot pour rire ! C'est tout toi… »

Florence avait pris l'attitude d'une femme du monde qui s'adresse à un fournisseur. Elle lui dit que nous avions rendez-vous avec son amie Karla, une Allemande qui travaillait à la Continental, qu'il devait connaître puisqu'elle venait fréquemment à L'Heure Bleue. Duchesne, digérant sa rancœur, se faisait mielleux.

« Mais bien sûr, Florence. Elle vient d'arriver, elle vous attend au bar. Suivez-moi, je vous prie. »

Je lui en aurais bien mis une, histoire de voir l'un de ses yeux bleus virer au noir, mais je remis ça à une autre fois. Il nous laissa au bar après nous avoir salués d'un bonsoir forcé. Florence avait été parfaite. Elle me regardait en souriant, l'air de dire : Tu vois, tu n'avais pas à t'inquiéter.

Karla bavardait avec le barman. Florence nous présenta. Elle était plutôt belle, pas maquillée, ses cheveux blonds ramenés dans un chignon strict. Elle portait un tailleur noir sur une blouse blanche, aucun bijou, sauf une chevalière gravée d'un blason. Je l'imaginais au Monocle ou en souris grise, ou les deux ensemble. Nous commandâmes des champagne cocktails. Le français de Karla était parfait. « Elle a été élevée par une gouvernante française », m'avait prévenu Florence. Karla, tout en parlant, me souriait, et, lorsqu'elle s'adressait à Florence, la couvait des yeux. La conversation roulait sur le cinéma, les projets de tournage de la Continental, la venue prochaine à Paris d'acteurs allemands. Karla se tourna vers moi :

« Florence me dit que vous voudriez rencontrer Dita Parlo ? Je ne sais pas pour quelle raison et je m'en moque, du moment que c'est Florence qui me le demande, je n'ai rien à lui refuser. »

Elle caressa furtivement la main de Florence.

« Elle vient souvent à L'Heure Bleue, c'est pour cette raison que je vous ai donné rendez-vous ici, mais je ne la vois pas ce soir. Ne vous inquiétez pas, nous allons l'attendre un moment et si elle ne vient pas, je vous donnerai son numéro de téléphone. Mais je dois vous prévenir, Dita est l'amie du marquis de Wiet. Un faux marquis, d'ailleurs. Il est très riche, il connaît beaucoup de monde à Paris, dans tous les milieux, je dis bien dans tous les milieux, cela va de Jean Luchaire à Henri Lafont. Il a la réputation de ne pas être commode. Je ne devrais pas vous dire tout ça, car le marquis fait des affaires avec nous, vous comprenez ce que je veux dire par nous, n'est-ce pas ? Il est ce que vous appelez un collabo. Moi, je préfère les collaborateurs plus intellectuels comme certains de vos écrivains, pas ceux qui le sont pour affaires. » Elle ajouta en riant : « C'est tout de même amusant qu'on ne parle que des vedettes françaises qui sortent avec des Allemands, et pas de Dita, une Allemande qui vit avec un Français ! »

C'était drôle et je me retins de lui faire remarquer qu'on ne parlait jamais non plus des Allemandes qui étaient amoureuses de Françaises. Ce n'était pas le moment de froisser Karla, et peut-être Florence. Le temps passait et Dita Parlo ne se montrait toujours pas. Florence regardait sa montre.

« Mes chéris, je ne vais pas pouvoir rester plus longtemps. On m'attend pour dîner chez Lapérouse. Jérôme, je te laisse avec Karla. Téléphone-moi demain matin. Soyez sages ! » Elle m'embrassa.

Karla riait à l'idée saugrenue que nous pourrions mal nous conduire et embrassa Florence en la prenant par la taille.

Florence partie, je restai au bar avec Karla à boire des cocktails et à bavarder. Karla était une lesbienne qui n'avait pas l'air de détester les hommes. Ni de les aimer. La conversation était agréable. Elle connaissait bien le cinéma, un sujet qui ne m'ennuyait jamais. Dita Parlo continuait de briller par son absence et Riton m'attendait au bar de l'hôtel Proust.

Karla s'excusa de nous avoir fait déplacer pour rien et me donna sur une feuille de papier le numéro de téléphone de Dita Parlo.

« Si elle vous demande qui vous a donné son numéro, vous ne me connaissez pas, vous l'avez trouvé par un journaliste ou un de vos amis qui est dans le cinéma. C'est promis ? Je vous souhaite bonne chance. »

Roger Duchesne me regardait. J'eus envie de lui dire d'y aller doucement sur la brillantine. Il allait se renseigner sur moi, j'en étais certain. Au moment où nous quittions le bar, il s'approcha avec un sourire forcé. Il regrettait que nous partions avant le tour de chant d'André Salvador dont le frère, Henri, s'était réfugié au Brésil avec l'orchestre Ray Ventura. Je ne répondis pas. Karla demanda au portier de L'Heure Bleue de lui trouver un taxi. Je partis de mon côté après l'avoir remerciée.

Je ne m'étais pas rendu compte de l'heure. Il était 22 heures passées. Riton m'avait sûrement attendu. Je montai dans ma voiture, pris la rue Pigalle puis la rue Notre-Dame-de-Lorette avant de remonter jusqu'à l'hôtel Proust. Le bar avait l'air fermé, comme d'habitude. Martial m'ouvrit la porte. Je jetai un coup d'œil dans la salle, Riton n'était pas là. Je demandai à Martial s'il l'avait vu.

« Oui, mais il n'est pas resté longtemps. Il a bavardé avec Liliane au bar et il est parti. Il a peut-être laissé un message pour toi. Demande à Liliane, excuse-moi, je suis avec des potes. »

Liliane avait entendu notre conversation. « Ça va, Jérôme ? Riton est venu vers 21 h 30. Il avait rendez-vous avec toi, mais au bout d'une vingtaine de minutes, il m'a dit qu'il ne pouvait pas rester et qu'il t'attendrait chez lui. Tiens, j'ai noté son adresse pour toi.

— C'est tout ? Tu n'as rien remarqué ? Il était comme d'habitude ?

— Non, il avait l'air préoccupé. Tu connais sa jactance, impossible de l'arrêter. Ce soir, il l'a pas ouverte sauf pour me demander des nouvelles de mes enfants ! Il a pas d'ennuis, j'espère, moi j'l'aime bien le Riton.

— On l'aime tous, Liliane, on l'aime tous. Bon, merci, je vais aller voir chez lui. »

Riton préoccupé, Riton qui avait filé au bout de vingt minutes. J'étais arrivé en retard mais, normalement, Riton m'aurait attendu au bar en buvant des coups et en plaisantant avec Liliane. Que s'était-il passé ? Dans la voiture, je lus l'adresse de Riton, 40, rue Calmels, premier étage, porte numéro 3. Je la connaissais, cette rue, une de mes ex-petites amies habitait à deux pas, rue Montcalm. Je m'engageai dans le boulevard de Clichy jusqu'à la place Blanche. Les gens pressaient le pas pour ne pas rater le dernier métro où l'on voyait souvent des comédiens qui sortaient du théâtre sans avoir eu le temps de se démaquiller. Je tournai à droite et longeai le cimetière de Montmartre avant de m'engager dans la rue Damrémont. En haut de la rue, je m'arrêtai au coin de la Villa Damrémont qui se prolongeait par la petite rue Calmels. Tout était sombre. Seule, la lumière mourante d'un bec de gaz peint en bleu rendait la rue encore plus sinistre qu'elle ne l'était.

Je marchai jusqu'au 40 et poussai la porte. Je n'appuyai pas sur le bouton de la minuterie et passai à pas de loup devant la loge d'où sortaient les ronflements sonores du concierge. J'allumai et rallumai mon briquet dont la flamme me brûlait les doigts et montai jusqu'au premier étage. La porte 3 était entrebâillée. J'avais peur de ce qui m'attendait. J'entrai, refermai la porte derrière moi et j'allumai.

Riton était assis ligoté dans un fauteuil, la tête rejetée en arrière, couvert de sang. Il avait été égorgé. Son visage était marbré d'ecchymoses. Des meubles et des lampes avaient été renversés. L'assassin avait fouillé partout avant de torturer Riton pour lui faire avouer ce qu'il savait ou ce qu'il avait caché. Il avait tué Riton pour qu'il ne me parle pas mais aussi, j'en étais sûr, vu la sauvagerie du meurtre, pour me faire comprendre que le même sort me serait réservé si je ne jetais pas l'éponge.

Je comprenais maintenant pourquoi Riton avait l'air inquiet pendant qu'il m'attendait à l'hôtel Proust. Il se savait suivi. Domino, puis Riton. Deux morts en vingt-quatre heures. J'étais sur le chemin de quelqu'un qui irait jusqu'au bout pour m'empêcher de découvrir qui était derrière la machination montée contre Karl von Sperlich et Arletty. Quelqu'un qui tuait aussi par plaisir et qui ressemblait à l'homme au visage balafré.

Riton avait découvert quelque chose qui m'intéressait. Riton était mariole mais prudent. Il n'était jamais armé et l'expliquait à sa manière : « Les flingues, c'est pas mon genre, les poulets aiment pas ça. Moi, ma meilleure arme, c'est quand j'parle, j'm'en tire toujours ! Oublie pas qu'on m'appelle l'Anguille ! » Pas ce soir, mon pauvre Riton. Se sachant suivi, menacé, où pouvait-il avoir caché ce qu'il avait découvert et que je ne manquerais pas, s'il lui arrivait malheur, de chercher chez lui ? J'essayais de raisonner comme Riton : pas dans un tiroir, pas sous le matelas, pas derrière un tableau ni dans la cuisine. Trop facile, trop évident. Non, il avait sûrement pensé à un endroit banal, si banal que personne – sauf moi, s'était-il dit – n'y songerait.

Je ne sais pas pourquoi, mais le souvenir du tract que j'avais trouvé sur mon paillasson me revint. L'assassin avait fouillé l'intérieur de l'appartement mais n'avait jamais pu imaginer que ce qu'il cherchait serait caché à l'extérieur. J'ouvris la porte et soulevai le paillasson. Banco ! Une enveloppe qui portait mon prénom m'attendait. Seul, Riton pouvait avoir eu l'idée d'une cachette aussi banale et insoupçonnable. Je l'ouvris. A l'intérieur, je trouvai, plié en deux, un programme du cabaret Liberty's avec le nom des attractions. L'un d'eux était souligné – Mystère, charme et beauté avec la sculpturale Rita Darlo. Comme chez Domino, j'effaçai les quelques empreintes que j'avais laissées dans l'appartement, éteignis la lumière avant de refermer la porte et de repasser devant la loge du concierge qui ronflait toujours. Demain, je téléphonerais à Perrégaux pour lui dire d'aller chez Riton, rue Calmels ; il ne pourrait pas me reprocher de le tenir à l'écart de mon enquête et de ne rien lui donner à manger.

17

« Comment va-t-elle ? »

C'est à moi que s'adressait Tonton en m'accueillant au Liberty's, et ce n'était pas pour me demander des nouvelles de Florence. Gaston Baheux, dit Tonton, patron du plus célèbre cabaret homosexuel de Paris – les flics et les voyous disaient plutôt une boîte de tantes –, était une figure légendaire de Paris by night. Il était drôle, cynique, au courant de tout. Le pronom et le genre masculin avaient disparu de son vocabulaire. Il pouvait dire, par exemple, parlant de Pierre Fresnay : « Tu as vu la Fresnay dans son dernier film ? Une rombière ! » Ou bien : « La Pétain devrait se raser la moustache, elle serait plus excitante ! » Il n'hésitait pas à parler de « la Goering » ou de « la Goebbels », même devant ses clients homosexuels allemands qui riaient en faisant mine de ne pas comprendre. On lui passait tout.

Le Liberty's, place Blanche, faisait partie de ces boîtes que mon père, lorsqu'il était à la Mondaine, visitait régulièrement. C'était toujours bon pour lui de savoir qui était venu s'encanailler avec qui, et d'écouter les confidences de Tonton qui n'était pas un indic, juste quelqu'un qui parlait parfois un peu trop. Mon père m'y avait emmené deux fois.

J'y étais retourné plus tard, quand j'étais à la Crim, pour une affaire. Un travesti avait par jalousie tué à coups de couteau un barman de la boîte dont il était amoureux. Ça s'était passé dans la ruelle derrière le Liberty's et ce n'était pas beau à voir. Le travesti pleurait. On l'avait embarqué, mais Tonton étant un ami de la maison, nous avions fait en sorte que le Liberty's ne soit pas cité dans les journaux à la rubrique des faits divers. Tonton m'en était reconnaissant et m'avait répété avec effusion que je serais toujours le bienvenu au Liberty's. Je n'avais jamais donné suite. Ce soir, c'était différent.

Tonton m'attendait, debout, près du bar. Avec son costume bleu roi, ses yeux de poupée, sa cravate rouge, ses chaussures à semelle de crêpe et ses cheveux blonds décolorés, il me faisait penser à Charles Trénet. Il m'embrassa.

« Qu'est-ce qu'elle veut boire, la Jérôme ? »

Je ne pus m'empêcher de rire. Qu'aurait dit Mme Tarot ? Quoi ! Son petit Jérôme était une tante, c'était le bouquet ! Je regardai la salle : des hommes en couples, en groupes, des clients très raides qui sentaient l'officier allemand en civil, deux ou trois femmes chic. Un trio de musiciens de bar jouait « Goût du jour », un succès récent de l'orchestre Noël Chiboust. Tonton me montrait la salle en faisant des commentaires : « A gauche, tu as un banquier très connu avec son petit ami, là, un truand de la Carlingue – elle est là pour affaires, précisa-t-il, pas pour ce que tu penses –, dans le fond, les trois jeunes gens très maquillés, ce sont des danseurs de l'Opéra. Elles sont à l'affût d'un micheton !

« Ça t'étonne, hein, de voir des Allemands au Liberty's ? Tu sais qu'ici, elles peuvent venir sans qu'on les embête du moment qu'elles se promènent pas en filles dans la rue. Tiens, regarde la table au bord de la piste, le type à la nuque rasée accompagné d'un coiffeur qui fait le tapin sur le boulevard, c'est Karl Boemelburg, chef de la Gestapo de l'avenue Foch. Et dans l'alcôve, en sandwich entre deux taxi boys de La Nouvelle Eve, tu as le lieutenant Rademecker – ce soir, il est sans Michèle Alfa –, responsable de la censure des spectacles à Paris. Ça me fait rire, la Rademecker, ici elle n'a jamais rien censuré ! Elle adore Paris, tu sais que je l'ai connue avant la guerre, elle était trompettiste de jazz au Melody's. Avoue que ça t'en bouche un coin ! » Il était parti dans un grand numéro, mais il s'arrêta net. « Assez plaisanté, je suppose que tu es venu me demander quelque chose ? »

Je commençai par lui demander qui était cette Rita Darlo dont le nom figurait sur son programme, d'où elle venait, qu'est-ce que... Il me coupa pour déclamer sur un ton de présentateur de music-hall :

« Du mystère, du charme, de la beauté, avec la sculpturale Rita Darlo ! Je croyais que tu aimais les femmes, mon chéri ! On a changé de camp ? Alors comme ça, tu veux savoir qui est Rita Darlo ? Accroche-toi, chouchou : j'ai vu sa carte d'identité, un jour, elle l'avait oubliée dans sa loge : elle s'appelle André Simonnot et elle est née à Asnières en 12 ! T'en reviens pas, hein ! Et j'espère que tu as remarqué que Rita Darlo, c'est presque l'anagramme à deux lettres près de l'actrice allemande Dita Parlo. Elles se sont connues à Berlin avant la guerre, elle a peut-être voulu faire un clin d'œil à son amie ou bien entretenir la confusion. Quand tu la verras, tu comprendras qu'on ne peut pas les prendre l'une pour l'autre. Rita, elle a fait ses débuts à Berlin au Club Barok, un cabaret de travestis, sous le nom de Crystal. C'est là que je l'ai trouvée. Rita Darlo c'est son nom de scène au Liberty's. En général, elle me téléphone de Berlin pour me dire qu'elle va venir à Paris et qu'elle sera libre tel ou tel soir. Son numéro plaît beaucoup, d'ailleurs elle est mieux payée que les autres, mais elle ne reste jamais longtemps. Elle est là depuis une semaine, tu as de la chance, c'est son dernier soir. Elle passe dans une vingtaine de minutes.

— Tu sais où elle habite ? Qui elle voit ?

— Personne ne le sait, même pas moi et je m'en fous. Elle ne fait de confidences à personne. A la fin de son numéro, elle se change, elle ne boit pas avec les clients, et un type, toujours le même, l'attend dehors avec une voiture. Une fois, il est entré dans la boîte et je n'ai pas eu envie qu'il s'attarde, il avait vraiment une gueule à faire peur. »

Je ne demandai même pas à Tonton de me le décrire, je savais de qui il voulait parler. En me tendant une coupe de champagne, Tonton me dit :

« Si tu veux la rencontrer, je vais aller dans sa loge avant son numéro et lui demander de venir prendre un verre avec nous. Elle le fera pour moi. »

Nous étions toujours au bar, nos verres à la main, regardant d'un œil distrait les attractions qui se succédaient, des travestis qui imitaient Mistinguett, Elvire Popesco, Cécile Sorel, Suzy Solidor… Tonton me laissa en me disant qu'il allait dans la loge de Rita Darlo dont il présentait le numéro. Je lui recommandai de me présenter comme un ami, pas comme un détective privé ni un ancien flic.

Les lumières baissaient. Un projecteur baignait la petite scène d'un éclairage rouge. Je m'étais rapproché. Tonton, tout sourires, jaillit de derrière le rideau de scène. Le rimmel et le fond de teint accentuaient son côté poupée.

« Et maintenant, de retour à Paris après une tournée triomphale, et en exclusivité au Liberty's… » Il s'arrêta, puis poursuivit d'une voix de camelot : « Elle est belle ! Il est beau ! De la beauté et du mystère avec Rita Darlo ! »

Elle attendait dans l'ombre derrière Tonton qui s'éclipsa et vint me rejoindre au bar. Le rideau s'ouvrait. Il y eut quelques oh ! d'admiration. Le programme ne mentait pas, elle était sculpturale. Une sculpture de 1,80 mètre au moins, serrée dans une robe de satin rouge sombre. De longs cheveux noirs – une perruque ? –, un maquillage violent, la bouche assortie à la robe. Elle regardait la salle d'un air hautain. Les traits étaient durs, les mains fortes, les épaules larges. Etait-ce une impression ou ses yeux s'étaient-ils, le temps d'un éclair, posés sur moi ?

Elle se déshabillait lentement, sans sourire, sur la musique obsédante du *Boléro* de Ravel. Les longs gants noirs, la robe, les escarpins, les bas, le soutien-gorge. Chaque geste était calculé pour provoquer d'une façon insidieuse, jamais directe. On sentait la tension monter dans la salle. Au moment où il ne lui restait plus grand-chose à enlever, le projecteur s'éteignit et se ralluma quelques secondes plus tard. Crystal, enroulée dans une cape noire, saluait, toujours sans sourire. Elle disparut derrière le rideau. J'avais de nouveau l'impression que son regard s'était attardé sur moi. Les applaudissements cédaient maintenant la place au bourdonnement des commentaires admiratifs.

« Ça t'a plu ?

— Oui, beaucoup. Elle fait vraiment illusion, sauf les mains, un peu trop grandes, et la pomme d'Adam, un peu trop grosse, tu sais bien que c'est le drame des travestis, mais ce sont des détails. Tonton, ne prends pas cet air fâché, elle est superbe, tu as raison de l'engager lorsqu'elle vient à Paris. »

Nous attendions au bar depuis un bon moment. Je m'inquiétais. Tonton ne comprenait pas pourquoi Crystal ne se montrait pas. Enervé, il me prit par le bras – « Viens ! » – et me fit entrer dans les coulisses par une porte masquée par un rideau à côté de la scène. Dans les loges, les fausses Mistinguett, Solidor, Popesco papotaient en se démaquillant. La loge de Crystal était fermée et personne ne répondit lorsque Tonton frappa à la porte. Il demanda à la fausse Popesco où elle était passée.

« Elle a donné un coup de téléphone, elle a attendu dans sa loge après s'être habillée et elle est partie il y a une minute, pas plus. Elle n'est jamais très aimable mais là, elle avait l'air à cran !

— Vite, Tonton, montre-moi la sortie qui donne sur la ruelle derrière la boîte ! Je t'expliquerai plus tard. »

Il me montra une petite porte qui s'ouvrait sur un couloir. Je fonçai et débouchai dans la ruelle, Tonton sur mes talons, mais il n'alla pas plus loin. Crystal attendait au coin de la ruelle. Elle me tournait le dos. Je courus jusqu'à elle. Au moment où j'arrivais à sa hauteur, elle se retourna et me mis une droite digne de mon pote Marcel, qui m'envoya sur le trottoir. J'avais eu le temps de voir qu'une traction avant était venue se ranger au coin de la ruelle et attendait, moteur en marche. Elle m'avait bien sonné. Je parvins à me relever. Pendant que Crystal ouvrait la portière du côté passager, la vitre du conducteur s'abaissait. Je ne parvenais pas à voir son visage mais le reflet d'une arme braquée sur moi me jeta de nouveau à terre. En tombant, je hurlai à Tonton « Couche-toi ! ». Deux balles sifflèrent au-dessus de moi pour aller s'écraser sur le mur, au fond de la ruelle. La voiture démarra en trombe, tous feux éteints, et s'évanouit dans le boulevard de Clichy. De loin, je criai : « Tonton, tu n'es pas blessé ? » Il s'était relevé et regardait, l'air consterné, son beau costume bleu roi maculé par le gras du pavé.

« Non, ça va, mais j'ai eu peur. Qu'est-ce que c'est que cette histoire avec Crystal ? Je n'ai rien compris. En tout cas, elle n'est pas près de retravailler chez moi. Toi alors, heureusement que tu ne viens pas tous les soirs sans ça j'aurais plus qu'à fermer la taule ! Il va falloir que tu m'expliques. Viens, on va prendre un dernier verre, ça nous remettra ! »

A l'intérieur, la musique couvrait le bruit des conversations. Personne n'avait dû entendre les coups de feu. Rien n'avait changé ou presque. Les danseurs de l'Opéra avaient mis la main sur un gros micheton à l'air ébahi qui pouvait préparer son portefeuille et la fausse Mistinguett chantait d'une voix éraillée « Paris, c'est une blonde ». Une soirée comme les autres au Liberty's. Tonton avait retrouvé sa bonne humeur habituelle. « Qu'est-ce que tu bois, chouchou ?

— Arrête de m'appeler chouchou, ça m'énerve. J'ai été à moitié assommé par ton amie Rita Darlo ou Crystal, comme tu voudras, et on a essayé de me tuer. J'ai mal partout, je ne suis pas d'humeur.

— Bon, d'accord, chouchou, mais tu me dois quand même une explication. On se fait tirer dessus et hop, on n'en parle plus ? C'est trop facile. Allez, arrête de faire des manières, raconte. Tu peux tout dire à Tonton, c'est pas une donneuse ! »

C'était à voir. Il n'était pas question de lui faire des confidences ni d'éveiller sa curiosité, et encore moins de parler d'Arletty, mais il fallait bien lui donner un peu de grain à moudre. Il aimait rire et cancaner, j'allais m'en tirer par une pirouette.

« Ecoute, Tonton, je vais t'expliquer pourquoi nous avons failli mourir ce soir, si tu me promets que ça restera entre nous. » Il était pendu à mes lèvres. Il aurait promis n'importe quoi à n'importe qui. Je pris une voix dramatique pour lui dire : « Voilà : je ne te l'ai jamais dit, mais je suis le frère de Crystal. Ce soir, elle voulait me présenter son nouveau fiancé mais il ne m'a pas trouvé sympathique ! » C'était lourd, c'était énorme, je le prenais pour un cave. Il comprit en une seconde qu'il ne tirerait rien de moi. Beau joueur, il éclata de rire en levant son verre.

« Bravo, tu m'as eu mais tu es une belle salope ! En tout cas, tu seras toujours le bienvenu au Liberty's. Avant de partir, je voudrais te poser une question : la prochaine fois, tu veux que je t'appelle chéri ou chouchou ? Et ton père, je ne l'ai pas vu depuis longtemps, comment va-t-elle ? »

18

Ma mâchoire était douloureuse. Je m'en voulais de ne m'être pas méfié. La sculpturale Crystal, qui faisait illusion dans les cabarets, était aussi un costaud capable de me descendre d'un coup de poing, d'un seul. J'aurais dû, au lieu de l'aborder, l'allonger d'abord et lui parler ensuite. Je me consolais en me disant que le flingueur de la voiture, à cette distance, ne m'aurait pas raté.

J'appelai Perrégaux, au 36. Je coupai court gentiment à ses paroles amicales pour lui dire : « Je vais te faire un cadeau, Jacques. Va au 40 de la rue Calmels, dans le 18e, et monte au premier étage, porte numéro 3. Tu trouveras Riton dans un fauteuil avec du sang partout. Il a été égorgé.

— Quoi ! Mais tu es complètement dingue, Jérôme ! Je t'avais dit de faire gaffe où tu mettais les pieds ! Maintenant, te voilà avec un macchabée sur les bras.

— Ecoute, Jacques, si je te dis que Riton s'est fait buter, tu comprends bien que ce n'est pas moi qui l'ai tué. Et comme ce n'est pas Beau Raymond, paix à son âme, c'est quelqu'un qui avait intérêt à l'empêcher de me parler. J'ai mon idée là-dessus et je t'en parlerai lorsque tu seras revenu de chez Riton. Une dernière chose : pas la peine de chercher mes empreintes, tu ne les trouveras pas. Et si tes potes de la Crim posent des questions, tu peux toujours laisser entendre que ça sentait le règlement de comptes, que tu avais entendu dire que Riton avait reçu des menaces... D'accord ? »

Jacques était mécontent, mais il avait compris que j'étais le seul à pouvoir le mettre sur la piste de l'assassin de Riton. Une piste qui risquait d'être défraîchie si je mettais la main sur Voronov avant lui...

Le temps était venu de m'intéresser de près à Dita Parlo. Je retrouvai son numéro de téléphone que m'avait donné Karla et je l'appelai. Je tombai sur une femme de chambre : je demandai à parler à Mme Dita Parlo de la part de M. Roger Le Bris, du magazine *Vedettes*. C'était le concurrent de *Ciné Mondial*. On me la passa au bout d'un court instant. Je me présentai et lui expliquai la raison de mon appel : le magazine avait l'intention de publier un reportage sur elle et de lui consacrer sa couverture. Elle s'étonnait : « Je suis très flattée, mais vous savez que je n'ai pas tourné depuis *L'Inconnue de Monte-Carlo*, il y a trois ans. Pourquoi voulez-vous parler de moi maintenant ?

— Nous savons que vous ne tournez plus, mais vous ne pouvez pas imaginer le nombre de lecteurs qui nous écrivent pour s'étonner de ne plus entendre parler de vous. Ils demandent à vous revoir dans nos pages, ils ne vous ont pas oubliée le moins du monde.

— Mais je ne savais pas... C'est très agréable ce que vous me dites là...

— Nous étions sûrs que cette nouvelle vous ferait plaisir. Qui ne serait pas flatté ? Si vous êtes d'accord, j'aimerais vous rencontrer le plus rapidement possible – mon rédacteur en chef voudrait que ce reportage paraisse dans l'un des prochains numéros – afin de voir ensemble ce que nous allons faire. Après ce rendez-vous qui nous prendra peu de temps, je vous reverrai pour vous interviewer et je vous enverrai un photographe. Est-ce que cela vous convient ?

— Quand voulez-vous me voir ? dit-elle, apparemment ravie.

— Je dois partir en reportage demain à Nice pour un tournage aux Studios de la Victorine. Si j'osais, et si cela vous est possible, je vous demanderais de me recevoir aujourd'hui même. »

C'était risqué, plutôt cavalier, mais je sentais qu'elle avait très envie de revoir son visage dans un magazine de cinéma. Elle me répondit sans hésitation : « Vous êtes terrible, mais enfin, je peux m'arranger. Voulez-vous passer ce soir à 7 heures ? J'aurai une demi-heure à vous donner, pas plus, nous allons au théâtre. »

Nous ? Il devait s'agir du faux marquis de Wiet. Je la remerciai et notai son adresse, avenue du Maréchal-Maunoury, à la lisière du bois. J'étais content, mes ronds de jambe et mon bluff avaient payé.

En rentrant chez moi, je téléphonai à mon père qui s'inquiétait de ne pas avoir de mes nouvelles. Je lui racontai par le détail ce que j'avais fait, y compris ma découverte des meurtres de Domino et de Riton. Je le sentais prêt à m'engueuler mais je le rassurai : oui, j'avais effacé mes empreintes chez Domino, non, personne ne m'avait vu. Et Riton, me demanda-t-il ? Chez Riton aussi. Pour finir, il m'approuvait d'avoir averti Perrégaux.

« Tu as eu raison. Il sait bien que ce n'est pas toi qui as fait le coup, et en même temps il aura l'impression que tu ne le laisses pas dans le brouillard pendant que tu enquêtes. Maintenant, tu dois en priorité mettre la main sur Voronov et Crystal pour les empêcher de nuire et que la liste des macchabées, dont je n'ai pas envie que tu fasses partie, s'allonge. Tu peux toujours balancer le nom de Voronov à Perrégaux, ça lui fera un os à ronger et il ne le trouvera pas, mais il faut faire vite. Tu es sur quelque chose ? »

Je lui dis que j'avais rendez-vous le soir même avec Dita Parlo qui, à mon avis, savait où se cachait Voronov à Paris.

« Dita Parlo ? Depuis que tu m'en as parlé, j'ai fait une petite enquête de mon côté. Tu sais avec qui elle vit ? Lionel de Wiet, un escroc mondain cocaïnomane, l'une des pires crapules que j'aie rencontrées, et, crois-moi, j'en ai connu. Il est très lié avec Lafont, qu'il a connu en prison à Toulouse avant la guerre. Fais très attention, Jérôme, il est dangereux, il n'hésitera pas à te buter si tu le gênes. »

Je le rassurai encore. Je serais prudent et je saurais me défendre.

« Je te le répète, fais gaffe, ils ont des flingues, pas toi. » Mon père ajouta : « Quoi que tu découvres, fais ton possible pour qu'Arletty ne soit pas éclaboussée. » Je raccrochai en lui recommandant de dire à ma mère que j'allais bien et que je viendrais bientôt déjeuner. Avant d'aller chez Dita Parlo, j'appelai Florence pour la rassurer, lui dire que tout se passait bien. Je ne voulais pas qu'elle me croie en danger.

Il commençait à pleuvoir. Je pris mon chapeau et mon imperméable et allai chercher ma voiture, que j'avais garée place Saint-Georges. Je n'avais pas oublié de prendre la photo. La rue avait changé depuis que les Juifs étaient obligés de porter une étoile jaune. De la délation en plein jour, devant des passants qui se cachaient derrière leur indifférence ou leur lâcheté. J'avais appris que mon copain Max, pianiste au Schubert, qui était juif, avait réussi à se procurer des faux papiers, mais qu'il avait été dénoncé par un autre musicien dont j'avais noté le nom pour plus tard. Max avait eu, heureusement, le temps de disparaître. Certains Juifs refusaient, à leurs risques et périls, de mettre l'étoile jaune, d'autres n'hésitaient pas à la découdre. Un soir, alors que tous les habitants de l'immeuble avaient dû se réfugier à la cave pendant une alerte, j'avais eu l'occasion de découvrir mes voisins de près. Il y avait de tout dans cette cave humide et sombre, des commerçants, des retraités en robe de chambre, un peintre, mon ami le vieux professeur qui me fit un signe de connivence, des petits hommes grisâtres dont l'un d'eux s'arrêtait parfois à la loge pour donner à Mme Tarot son opinion sur les responsables de la guerre. « Les Juifs, madame Tarot, les Juifs. Sans eux et leurs banques, nous serions toujours en paix avec nos amis allemands. » Encore un cafard à écraser, m'étais-je dit, me rappelant celui qui était venu me trouver à mes débuts pour se plaindre, lui aussi, des Juifs.

Un jour, Mme Tarot m'avait dit son nom, Pierre Isard. Il était clerc chez un notaire dans le quartier de la République. Il avait essayé deux fois de m'entreprendre, mais mon attitude lui avait coupé toute envie d'insister. Il était présent, ce soir-là, dans la cave, pérorant les pouces dans son gilet, lorsque je vis entrer avec les derniers arrivants la jeune fille juive qui habitait dans une chambre de bonne au sixième étage. De loin, je voyais qu'elle avait décousu son étoile jaune et que sa veste en portait la trace. Elle arrivait à la hauteur du cafard lorsque je m'élançai vers elle et l'enlaçai en lui soufflant très vite à voix basse : « Vous êtes en danger, laissez-vous faire. » Puis, à voix haute : « Je commençais à m'inquiéter, où étais-tu ? L'alerte a sonné il y a plus d'un quart d'heure ! » Elle avait compris. Je la pris par la main et l'emmenai au fond de la cave, loin d'Isard qui n'avait rien vu. Mme Tarot nous regardait, l'air complice. La jeune fille s'appelait Myriam. Elle me remercia, émue. Je lui dis d'enlever sa veste et, lorsque l'alerte prendrait fin, de quitter la cave avec moi et les derniers locataires. Une demi-heure s'écoula, puis les sirènes retentirent. L'alerte était finie. Les gens remontaient l'escalier de la cave en faisant les commentaires habituels.

Je mis mon bras autour des épaules de Myriam et montai lentement avec elle jusque devant la loge. Mme Tarot se tenait sur le pas de sa porte. Elle me fit un clin d'œil et me dit, en désignant le cafard qui était dans l'escalier : « Lui, c'est une croix gammée qu'il devrait porter ! »

Je ne revis jamais Myriam. Le lendemain, Mme Tarot m'annonça qu'elle était partie avec une valise. Elle m'avait laissé un mot dans une enveloppe. A l'intérieur, je trouvai une étoile jaune en tissu dans les plis d'une feuille de papier blanc sur laquelle je lus : « Merci de tout cœur. Cette étoile en souvenir de la nuit où vous m'avez sauvé la vie. Myriam. » J'avais envie de pleurer, mais mon émotion ne dura pas, tant l'idée que je venais d'avoir me mit de bonne humeur. Deux jours, ou plutôt deux nuits plus tard, je montai en silence au quatrième et m'arrêtai devant chez le cafard. Je sortis l'étoile jaune de ma poche et la fixai sur sa porte avec des punaises. Il ne restait plus maintenant à Mme Tarot qu'à répandre le bruit dans l'immeuble que le soi-disant Pierre Isard était juif et qu'il s'appelait en réalité Izarowicz.

19

Il était 19 heures lorsque je me garai devant le domicile de Dita Parlo, avenue du Maréchal-Maunoury. C'était un bel hôtel particulier à perron, séparé de l'avenue par un jardin entouré d'un mur. Je sonnai.

Une femme de chambre vint m'ouvrir et me fit entrer. Après avoir pris mon imperméable et mon chapeau, elle me dit qu'elle allait prévenir Madame. Une dizaine de minutes s'écoulèrent, qui me permirent d'examiner les tableaux accrochés aux murs de l'entrée. Matisse, Gauguin, Bonnard, Vlaminck, il y en avait pour des millions. Les affaires de Lionel de Wiet devaient être florissantes.

« Monsieur Le Bris ? » Dita Parlo s'avançait vers moi en souriant. Elle portait une robe de cocktail noire qui mettait en valeur ses yeux bleus et ses cheveux blonds coiffés en hauteur. Elle n'avait plus rien de la jeune paysanne de *La Grande Illusion* et semblait à l'aise dans le cadre luxueux du grand salon où elle m'avait fait entrer. Je remarquai un piano à queue blanc, d'autres tableaux de collection et aussi que le salon donnait sur un beau jardin arboré dont la pelouse, impeccable, avait l'air de sortir de chez le coiffeur. Elle m'invita à m'asseoir en face d'elle et me proposa du porto, que j'acceptai.

« Pardonnez-moi de vous recevoir en coup de vent, mais nous allons à une première au théâtre de l'Avenue, dont, comme vous le savez, M. de Wiet est propriétaire. Alors, ne perdons pas de temps. Vous m'avez dit au téléphone que… »

Une porte s'ouvrit et un homme grand et mince en smoking entra en disant : « Dita, ne sois pas en retard, nous partons dans trois quarts d'heure. » Le ton était sec, les yeux froids et interrogateurs lorsqu'il se tourna vers moi.

« Lionel, je te présente M. Roger Le Bris qui est journaliste au magazine *Vedettes*. Il est venu pour me parler d'un reportage qui paraîtra prochainement dans son journal. Monsieur Le Bris, je vous présente le marquis de Wiet.

— Un reportage dans *Vedettes* ? Mais tu n'as aucun film en vue, à ma connaissance…

— C'est vrai, mon chéri, mais M. Le Bris me dit que, depuis que j'ai arrêté de tourner, le journal reçoit tant de lettres d'admirateurs qui demandent de mes nouvelles qu'ils ont décidé de faire ce reportage. Je serai même sur la couverture du magazine », ajouta-t-elle, fièrement.

Lionel de Wiet restait impassible mais sa méfiance était presque palpable. « Bien. Je viendrai te chercher tout à l'heure. Monsieur. » Il me salua de la tête.

Celui-là, je le sentais, était un vrai dangereux. Avait-il gobé l'histoire du reportage ? Pas sûr. Je me branchai sur alarme.

« Donc, monsieur Le Bris, comment voyez-vous ce reportage ? Qu'attendez-vous de moi ? »

Je commençai par déballer ma marchandise : pour commencer, un panorama de sa carrière, avec l'accent mis sur ses films les plus importants.

J'allais appliquer une fois encore la méthode que j'avais perfectionnée et que j'appelais maintenant la méthode Carette-Garat. Je citais ses films, *Au Bonheur des*

Dames, *Danseuses pour Buenos Aires*, *Mademoiselle Docteur*, sans oublier, bien sûr, *La Grande Illusion* et, surtout, *L'Atalante* où j'en remis une couche en lui rappelant la scène inoubliable « où vous êtes en robe de mariée dans la brume ». Elle était aux anges. Quel spectateur j'étais !

Il y aurait aussi une interview et des photos d'elle qu'un de nos reporters viendrait prendre dans son magnifique salon. Elle acquiesçait en souriant, d'accord sur tout ce que je lui proposais. La pluie faiblissait, mais le ciel devenait sombre. Je remarquai que la grande porte vitrée qui ouvrait sur le jardin était entrebâillée.

Elle était plutôt sympathique, Dita Parlo, mais je n'étais pas là pour m'attendrir et j'avais peu de temps devant moi. Il fallait frapper vite et fort. Je lui demandai si elle pourrait me prêter quelques photos personnelles de sa famille, de ses amis, que nous pourrions mélanger avec les clichés du reportage. Elle en avait quelques-unes, oui, mais, trouvait-elle, sans grand intérêt. Je sortis la photo de ma poche.

« Est-ce que celle-ci vous semble plus intéressante ? »

Je crus qu'elle allait s'évanouir. Son verre tomba sur le tapis. Son regard était celui d'une bête traquée.

« Mais... je ne comprends pas... » Elle regardait fixement le cliché comme si elle le voyait pour la première fois. Elle balbutiait. « Ce n'est pas moi... vous vous trompez... vous n'êtes pas journaliste... Où avez-vous trouvé cette photo ?

— Au fond d'une valise laissée il y a longtemps à l'hôtel Guelma par une certaine Dita Parlo...

— Que voulez-vous ? De l'argent ?

— Non. Je ne travaille pas à *Vedettes*, c'est vrai, mais je ne suis pas un maître chanteur, je suis détective privé. Pour les besoins de l'enquête que je mène actuellement, je cherche à savoir ce qui s'est passé, à l'époque où la photo a été prise, entre vous, Karl von Sperlich, Crystal, Marie Tchernycheff et Erich Voronov. »

Elle ne s'attendait pas que je connaisse les noms des autres. Elle accusait le coup.

« Je ne peux rien vous dire, je vous demande de me croire. C'est vieux, je ne me souviens de rien, il ne s'est rien passé.

— Ce n'est pas vieux et il s'est passé quelque chose. Quoi ? Parlez.

— Je vous dis que je ne sais rien, j'ai tout oublié. Je vous prie de me laisser tranquille. »

J'avais repris la photo et tentai un autre coup de bluff. « Très bien. Dans ce cas, je suis sûr que vous ne verrez pas d'inconvénient à ce que cette photo paraisse dans la presse. »

Elle était livide, prise au piège. Seul, pensait-elle, Lionel de Wiet avait les moyens d'empêcher la publication de la photo, ce qui l'aurait obligée à la lui montrer et à s'expliquer. Moi, je savais qu'aucun journal ne prendrait le risque de publier la photo mais elle l'ignorait. J'attendais. Elle se tordait les mains lorsqu'elle commença à parler :

« Je ne voulais pas, mais ils m'ont forcée, ils me faisaient peur…

— Qui, ils ?

— Voronov et Crystal. A l'époque, je sortais avec Karl von Sperlich qui m'avait été présenté par Marie Tchernycheff. On nous voyait ensemble partout, dans les cocktails, au restaurant, dans les boîtes de nuit. Un jour, nous sommes allés dans ce cabaret de travestis, Club Barok, où nous avons rencontré Marie, qui est venue se joindre à nous. Tout a commencé ce soir-là, lorsque Crystal est passée en attraction. Karl était fasciné. Il découvrait le Club Barok dont il avait entendu dire que c'était un cabaret de travestis, mais il ne s'attendait pas à voir quelqu'un comme Crystal. Quelques jours plus tard, nous sommes allés à un dîner chez Marie et, après le départ des derniers invités, elle a proposé de finir la soirée au Club. Karl ne tenait pas en place. »

Elle s'arrêta de parler pour regarder la porte. Elle souffrait mais je ne bougeai pas. Elle reprit : « Lorsque nous sommes arrivés, on nous a donné une table près de la scène. Karl s'impatientait, il voulait savoir à quelle heure passait Crystal. Marie l'a calmé en plaisantant et lui a dit qu'elle allait demander à l'imprésario de Crystal si elle accepterait de venir boire une coupe de champagne avec nous après son numéro. L'imprésario, c'était Voronov. Il était seul au bar. Marie est allée lui parler et, quand elle est revenue, elle nous a dit que Crystal et son imprésario se joindraient à nous un peu plus tard. Karl avait l'air ravi.

— Et ensuite, que s'est-il passé ? »

Ses mains recommençaient à trembler.

« Crystal a fait son numéro en ne quittant pas Karl du regard, comme si elle ne se déshabillait que pour lui. J'étais gênée. Après, Voronov et Crystal sont venus à notre table. Voronov n'a pas dit trois mots et Crystal a entrepris, sous mes yeux, de séduire Karl, ce qui n'était pas difficile. Marie s'amusait, moi, je ne savais pas quoi dire. » Elle s'arrêta de parler, le souffle court.

J'insistai.

« Je ne sais plus, je ne sais plus... Je ne veux plus savoir... Voronov m'a menacée, il continue, il est à Paris en ce moment. Il m'a téléphoné, il veut me voir...

— Où est Voronov ? De quoi vous menace-t-il ? Je suis le seul capable de l'empêcher de vous nuire. Vite, dites-moi où je peux le trouver, n'importe quoi, une adresse, un numéro de téléphone. »

Sa frayeur n'était pas feinte. « Je ne peux pas, j'ai trop peur. Vous ne savez pas de quoi il est capable, je vous supplie de me laisser maintenant. »

Une voix appelait de la pièce voisine.

« Dita, tu es prête ? Nous partons dans dix minutes. »

Elle répondit d'une voix presque normale « Oui, Lionel, j'en ai pour un instant » et se leva. Le maquillage était à refaire, le sourire à reconstruire. Elle appelait sa femme de chambre.

« Veuillez reconduire M. Le Bris, Suzy. »

Elle me tendit la main :

« Je suis désolée, monsieur Le Bris, ne m'en veuillez pas... »

*

Dans l'entrée, Suzy me rendit mon chapeau et mon imperméable. La pluie redoublait. Je courus jusqu'à ma voiture et m'assis au volant sans démarrer. Je me posais plusieurs questions. Que s'était-il passé à Berlin à la suite de la rencontre entre Karl von Sperlich et Crystal ? De quoi Voronov avait-il menacé Dita Parlo ? Pourquoi continuait-elle à avoir peur ? Quel rôle avait joué Marie Tchernycheff ?

Je n'étais sûr que d'une chose : l'hypothèse d'une vengeance de Dita Parlo contre Arletty qui lui avait « volé son rôle » était définitivement à écarter. Mais je détestais l'idée de rentrer bredouille. Je ne pouvais pas partir d'ici sans l'adresse ou le numéro de téléphone de Voronov, que Dita Parlo, j'en étais certain, connaissait mais n'avait pas voulu, par peur, me donner.

J'attendais, invisible derrière mon pare-brise noyé de pluie. Un peu après 20 heures, une Mercedes gris foncé se garait devant le portail. Sans arrêter le moteur, le chauffeur sortit de la voiture, un parapluie à la main, au moment où Lionel de Wiet et Dita Parlo faisaient leur apparition. Protégé par le parapluie du chauffeur qui, en même temps, leur ouvrait la portière arrière, le couple prenait place dans la voiture qui s'éloigna aussitôt. La rue était vide.

J'attendis un moment, puis je démarrai, roulai doucement et tournai dans la petite rue Hébert où je me garai sur le côté de l'hôtel particulier. J'escaladai le mur sans difficulté et retombai sur une pelouse qui s'étendait jusqu'au salon. La porte-fenêtre était restée entrouverte, comme une invitation. Je me méfiai. Lionel de Wiet, l'un des trafiquants les plus en vue des milieux de la collaboration, vivait sans protection, sans gardien, sans chien de garde ? C'était difficile à croire, ou bien il se croyait intouchable.

Je me trouvais maintenant devant la porte-fenêtre du salon que j'ouvris juste assez pour me glisser à l'intérieur. Au fond, une porte donnait sur une grande chambre qui, d'après sa décoration et les vêtements posés sur le lit, indiquait que c'était celle de Dita Parlo, pas du couple. Je sortis ma lampe de poche et commençai à fouiller. La commode ne contenait que de la lingerie. Les armoires étaient pleines de robes et de fourrures. J'ouvris un à un avec facilité les tiroirs d'un secrétaire. Je trouvai des lettres de sa mère, des photos de famille, des factures et un livre d'adresses que j'examinai page par page. Des noms d'acteurs, de couturiers, de fournisseurs. Rien sur Voronov. Rien sur personne, ni Crystal, ni Karl von Sperlich, ni Marie Tchernycheff. La volonté d'effacer le passé ? Je fis chou blanc aussi dans le salon. J'ouvris une autre porte qui donnait sur un bureau aux murs en galuchat qui ne pouvait être que celui de Lionel de Wiet. Sur une commode, il y avait des photos de lui dans des cadres, avec des officiers allemands, des hommes politiques français, des acteurs de théâtre, Fernand Gravey, Elvire Popesco, des vedettes de cinéma, Viviane Romance, Mireille Balin, Suzy Delair et… Dita Parlo. Il souriait sur toutes les photos mais ses yeux restaient froids et son expression arrogante. Les tiroirs de chaque côté du bureau étaient fermés à clé. Celui du milieu, en revanche, s'ouvrit. A l'intérieur, je trouvai une chemise cartonnée en haut de laquelle étaient inscrites les lettres SEFIC. Dans la chemise, il y avait un dossier qui contenait des doubles de lettres à en-tête de la SEFIC, Société Européenne de Fournitures Industrielles et Commerciales, et leurs réponses. J'y jetai un rapide coup d'œil. C'était un peu compliqué pour un presque ignorant comme moi, mais je compris que Lionel de Wiet serait très fâché si son dossier disparaissait.

Je ne savais pas encore très bien à quoi il me servirait, mais je le pris, refermai le tiroir et sortis par la porte-fenêtre que je laissai entrebâillée comme à mon arrivée. La pluie avait cessé. Arrivé à hauteur de la porte extérieure, j'entendis un cliquetis répété qui venait de la rue et ressemblait à celui d'un briquet qu'on ne parvenait pas à allumer. Je regardai par un espace entre le portail et le mur. Dans une voiture garée un peu plus loin que l'entrée, un type assis derrière le volant tentait d'allumer une cigarette. Il faisait trop sombre, je ne pouvais pas voir à quoi il ressemblait. Il baissa la vitre et demanda du feu à quelqu'un qui se tenait près du mur.

Ils ne m'avaient pas vu ni entendu. J'enroulai mon imperméable autour du dossier après y avoir mis mes papiers dans une des poches et le cachai derrière un buisson. Dans la poche de ma veste, le poing américain était prêt à servir. Coup de pot : une échelle de bois appuyée contre un arbre semblait m'attendre. Je la soulevai sans bruit et la plaçai contre le mur à la hauteur du type qui attendait de l'autre côté.

Je montai lentement jusqu'en haut du mur. L'homme à la cigarette fumait derrière son volant. L'autre était juste au-dessous de moi. Je sortis le poing américain et me laissai tomber sur ses épaules. J'entendis le bruit de sa tête contre le trottoir mais il se retourna très vite. Je le frappai. Son visage était en sang. Il tentait d'attraper mes chevilles pour me faire tomber, mais je le pris par les cheveux et lui cognai la tête plusieurs fois contre le trottoir. Il ne bougeait plus. J'entendis des pas derrière moi, mais je n'eus pas le temps de me protéger. Une matraque s'abattit sur ma nuque et je tombai par terre à côté de l'homme du mur. Je sentais qu'on me fouillait. Tout était trouble. En relevant la tête, je voyais à travers un brouillard le conducteur de la voiture qui traînait son complice et le jetait sur le siège arrière avant de se mettre au volant. La voiture démarra et se perdit dans la nuit.

Je me relevai péniblement. Ma nuque était attaquée par un marteau-piqueur qui ne voulait pas s'arrêter. Mon dos me faisait mal. Je repris mon souffle, tout en faisant jouer mes articulations. Il me fallait retourner dans le jardin pour reprendre le dossier. Mes forces revenaient petit à petit et je parvins en grimaçant à me hisser en haut du mur d'où je retombai sur la pelouse détrempée du jardin. La maison était sombre, silencieuse, les domestiques devaient dormir.

Je récupérai mon imperméable derrière le buisson. Le dossier n'avait pas souffert de la pluie et les papiers étaient toujours là. L'échelle aussi. Je nettoyai le poing américain dans l'herbe mouillée puis je montai de nouveau jusqu'en haut du mur et atterris sur le trottoir en étouffant un cri de douleur. Ma voiture était à la même place. Si de Wiet, comme je le supposais, avait découvert mon identité, il valait mieux que je ne rentre pas chez moi. Je démarrai. Arrivé à la place de l'Etoile, je m'engageai dans l'avenue de Wagram, puis dans l'avenue de Villiers, jusqu'au boulevard des Batignolles. Place Blanche, je pris la rue Fontaine et tournai à droite dans la rue Mansart où habitait mon ami François chez qui j'avais disputé mon dernier poker. Comme notre dernière partie me paraissait loin… Aucune lumière ne filtrait de ses fenêtres, au troisième étage. La porte d'entrée s'ouvrit et je marmonnai le nom de François en passant devant la loge de la concierge.

Je montai en douceur, ma lampe de poche à la main, jusque chez François. Je frappai à la porte, une fois, deux fois, trois fois, de plus en plus fort. J'entendais bouger à l'intérieur de l'appartement, puis la voix ensommeillée de François qui protestait à travers la porte : « Qui est là ? Vous savez l'heure qu'il est ? Qu'est-ce que vous voulez ?

— C'est Jérôme. Ouvre vite ! »

Il était en pyjama, le cheveu hirsute, l'œil soudain réveillé.

« Entre. Qu'est-ce que tu fous là ? On n'a pas entendu parler de toi depuis notre dernier poker, on a cru que tu étais mort. Drôle de façon de ressusciter chez moi, en pleine nuit ! » Il râlait pour la forme.

« Excuse-moi, je ne peux pas rentrer chez moi cette nuit, j'ai des ennuis avec des gens qui me trouvent gênant. J'ai pensé que tu pourrais m'accueillir. »

Il rigolait. « Mon superbe canapé est à ta disposition, à moins que tu ne préfères un luxueux matelas. Et qu'est-ce que Monsieur prendra pour son petit déjeuner, de l'orge ou du viandox ? »

Pendant que François préparait le canapé, je voulus l'affranchir en quelques mots. Il m'arrêta d'un geste.

« Ne te crois pas obligé de me donner des explications. Je ne veux rien savoir, tu nous raconteras ça plus tard, quand tu viendras te faire plumer au poker ! »

20

Les cauchemars se succédaient : Arletty assassinée, Domino en larmes, le visage suppliant de Dita Parlo, Tonton et mon père me montrant du doigt en riant… Je m'éveillai en sueur. Le marteau-piqueur s'était calmé. Il était 7 heures, François dormait encore.

Je pris le téléphone et m'enfermai dans la salle de bains après avoir fait passer le fil sous la porte. J'appelai Perrégaux chez lui. Il venait de se lever.

« Il se passe quoi, Jérôme, pour que tu m'appelles à cette heure-là ? Tu as un autre macchabée sur les bras ? » Il semblait excédé, je le comprenais.

« Désolé, Jacques, ne m'en veux pas, mais j'ai encore un service à te demander et quelque chose à te montrer qui pourra t'intéresser. Est-ce que tu peux faire photographier au 36 un dossier que j'ai ici avec moi ? »

Il était estomaqué, mais il eut un réflexe de flic : voyons le dossier d'abord. Il finit par dire :

« C'est toujours mieux que si tu m'annonçais une autre viande froide… Viens à mon bureau à 9 heures. »

Je me jetai de l'eau froide sur le visage, trouvai de l'aspirine au fond d'un tiroir, et sur un fauteuil mon costume qui avait souffert autant que moi pendant la bagarre. Je réveillai François et le remerciai pour son hospitalité, mais je ne pouvais pas rester, j'avais un rendez-vous urgent et…

« Mais bien sûr, Jérôme. Où veux-tu coucher la nuit prochaine, dans mon lit ou sur le canapé ? Monsieur veut des croissants ou des brioches pour le petit déjeuner ? » Il s'interrompit et me dit : « Allez, file. Si tu veux revenir ce soir, tu es le bienvenu mais fais ton possible pour me prévenir, si tu ne t'es pas fait cribler de balles avant ! » Sur le pas de la porte, il me demanda : « Et notre prochain poker, c'est pour quand ?

— La semaine prochaine, fais des économies, je vais tous vous faire souffrir ! »

A 9 heures, j'arrivai Quai des Orfèvres. Jacques était dans son bureau, impeccable. Avec mon costume qui ressemblait à un torchon, j'avais l'air d'un clodo à côté de lui. Mon copain flic avait l'air calme, un faux calme qui cachait mal son exaspération et son impatience. Je dis en posant le dossier sur son bureau :

« Tiens, jette un coup d'œil à ça. Je l'ai regardé, mais je t'avoue que pas mal de choses m'ont échappé. Dis-moi ce que tu en penses. »

Il ouvrit le dossier et commença à le parcourir en s'attardant parfois sur une page. Il avait l'air intéressé.

« Ça vient d'où ?

— De chez Lionel de Wiet. »

J'avais l'intention de l'affranchir au minimum, pour qu'il n'ait pas le sentiment qu'il n'était qu'une machine à rendre service sans espérer de retour.

— Je suis allé chez de Wiet hier soir, mais ce n'était pas pour le voir. J'avais besoin de parler à Dita Parlo qui, comme tu le sais sûrement, vit avec lui.

— Je sais. Pourquoi ?

— Je t'ai déjà dit que je menais une enquête pour le compte d'une vedette de cinéma qui a reçu des menaces – à toi, je peux dire qu'il s'agit d'Arletty –, mais notre entretien a tourné court, je suis reparti sans avoir trouvé ce que je cherchais.

— C'est-à-dire ? »

Je ne répondis pas et enchaînai. « Je sais maintenant qui a monté le coup. Un certain Voronov. Un dangereux. Dita Parlo le connaît, elle sait où il est, mais elle a eu peur de parler. J'ai cru pendant un instant arriver à la convaincre, mais de Wiet est entré et ils sont partis tous les deux au théâtre. J'étais déçu, frustré, comme tu peux imaginer. Je suis allé me planquer dans ma voiture et j'ai attendu leur départ pour revenir dans la maison par une porte-fenêtre qui était restée entrebâillée. J'ai fouillé partout, mais je n'ai rien trouvé… sauf ça sur le bureau de Lionel de Wiet.

— Et après, que s'est-il passé ?

Je lui racontai tout, y compris la nuit passée chez François. « Et voilà.

— Et voilà, comme tu dis. Pas mal, mais un peu court. Je vais d'abord aller faire photographier le dossier en urgence et je reviens. Réfléchis bien, tu as intérêt à donner de bonnes réponses à mes questions. »

Il sortit et je restai seul dans son bureau. Un flic de la Crim avec qui j'avais travaillé passa la tête, me reconnut et me fit un signe de tête sans m'adresser la parole. C'était un de ceux qui ne m'aimaient pas. Jacques était de retour.

« Je l'ai demandé en urgence, ce sera prêt dans une heure, me dit-il. Pour un beau dossier, c'est un beau dossier, ajouta-t-il, un peu admiratif. Lionel de Wiet avait dû oublier de fermer le tiroir dans lequel tu l'as trouvé, ce n'est pas le genre de document qu'on laisse traîner. En résumé, il y a là-dedans l'ensemble des trafics et des affaires louches de la SEFIC, chiffres et noms des participants à l'appui. Matières premières, acier, cuivre, boulons, farine, café, tout ce que tu veux ! Mais le plus explosif, ce sont les doubles des lettres que de Wiet a eu l'imprudence d'envoyer à ses correspondants pour les avertir de ne pas traiter avec Lafont dont les prix, leur dit-il, sont plus élevés que les siens. Ça chaufferait dur pour le faux marquis si ça revenait aux oreilles de Lafont ! Qu'est-ce que tu veux faire de ce dossier, si je ne suis pas indiscret ?

— Je vais commencer par le planquer quelque part et réfléchir. Le double est pour toi. Je te dois bien ça et, s'il m'arrive quelque chose...

— Merci, Jérôme, mais je ne suis pas sûr de pouvoir l'exploiter, il y a pas mal de gens intouchables là-dedans, y compris Lionel de Wiet lui-même, qui a des appuis partout... sauf chez Lafont. Bien, maintenant, dis-moi pourquoi tu voulais rencontrer Dita Parlo. »

Je n'avais pas besoin de raconter à Jacques l'affaire Arletty de A à Z mais il ne cracherait pas sur ce que j'allais lui donner.

« Dita Parlo, quand elle vivait à Berlin avant la guerre, a fréquenté des gens pas toujours recommandables comme Erich Voronov. C'est un tueur, c'est lui qui a supprimé Riton et Domino. Aujourd'hui, d'autres personnes, dont moi, sont menacées, il faut absolument que je lui mette la main dessus très vite. Tu m'as compris ?

— Voronov. Je n'ai jamais entendu parler de lui. Je n'ai jamais vu son nom dans un fichier. Il doit être fortiche mais on va essayer de le trouver, les indics sont là pour ça. Merci pour le tuyau. Toi, fais très très gaffe, tu as mis les pieds sur un terrain miné. Non seulement tu as Voronov sur le dos, mais tu ne sais pas encore comment va réagir Lionel de Wiet. Le plus emmerdant, c'est que si Lafont apprend que tu as le dossier, tu vas avoir affaire aux mecs de la Carlingue. Tu sais de quoi ils sont capables. Tiens, je vais te faire une fleur, je vais te montrer à quoi ils ressemblent pour te donner une idée. Attends-moi. » Il s'absenta pendant dix minutes et revint avec un fichier qu'il posa devant moi en me disant : « Ils sont tous là. Amuse-toi, je vais voir où en est ton dossier. »

Face, profil, fronts bas, regards de tueur, balafres, rictus, la distribution était digne d'une pièce du Grand Guignol. Les gueules et les noms se succédaient tandis que je feuilletais le fichier. Villaplana, Suzzoni, Clavié, Haré, Delehaye, Cazauba, Estebeteguy, Pagnon et d'autres, beaucoup d'autres. C'était à celui qui aurait le plus beau pedigree, il était difficile de les départager. Rien ne manquait : cambriolages, extorsion de fonds, tentatives de meurtres, proxénétisme, violences, attaque à main armée. La plupart avaient été des clients de la Crim qui les avait envoyés en taule jusqu'à ce que Lafont, en 1940, les fasse sortir de Fresnes.

Jacques était revenu et, debout derrière moi, faisait des commentaires au passage de certaines photos. « Eddy Pagnon, c'est son chauffeur garde du corps, Abel Danos, dit le Mammouth, l'un des plus dangereux, son neveu, Michel Chaves, dit Nez de Braise, un dingue, Maillebuau, un ancien flic, Sartore, un tueur, Bonange dit la Soubrette… On continue ? »

Il referma le fichier, se leva et me tendit le dossier original. Sur le pas de la porte, il me donna une tape amicale sur l'épaule et me dit : « Ne t'inquiète pas. Ici, on ne laisse jamais tomber un ancien flic, même s'il a trahi !

Je dis :

— Tu parles ! »

21

Je rentrai rue Saint-Georges et m'arrêtai à la loge pour demander à Mme Tarot de faire des courses pour moi. Mon garde-manger, comme mon compte en banque et mon tube de dentifrice, était vide. Je lui donnai un peu d'argent et lui confiai le dossier qu'elle alla cacher sous son matelas. Qui pourrait imaginer qu'il était chez la concierge ?

J'étais en piteux état. Mes muscles étaient raides, ma tête résonnait. Je me bourrai d'aspirine, pris un bain chaud et vidai le fond d'une bouteille de cognac, cadeau d'un client à qui j'avais évité un flagrant délit d'adultère.

Je me sentais mieux. J'appelai Florence qui ne répondit pas. Je réfléchissais à l'affaire, tout en continuant d'appeler chez Florence qui ne répondait toujours pas. Je commençai à m'inquiéter et décidai d'aller chez elle.

J'allais sortir quand le téléphone sonna. Je me jetai dessus. C'était sûrement Florence. Une voix d'homme coupante ne me laissa pas le temps de répondre et dit :

« Tu sais à qui tu t'es attaqué, Dracéna ? Tu crois que tu peux débarquer chez moi sous un faux nom, fouiller mon bureau, casser la gueule à un de mes hommes et t'en tirer ? Ma parole, tu dois être dingue ! Qu'est-ce que tu voulais à Dita ? »

Comment Lionel de Wiet avait-il découvert mon nom et mon numéro de téléphone si rapidement ? Il sentait que je me posais la question.

« Tu aimerais bien savoir comment je t'ai trouvé, hein ? Quand je suis entré dans le salon et que Dita m'a dit pourquoi tu étais là, ça m'a semblé louche. Tu n'as pas de chance, le propriétaire de *Vedettes* est un ami. Je l'ai appelé : Roger Le Bris était inconnu au bataillon. J'ai envoyé une équipe, et quand ils sont arrivés ils ont cru que tu étais parti, mais ils se sont méfiés et se sont mis en planque derrière la maison. Ces deux abrutis se sont laissé surprendre et tu as pu partir avec un dossier qui m'appartient. Tu avais planqué tes papiers quelque part, malheureusement, tu as perdu une de tes cartes de visite dans la bagarre. Espèce d'amateur ! C'est comme ça qu'on t'a trouvé. Où est le dossier ?

— En lieu sûr et je n'ai pas l'intention de m'en séparer.

— Ah oui ? Dis-moi, c'est bien toi qui sors avec Florence Préville ? Il paraît que tu es très amoureux.

— …

— Tu ne réponds pas ? Tu as tort. Je vais te donner de ses nouvelles : on est allé chez elle ce matin. On la tient. C'est elle contre le dossier, sinon… »

Le coup dur. Je ne pus m'empêcher de l'insulter et tentai de le mettre en garde sur les conséquences du kidnapping de la fille d'un haut fonctionnaire de Vichy.

« J'en ai rien à foutre de ton haut fonctionnaire. Qu'est-ce que tu crois, moi aussi, j'ai des contacts au plus haut niveau à Vichy. Florence Préville est plus importante pour toi que le dossier, non ? T'imagines sa réaction si je lui disais que tu refuses ou que tu hésites… » Il ricanait. « Je crois que tu m'as compris, alors sois chez toi demain soir à 7 heures, on te téléphonera pour t'indiquer le lieu de l'échange. » Un déclic, il avait raccroché.

C'était la catastrophe. J'allais rendre le dossier à de Wiet, je ne me posais même pas la question, mais je ne digérais pas l'enlèvement de Florence. J'étouffais, j'avais besoin de prendre l'air.

Deux types m'attendaient devant la porte. Je connaissais les voyous, mais ceux-là, je les rangeai tout de suite dans la catégorie « à éviter à tout prix ». Trop tard. J'avais vu la gueule du premier quelque part, mais où ? Il était tout près de moi, une main dans l'ouverture de sa veste, et ce n'était pas pour en sortir un mouchoir.

« C'est toi Dracéna ? »

Sans attendre ma réponse, il me dit : « Le Patron veut te voir. Suis-nous et tiens-toi tranquille… »

Il sortait un peu la main de sa poche pour me montrer qu'elle tenait un flingue. L'autre type ne disait rien. De toute manière, je n'aurais pas eu envie de le contredire. Il se mit au volant d'une traction avant noire tandis que l'homme au flingue me poussait brutalement à l'arrière de la voiture et s'installait à côté de moi. Il avait sorti son arme et ne me quittait pas des yeux. Il sentait l'ail et le tabac froid. La voiture roulait en direction de l'Opéra. Le Patron ? Une sueur froide commençait à couler le long de mon dos. Le Patron. Henri Lafont, M. Henri. On m'emmenait rue Lauriston. Mon voisin m'enfonçait le canon de son arme dans les côtes :

« Regarde-moi, fumier. Tu sais qui je suis ? »

Je le dévisageai. Je l'avais vu quelque part, sur une photo, ou bien dans un bar. Son nom et l'endroit où je l'avais vu me revinrent d'un coup : Maillebuau, un flic révoqué qui figurait dans le fichier que m'avait montré Jacques.

« Oui, l'ex-inspecteur Maillebuau.

— Je vois que tu m'as reconnu. Ça me fait plaisir de te voir, tu sais pourquoi ? C'est ton père qui m'a viré de la Mondaine ! Ton fumier de père ! Alors, quand le Patron m'a demandé d'aller te chercher, tu parles si je bichais ! D'accord, le fils Dracéna, ça vaut pas le père, mais c'est mieux que rien. Tu vas voir, on va bien s'amuser tous les deux. »

Le chauffeur, l'œil dans le rétroviseur, suivait la scène. Je ne disais rien. Ils m'avaient palpé pour vérifier que je ne portais pas d'arme, le poing américain était resté dans la boîte à gants de la Juvaquatre, mais ils n'avaient pas touché au contenu de mes poches…

La traction filait en direction des Champs-Elysées, brûlant les feux rouges sous l'œil des flics qui préféraient fermer les yeux lorsqu'ils voyaient que la voiture ne portait pas de plaque d'immatriculation. J'essayais de garder la tête froide et de penser à ce que j'allais dire à Lafont, mais je ne comprenais pas pourquoi il m'avait envoyé chercher. Place de l'Etoile, avenue Kléber, rue Paul-Valéry. La voiture tourna à gauche dans la rue Lauriston et s'arrêta devant le 93. Des tractions noires étaient garées de chaque côté de la rue.

« Descends et pas de conneries », dit Maillebuau en me poussant dehors. J'entrai dans l'immeuble, encadré par les deux truands.

« Avance ! » ordonna Maillebuau en me montrant un escalier au fond du vestibule. En passant, j'aperçus, par une porte entrouverte, quatre types qui jouaient aux cartes autour d'une table. L'un d'eux salua Maillebuau d'un geste après m'avoir regardé et replongea dans la partie. En haut du premier étage, Maillebuau me fit signe de m'arrêter. Il me semblait entendre des cris étouffés qui venaient d'une pièce au fond du couloir. Je regardai Maillebuau qui me dit avec un mauvais sourire : « Ne t'impatiente pas, ça va être bientôt ton tour », avant de frapper à une porte et, sans attendre la réponse, d'entrer en me poussant devant lui.

Un homme était assis derrière un grand bureau au fond de la pièce et nous regardait. Je remarquai avec surprise qu'il y avait des orchidées et des dahlias roses dans toute la pièce. Dans un coin, un type avec des petites lunettes rondes qui avait l'air d'un fonctionnaire tapait à la machine sans lever la tête. Maillebuau dit :

« J'vous amène Dracéna, Patron. »

Lafont se leva. Il était n'était pas très grand, brun, bien habillé. Il s'avança vers moi : « Alors, c'est toi Jérôme Dracéna ? » Il avait une voix haut perchée qui n'allait pas avec son physique. « Le fils de Louis Dracéna, ancien commissaire à la Mondaine ? Ton père, j'ai jamais eu affaire à lui, moi, j'étais plutôt un client de la Crim ! D'ailleurs, tu y as fait un passage à la Crim pendant que j'étais en taule, avant que tu deviennes un privé minable. »

Il tournait autour de moi et le ton montait. « Qu'est-ce que tu foutais la nuit dernière chez Lionel de Wiet ? » Son visage était à quelques centimètres du mien. Il vociférait. « Je ne sais pas ce que tu es allé faire chez lui mais tu casses la gueule à un de mes hommes et tu crois que tu vas t'en tirer comme ça, hein, pauvre petit fouineur de merde ! »

L'homme que j'avais assommé était un truand de la Carlingue ? Je ne comprenais plus rien. Il écumait.

« Tu es parti de chez de Wiet avec un dossier hier soir. Qu'est-ce que tu en as fait ? »

Je ne répondais pas. Pourquoi voulait-il ce dossier et comment savait-il que je l'avais dérobé ?

« Je te pose la question une dernière fois : où est le dossier ? Tu sais qu'ici on ne reste pas muet longtemps. Si je t'envoie à la cave, tu vas avouer même ce que tu ne sais pas. »

La machine à écrire s'était arrêtée.

Derrière moi, Maillebuau dit :

« Laissez-le-moi, Patron, je vais lui faire raconter sa vie… »

Lafont se tourna vers lui :

« Ta gueule ! Casse-toi. »

Maillebuau resta muet. J'entendis la porte se refermer. Lafont s'était éloigné et regardait par la fenêtre. J'étais toujours debout devant son bureau. Il se retourna. Il riait sans pouvoir s'arrêter et s'approcha de moi, les mains dans les poches.

« Avoue que t'as eu les jetons ! La rue Lauriston ! La Carlingue ! Tu t'attendais au pire et t'avais pas tort mais j'ai changé d'avis. Maillebuau t'a fouillé avant de venir pour voir si t'avais pas d'arme. Est-ce qu'il t'a fouillé complètement ? » Je fis signe que non. « Le connard ! Vide tes poches sur mon bureau. »

Je posai devant lui ma carte d'identité, mon permis de conduire, l'enveloppe qui renfermait la photo et mon ausweis.

« Un ausweis ? Chapeau ! T'es pas aussi con que j'croyais ! » Il regarda mes papiers, ouvrit l'enveloppe et se pencha sur la photo, l'air intéressé. Le cliquetis de la machine avait repris.

« Ça alors, je les connais tous, tes clients ! » Il énumérait les noms en commentant : « Dita Parlo, je t'en parlerai tout à l'heure, Crystal, le travesti, Karl von Sperlich, l'ami d'Arletty, Marie Tchernycheff, qu'est-ce qu'elle foutait là et – il eut un rictus – Erich Voronov. Celui-là, si je pouvais mettre la main dessus, je l'écraserais une fois pour toutes. Quand tu vois un scorpion ou un serpent venimeux, tu l'écrases, tu comprends… »

Pendant qu'il examinait la photo, je décidai de lui dire, en partie, pourquoi j'étais allé chez Lionel de Wiet. Il releva la tête et laissa tomber : « Accouche. » Je lui expliquai qu'Arletty avait reçu des cercueils, qu'à mon avis la Résistance n'était pas dans le coup, et que c'était Karl von

Sperlich qui était visé. La piste que je suivais m'avait conduit à Dita Parlo, et deux personnes, Riton, un indic, et Domino, une barmaid du One Two Two, s'étaient fait buter, probablement pour les empêcher de me parler. Une expression de rage passait sur son visage.

« J'ai compris. C'est Voronov qui est derrière, pas besoin de me faire un dessin. Qu'est-ce que le dossier vient faire là-dedans ?

— Quand je suis allé voir Dita Parlo, je lui ai montré la photo mais je n'ai rien tiré d'elle, j'ai senti qu'elle avait peur de Voronov, qui est à Paris en ce moment. Je suis revenu fouiller dans la maison après son départ pour le théâtre avec de Wiet, et quand j'en suis reparti avec le dossier il y avait deux types qui m'attendaient dehors. Mais je ne comprends pas pourquoi vous m'avez dit – je n'arrivais pas à le tutoyer – que l'un des deux était de chez vous. »

Il se tenait les côtes. « C'est Carbotti. Non seulement ça fait un moment que je soupçonne de Wiet de me doubler, mais j'ai toujours pas vu la couleur des deux millions que je lui ai prêtés. Alors, sur mon ordre, Carbotti est allé le voir pour se plaindre que je le traitais mal, qu'il gagnait pas assez d'oseille avec moi, et qu'il en avait marre. De Wiet l'a pris avec lui. Il a dû bicher ce connard en croyant me piquer un de mes hommes. Moi, j'ai biché encore plus, j'avais un indic dans la place, vingt-quatre heures sur vingt-quatre. Je pouvais pas me douter que le hasard ferait que tu lui casserais la gueule. J'lui filerai une prime à Carbotti, et ça ira ! Ce matin, quand il a appris par de Wiet que tu étais parti avec un dossier, il m'a affranchi tout de suite. Qu'est-ce que c'est que ce dossier ? »

Je lui dis que cela concernait la SEFIC. Il siffla en se laissant retomber en arrière dans son fauteuil.

« La SEFIC ? Pour m'intéresser, ça m'intéresse. Où est-il, qu'est-ce que t'as l'intention d'en faire ? »

C'était un gros risque à prendre, je lui lâchai le morceau. De Wiet avait enlevé Florence et me la rendrait contre le dossier.

Il siffla de nouveau et réfléchit pendant quelques minutes. Je me demandais si j'avais bien fait de lui parler d'Arletty. Il semblait lire dans mes pensées.

« Ecoute, ton histoire à la mords-moi-le-nœud avec Arletty, Karl von Sperlich et les autres, je m'en bats l'œil, y a rien pour moi là-dedans, démerde-toi. Mais le dossier… c'est autre chose. Voilà ce que tu vas faire. Demain, dès qu'ils t'auront appelé pour t'indiquer l'endroit où l'échange doit avoir lieu, tu me téléphoneras ici pour me le dire. Je m'occupe du reste. »

La panique me gagnait.

« Mais vous n'y pensez pas ! Et Florence ?

— T'inquiète pas pour Florence ! Ils vont pas s'amuser à buter la fille de Jean de Sénanville, même si de Wiet prétend qu'il s'en fout. Tu leur donneras le dossier et ils te la rendront. Nous, on interviendra après l'échange. Tu as compris ? »

Je n'avais pas le choix. Lafont s'était calmé et semblait de bonne humeur à l'idée de ce qui allait se passer le lendemain. J'étais assis dans un fauteuil, de l'autre côté de son bureau. Il se leva et me dit d'un ton engageant :

« Tu m'plais, toi. T'es mariolle, t'as pas flanché. Parce que si tu voyais les gens qui défilent ici, ils tremblent, ils supplient, ils font dans leur froc. Toi, t'as pas mouftė, t'as pas baissé les yeux, j'ai même pas réussi à savoir c'que t'as dans le crâne ! Viens travailler avec moi, tu verras, t'auras tout le pognon que tu veux, des poules, des voitures, tu boufferas dans les meilleurs restaurants… Tu vas continuer longtemps à t'emmerder avec tes histoires de cocus ? Ici, t'as un avenir. Je fais ce que j'veux dans Paris, on peut rien me cacher. M. Henri sait tout ! M. Henri voit tout ! Demande à mon ami Bonny, hein, Pierre ? »

L'homme à la machine s'était arrêté de taper et nous regardait sans rien dire. Lafont s'était levé et ouvrait la porte d'un placard. Un uniforme d'officier allemand était pendu sur un cintre. Lafont le prit et me le montra d'un air satisfait.

« Tu vois, ils m'ont même nommé capitaine dans la Wehrmacht, ils ont rien à me refuser ! Alors, qu'est-ce que t'en dis ? »

Je restai vague et lui dis que j'allais réfléchir. Ce n'était pas le moment de le mettre en colère et de gâcher mes chances de retrouver Florence. Il insistait.

« Viens chez nous. Avec ta belle gueule, tes bonnes manières et quelques nouveaux costumes, j'te ferai nager dans des milieux où j'peux pas envoyer des mecs d'ici, t'as vu leurs tronches ! Prends ton temps, réfléchis. Ça va, tu peux reprendre tes affaires et t'en aller. » Au moment où je me levai pour partir, il me dit : « Je fête mon anniversaire samedi soir au Chapiteau, à Pigalle. Je t'invite. Tu verras, y aura des gens intéressants, comme la comtesse Tchernycheff, par exemple, ajouta-t-il avec un clin d'œil. Je compte sur toi. »

Cette fois, c'était un ordre. Mais je me disais en même temps que c'était ma seule chance de pouvoir parler à Marie Tchernycheff. J'allais sortir quand il me rappela et me dit : « Attends, tu vas pas partir sans que j'te dise la meilleure : Dita Parlo, tu sais qui c'est, tu connais son vrai nom ? Elle s'appelle Grethe Kornstädt et elle travaille pour la Gestapo allemande ! Amuse-toi avec ça… »

Dita Parlo, agent de la Gestapo allemande… C'était difficile à croire mais il ne pouvait pas l'inventer. Tout à coup, je voyais les choses autrement. La Gestapo allemande était-elle derrière le coup monté contre Karl von Sperlich ?

Au rez-de-chaussée, la partie de cartes continuait. Maillebuau, debout près de la table, suivait le jeu. Lorsqu'il me vit, il se précipita vers moi, la main dans l'échancrure de sa veste.

« Ho ! Où tu vas, toi ?

— Je rentre chez moi. J'ai eu une conversation très intéressante avec ton patron. Tu n'as pas l'air de me croire, tu veux qu'on aille vérifier ensemble ? » Il reculait, la gueule tordue par la rage. Je l'achevai.

« Il m'a même invité à son anniversaire samedi. Tu y seras, j'espère... »

Je me dirigeai vers la porte en lui adressant un grand sourire. Je m'étais fait un ami pour la vie.

J'avais l'impression, en sortant dans la rue, de remonter à la surface d'un marécage. Le monde avait l'air normal. Je respirai à fond. J'avais eu peur, j'avais besoin d'un cognac, de deux cognacs. Une Panhard crème se gara un peu plus loin, le chauffeur descendit et ouvrit la portière pour laisser sortir une grande femme blonde au visage fermé. La dernière fois que je l'avais vue, c'était sur une photo prise dans un cabaret, à Berlin. Marie Tchernycheff me regarda froidement sans ciller et entra au 93, rue Lauriston.

Je pris la direction des Champs-Elysées et, sur le chemin, entrai dans un bar. Le barman me proposa un porto flip mais je savais comment il serait fait : de la poudre d'œuf, du vin rouge et de la saccharine. Je commandai un cognac et descendis aux toilettes. Sur un mur, quelqu'un avait écrit : « Pour nettoyer le vert-de-gris, employez le Brillant de Gaulle ».

22

J'attendais chez moi le coup de téléphone de Lionel de Wiet. Il était 18 heures. Encore une heure à patienter, une boule dans l'estomac. Je tournais en rond, incapable de lire ou d'écouter la radio. J'avais besoin de parler. J'appelai mon père et le mis au courant de mon expédition chez de Wiet et de ma rencontre avec Lafont. Il suffoqua.

« Lafont ? Tu es allé chez Lafont ? Mais comment… » Il n'arrivait pas à comprendre comment j'avais pu sortir indemne de la rue Lauriston. Pendant que je parlais, je le sentais réfléchir. Il accompagnait mon récit de brefs « oui, c'est ça, continue », mais lorsque j'en arrivai à la proposition de Lafont de rejoindre la Carlingue, il explosa sans me laisser le temps de finir.

« Quoi ! Mais c'est honteux, c'est monstrueux ! Je t'avais dit de te méfier, voilà le résultat, cul et chemise avec Lafont ! » Je parvins à l'interrompre et à lui dire que je pensais surtout à Florence et que je m'étais contenté, plutôt que de refuser net, de rester dans le vague. J'ajoutai que j'étais certain que Lafont se foutait complètement de l'histoire Arletty et que la seule chose qui l'intéressait, c'était de mettre la main sur le dossier. Mon père avait retrouvé son calme.

« Tu as peut-être bien fait et je pense que tu vas récupérer Florence, mais il va y avoir du grabuge. Lafont ne pardonne pas à de Wiet, qu'il a fait sortir de Fresnes en 40, de l'avoir doublé dans plusieurs affaires. Tu es sûr que Lafont ne t'a pas embobiné ? Après tout, s'il avait voulu, il aurait pu te faire avouer où tu as caché le dossier, je doute que tu aurais résisté longtemps.

— Tu n'as pas tort, mais il va profiter de l'enlèvement de Florence pour régler ses comptes avec de Wiet et lui montrer qui est le patron.

— C'est vrai qu'il est imprévisible. Ce n'est pas la première fois que Lafont m'étonne. C'est une véritable ordure qui assassine, torture et trafique dans tous les domaines, mais qui, dans certaines circonstances, a été capable de se montrer sous un autre jour. Il a évité la déportation à l'un des frères Amar, du cirque Amar, et, je ne voulais pas le croire mais j'ai vérifié, au cours d'une descente avec sa bande chez un résistant qui n'était pas chez lui, il est tombé sur sa femme en larmes et ses trois enfants. Il est parti en laissant deux cent mille francs sur la table de la cuisine. Je n'y comprends rien. Je sais aussi qu'il a fait libérer des gens en intervenant auprès des Allemands, qui n'ont rien à lui refuser. Même Laval est passé par lui ! Il n'empêche qu'il mérite d'être abattu comme une bête sauvage, ce qui lui arrivera un jour ou l'autre. Quand l'échange doit-il avoir lieu ?

— Ce soir, mais je ne sais pas encore où, j'attends leur coup de téléphone.

— Tu as beau essayer de me rassurer, j'en suis malade. Promets-moi d'être prudent et téléphone-moi demain matin, pas cette nuit, je ne veux pas inquiéter ta mère. »

Je promis et raccrochai en évitant de lui dire que Lafont m'avait invité à son anniversaire et que Maillebuau, le flic qu'il avait viré de la Mondaine, éructait en prononçant son nom ; c'était inutile de le remettre de mauvaise humeur.

Je marchais de long en large devant mon bureau. J'avais envie d'un whisky. Le téléphone sonna.

« Dracéna ? Ce soir, à minuit derrière la Cascade, au bois de Boulogne. Et pas de coup fourré. Compris ? »

Ce n'était pas de Wiet.

« Minute. Qu'est-ce qui me prouve que vous avez Florence et qu'elle est en bonne santé ? Si vous voulez le dossier, laissez-moi lui parler et on verra.

J'entendis mon interlocuteur crier : « René, amène-la ici ! »

Au bout du fil, Florence me dit d'une voix blanche : « C'est toi, mon chéri ?

— Oui, c'est moi, ma petite Florence. Je vais venir te chercher. Dans quelques heures, tu seras libre, tu m'entends ? Ton calvaire est fini, encore un peu de courage, je pense à toi. Est-ce qu'ils t'ont maltraitée ?

— Non, mais c'est horrible. Ne m'abandonne pas, viens vite ! » Elle se mit à pleurer. On lui arracha le récepteur des mains et une voix aboya :

« Ça va, t'es rassuré ? T'as bien compris : derrière la Cascade, à minuit, avec le dossier. Et t'amuse pas à venir accompagné, sans ça, ta Florence… » Il fit un bruit dans le téléphone et raccrocha en ricanant.

Je frissonnais. Je commençais à douter du plan de Lafont, mais il était trop tard pour reculer. Pourquoi lui avais-je fait confiance ? Je l'appelai au numéro qu'il m'avait donné et tombai sur lui directement. Je lui fis part des instructions des ravisseurs, Lafont garda le silence, puis il me dit :

« Bien. Voilà comment ça va se passer. A 11 h 30, tu vas prendre ta voiture – c'est bien une Juvaquatre, hein ? – et tu vas te rendre, comme ils te l'ont ordonné, derrière la Cascade. Surtout, n'oublie pas le dossier. Fais c'que j'te dis et tout ira bien. Quand tu seras derrière la Cascade, tu allumeras tes feux et t'attendras qu'ils se pointent. Tu leur donneras le dossier et ils te rendront ta poule. La suite, on s'en occupe. Salut. » Il raccrocha.

« La suite, on s'en occupe... » J'avais une vague idée de ce qui allait se passer. Lafont enverrait une équipe tôt dans la soirée qui se planquerait derrière le restaurant avant l'arrivée des autres. A mon avis, de Wiet n'avait pas pu soupçonner un lien entre Lafont et moi, et il était sûr aussi que je laisserais les flics hors du coup.

Je retrouvai le numéro de téléphone personnel de Karla, qu'elle m'avait donné l'autre soir à L'Heure Bleue, et l'appelai. Je lui expliquai, sans lui donner de détails, que la vie de son amie Florence était en danger. Pouvait-elle lui donner l'hospitalité pendant quelques jours ? Karla n'eut pas l'air surprise et ne posa aucune question.

« Bien sûr. Voici mon adresse, 52, rue de Berri près des Champs-Elysées. Vers quelle heure viendrez-vous ? »

Elle ne fit pas de commentaire non plus lorsque je lui dis que nous ne viendrions pas avant minuit. « Je ne serai pas couchée, je vous attendrai. »

Je m'allongeai sur mon lit avec le sentiment que je ne pouvais plus rien faire pour changer le déroulement de la soirée et qu'il ne me restait plus qu'à attendre en essayant d'oublier le nœud qui me tordait l'estomac.

Le téléphone sonna. C'était Arletty.

« Alors, Jérôme, vous m'avez oubliée ? J'ai pas de nouvelles de vous depuis plusieurs jours. Je m'inquiétais. Où en êtes-vous ?

— Pardon de ne pas vous avoir appelée plus tôt, Arlette, mais j'ai eu de vos nouvelles par votre ange gardien Marcel qui m'a téléphoné plusieurs fois. J'ai pensé que si vous ne me téléphoniez pas, c'est que rien de grave ne vous était arrivé. Je me trompe ?

— Non, mais j'ai failli vous appeler. Il y a deux jours, un type a téléphoné à la maison et il a commencé à parler en allemand. Quand il a vu que j'comprenais pas, il a demandé en français avec l'accent allemand à parler à Karl. Il m'a dit qu'il était un cousin de Berlin, de passage à Paris. Je lui ai répondu que Karl était en voyage. J'ai trouvé ça bizarre, parce que personne l'appelle chez moi, il ne donne jamais mon numéro de téléphone. J'ai demandé au type de me laisser son nom et son numéro mais il m'a répondu que c'était pas important et qu'il appellerait Karl à son retour. Il s'est excusé et il a raccroché. Qu'est-ce que vous en dites ? »

Je préférai la rassurer en lui disant qu'il n'y avait pas de quoi s'alarmer, que c'était sans importance. Pour elle, pas pour moi. Je flairais Voronov là-dessous, qui ne comprenait pas le silence de Karl après les lettres de Crystal et les cercueils envoyés à Arletty. Son intérêt était de me supprimer avant le retour de Karl. Il n'y aurait plus personne pour protéger le couple et remonter jusqu'à lui. Je fis le compte de ceux qui pourraient me mettre sur la piste de Voronov. J'éliminai Lafont, de Wiet, Dita Parlo, Crystal, qui n'avait pas dû revenir au Liberty's. Restait Marie Tchernycheff. Elle serait présente à l'anniversaire de Lafont dans deux jours. C'était ma meilleure chance.

J'avais oublié Arletty qui continuait à me parler.

« Jérôme, vous m'entendez ? Vous alors, vous êtes pas le roi du téléphone ! » Sa voix était plus enjouée. « En fait, je vous ai pas appelé pour vous parler du cousin chleuh de Karl, c'est pour vous inviter demain à un cocktail et même à deux cocktails ! » Elle s'amusait.

« Un cocktail ? Mais Arlette, pourquoi avez-vous besoin de moi pour aller à un cocktail ?

— Vous affolez pas, j'explique ! Le premier, c'est à l'Orangerie que ça s'passe, pour l'exposition du sculpteur Arno Breker. Le second, c'est chez Ledoyen, à l'occasion de la visite à Paris de Zarah Leander, l'actrice suédoise, ça devrait vous plaire. Vous qui aimez le cinéma, vous savez que c'est une star en Allemagne ? Il y aura aussi

Marika Rökk, elle, c'est la grande vedette des comédies musicales allemandes. »

J'essayais d'en placer une, mais elle continuait.

« Je devais y aller avec Karl, mais comme il n'est toujours pas rentré, j'ai demandé à mon imprésario de m'accompagner, il est au fond de son lit avec la grippe. Qu'il y reste ! Quant à votre copain Marcel le boxeur, il est bien gentil, il veille sur moi comme un chien-loup, mais sans vouloir le vexer, c'est pas Gary Cooper ! Conclusion, c'est vous qui êtes de corvée !

— Mais Arlette, je ne connais personne, et, surtout, on a l'habitude de vous voir avec le capitaine von Sperlich, vous ne pouvez pas vous afficher avec moi ! »

Elle était ravie de son idée. « Si vous croyez que vous allez vous en tirer comme ça, vous vous fourrez le doigt dans l'œil ! J'ai pensé à tout. Vous serez mon neveu, Jérôme Bathiat, le fils de ma sœur Germaine qui vit à Clermont-Ferrand. Vous êtes ici pour quelques jours et votre tante Arlette fait connaître le Tout-Paris à son neveu. Qu'est-ce que vous dites de ça, c'est pas aux p'tits oignons ? Vous allez en avoir des choses à raconter à votre père ! S'il avait pu penser qu'un jour, son fils jouerait les chevaliers servants avec Arlette, il aurait avalé son parapluie ! »

J'étais pris au piège, on ne refusait rien à Arletty. Je lui demandai ce qu'elle attendait de moi.

« C'est pas compliqué. Vous allez sortir votre costume du dimanche et votre plus belle chemise. Vous viendrez me chercher quai de Conti vers 6 heures. J'aurai la Mercedes-Benz de Karl et c'est votre pote Marcel qui nous servira de chauffeur. Vous croyez pas que j'vais arriver à l'Orangerie dans votre Juvaquatre ! Allez, vous vexez pas, c'est pour rire ! Alors, à demain, Jérôme, je compte sur vous. »

Je la sentais joyeuse, indifférente à ce que les gens penseraient lorsqu'ils la verraient avec un inconnu plus jeune qu'elle. J'aurais été malhonnête si j'avais prétendu ne pas être flatté.

Je descendis chez Mme Tarot et lui demandai de repasser mon costume et ma chemise blanche. J'eus droit aux sarcasmes habituels.

« Dites donc, les poules, ça n'arrête pas en ce moment ! Vous allez tomber malade si vous continuez et qui c'est qui vous soignera, hein ? Mme Tarot, comme d'habitude ! Tenez, prenez ça – elle me tendait une assiette de ragoût de mouton fumante –, et du balai ! Moi, au lieu de dîner, faut que j'repasse le costume de Monsieur. Un monde ! »

Je l'embrassai après avoir récupéré le dossier. Chez moi, je me jetai sur le ragoût de mouton que j'accompagnai d'une biscotte et d'un verre d'eau. J'allumai la radio. Je n'étais pas d'humeur à écouter les saloperies de Radio Paris. J'avais envie de me détendre. Je cherchai sur le cadran lumineux une émission qui me ferait oublier un instant mon rendez-vous à La Grande Cascade et la peur qui ne me lâchait pas. Je tombai sur Andrex qui annonçait sa prochaine chanson, « Y'a des zazous dans mon quartier ». Voilà ce qu'il me fallait.

Un faux col qui monte jusqu'aux amygdales
Avec un veston qui descend jusqu'aux genoux
Les cheveux coupés jusqu'à l'épine dorsale
Si vous rencontrez sur votre passage
Un particulier coiffé d'un fromage mou
Tenant dans ses doigts un poisson dans une cage
C'est un zazou.

C'était parfait. Quelques titres de jazz « épurés » suivaient. Pour tromper la censure qui interdisait les noms américains de cette musique « négro-judéo anglo-saxonne », « I Got Rythm » était devenu Agatha rythme, et « In the Mood », A la Mode, mais la musique restait la même.

Je somnolais. Le temps s'étirait. Une voix sortait du poste : « Allô, allô, vous allez entendre l'heure exacte : au quatrième top, il sera exactement 23 heures. » Je me levai, étrangement calme. J'étais prêt. Dans ma poche, il y avait ma carte d'identité et mon ausweis et, dans une grande enveloppe, le dossier. Je me dirigeai vers ma voiture. Dans la rue, un chef d'îlot marchait la tête levée en criant « lumière ! » aux récalcitrants des étages supérieurs dont les rideaux étaient mal tirés. Je ne pensais plus qu'à Florence.

23

Je montai dans ma voiture et pris la direction de la place de l'Etoile d'où je descendis l'avenue de la Grande-Armée jusqu'à la porte Maillot. J'entrai dans le bois et m'engageai dans l'allée de Longchamp. Tout était sombre et silencieux. Ni police française, ni patrouille allemande. Je roulai doucement jusqu'au restaurant La Grande Cascade dont j'apercevais la masse noire un peu plus loin. Aucune lumière ne filtrait, aucune voiture ne stationnait devant l'entrée principale. De Wiet avait choisi la Cascade pour son jour de fermeture hebdomadaire.

Je fis le tour du bâtiment et m'arrêtai derrière, au début d'une allée qui finissait au bord d'une pelouse. Je coupai le moteur et allumai mes lanternes. Je ne voyais rien. Soudain, des phares s'allumèrent en face de moi, deux hommes descendirent d'une voiture dissimulée par les arbres.

J'allumai mes phares aussi, sortis de la Juvaquatre et m'avançai lentement, le dossier à la main, à la rencontre des deux hommes. L'un d'eux cria :

« Stop. Ne bouge pas. »

Il s'approcha, une lampe électrique à la main, me fouilla rapidement, s'empara du dossier et se mit à le feuilleter. Je regardai en direction de l'autre voiture, mais j'avais la lumière de ses phares dans les yeux, je ne pouvais pas voir si Florence était à l'intérieur. L'homme avait fini de feuilleter. Il se retourna et dit à son complice : « C'est bon. Tu peux la relâcher. » L'autre alla jusqu'à la voiture, ouvrit la portière arrière et en fit sortir Florence qu'il poussa dans ma direction. J'étais sur mes gardes. Quel coup fourré de Wiet m'avait-il préparé ? Aucun, peut-être. Enlever Florence, oui, la supprimer, non. Me liquider ? Florence s'avançait vers moi, l'air apeuré comme si elle ne croyait pas encore à sa libération. Ses traits étaient tirés, ses vêtements froissés. Arrivée à quelques mètres de moi, elle se jeta dans mes bras en pleurant, encore sous le choc.

« Oh, mon chéri, j'ai eu si peur... Emmène-moi vite, je t'en supplie. »

Les deux hommes restaient immobiles devant leur voiture et nous observaient. L'un d'eux nous cria :

« Ça va. Tirez-vous maintenant ! »

Je fis monter Florence à côté de moi dans la Juvaquatre et amorçai un demi-tour pour rejoindre l'allée de Longchamp. J'eus le temps de voir dans le rétroviseur que les hommes de Lionel de Wiet, après nous avoir regardés partir, regagnaient leur voiture en discutant. Florence s'était blottie contre moi. Elle tremblait encore. Nous roulions lentement. Je m'arrêtai le long du trottoir et tentai de la réconforter avec des mots tendres, tout en couvrant son visage de baisers. Elle revenait à elle.

Des coups de feu claquèrent dans le lointain, du côté de La Grande Cascade. J'en comptai cinq. Quatre rapprochés, le dernier comme un point final.

Je ne bougeais pas. Florence m'entourait de ses bras et me regardait, l'air incrédule. Quelques minutes s'écoulèrent. J'entendais derrière nous le bruit d'une voiture qui roulait à toute allure. Elle nous doubla. Malgré l'obscurité, j'eus le temps de voir qu'il y avait trois hommes à bord et qu'elle n'avait pas de plaque d'immatriculation.

Je me tournai vers Florence : « C'est fini, je suis là, tu n'as plus rien à craindre. » C'était rassurant, mais pas tout à fait vrai. Comment de Wiet allait-il le prendre ? Il comprendrait vite que, derrière l'embuscade qui lui avait coûté le repassage de ses deux malfrats et la disparition du dossier, il y avait son ennemi Henri Lafont. Et Lafont ne pouvait avoir été prévenu que par moi. La peur que M. Henri inspirait au faux marquis l'arrêterait-elle dans sa vengeance ? J'expliquai à Florence que, par précaution, je préférais qu'elle disparaisse de la circulation pendant quelques jours, et que j'avais demandé à Karla de l'accueillir.

Elle commença par protester, mais pas longtemps. Elle avait encore peur. Je voulais savoir comment elle avait été enlevée et si elle avait été traitée correctement.

« Les deux types que tu as vus ce soir ont débarqué chez moi hier matin. Ils étaient très polis. Ils m'ont dit qu'ils venaient de ta part, que tu leur avais dit que j'étais en danger et que tu les avais chargés de m'emmener en lieu sûr. Ils avaient l'air de dire la vérité, d'autant que je savais que tu étais jusqu'au cou dans une enquête difficile. C'était plausible. J'ai pris un manteau, mon sac, et je suis partie avec eux. Dans la voiture, au bout d'un moment, j'ai commencé à avoir des soupçons. Je leur ai demandé où on allait, ils ne m'ont pas répondu. J'ai compris que j'étais tombée dans un piège. J'ai essayé de sortir de la voiture à un feu rouge, mais les portières étaient bloquées de l'intérieur. Comme je commençais à crier, le type qui était à côté de moi a sorti un flacon d'éther et m'a mis une compresse sous le nez. Quand je me suis réveillée, je me trouvais dans une petite chambre aux volets et aux rideaux fermés. Je suis incapable de te dire si c'était à Paris ou en banlieue. Dans la journée, on m'a apporté du café, des biscottes et des cigarettes. Personne ne m'a adressé la parole, sauf l'un des deux types pour me conseiller de me tenir tranquille si je voulais que tout se passe bien. Le soir, ils m'ont fait sortir et ils m'ont bandé les yeux avant de me faire monter en voiture. Voilà, tu sais tout, mon chéri. J'ai eu peur, tu sais… »

Je lui demandai si, pendant sa captivité, elle avait vu Lionel de Wiet. Elle ne comprenait pas. « Lionel de Wiet, mais pourquoi… » Je ne la laissai pas finir.

« Parce que c'est lui qui t'a fait enlever ! »

Elle ne me croyait pas. « Je le connais. Je l'ai rencontré dans des dîners plus ou moins mondains, plutôt moins que plus. Je ne l'ai jamais trouvé sympathique, mais pourquoi m'aurait-il fait enlever ? »

C'était trop long à expliquer en pleine nuit au bois de Boulogne, après l'épreuve qu'elle venait de subir. Je promis de tout lui raconter le lendemain.

Nous étions arrivés devant chez Karla. En levant la tête, je la voyais qui nous guettait derrière sa fenêtre. Elle nous fit signe qu'elle allait descendre pour nous ouvrir la porte.

Florence se jeta dans les bras de Karla qui l'étreignit et lui caressa les cheveux. J'eus un pincement de jalousie devant ces effusions qui semblaient plus que des effusions… Nous étions dans l'appartement. Karla, dans la cuisine, préparait en chantonnant quelque chose à manger pour Florence. Elle dit, en posant une assiette de poulet froid sur la table : « Tu sais, Florence, je n'ai pas de chambre d'amis. Je dormirai sur le canapé et toi tu prendras ma chambre. Sinon, on peut dormir toutes les deux dans mon lit. »

Elles souriaient en se regardant.

« Viens, je vais te montrer », dit Karla en se levant. Sur le pas de la porte de la chambre, elle dit à Florence : « Tu dois être épuisée. Tu dormiras mieux dans mon lit, non ? Allonge-toi, tu vas voir comme tu seras bien. » Florence s'étendit sur le lit et Karla nous dit en se retirant : « Vous avez sûrement beaucoup de choses à vous dire, je vous laisse. »

Sur la table de nuit, à côté de Florence, une lampe de chevet donnait un éclairage très doux. J'étais debout au bord du lit. Florence me prit la main et m'attira contre elle. Nous nous regardions en silence. Je sentais son cœur qui battait de plus en plus fort, comme le mien, et son souffle dans mon cou. Je l'embrassai et commençai à la caresser lorsque la porte s'entrouvrit lentement. Karla entra dans la chambre avec l'air de s'excuser. Elle portait un déshabillé de soie blanche.

« Je suis venue voir si tu es bien installée, ma chérie. Tiens, je t'ai apporté un peignoir, tu ne vas pas dormir tout habillée », dit-elle en s'asseyant au bout du lit. « Tu es si fatiguée, ma petite Florence, laisse-moi faire. » Elle m'observait. Florence avait tourné la tête vers moi et me regardait en souriant.

Après lui avoir retiré ses chaussures, Karla commença à enlever les vêtements de Florence, sa robe et bientôt ses dessous. A ce moment-là, Florence éteignit la lumière, mais celle qui entrait par la porte restée ouverte éclairait une scène que je n'aurais jamais imaginée une heure auparavant. Karla avait laissé tomber son déshabillé, dévoilant un beau corps musclé de sportive. Elle avait dénoué son chignon, ses longs cheveux blonds encadraient le visage d'une autre Karla, une walkyrie qui s'apprêtait à conquérir la femme que j'aimais. Pour la première fois ? Je ne l'aurais pas juré. J'étais toujours allongé à côté de Florence, qui me dit : « Déshabille-toi. » Karla caressait les seins de Florence en me regardant d'un air engageant. Pas si lesbienne que ça, la walkyrie !

J'étais maintenant entre les deux femmes qui s'embrassaient au-dessus de moi. Qu'auriez-vous fait à ma place ? Pourquoi aurais-je refusé à Florence le plaisir qu'elle prenait avec Karla et qu'elles m'invitaient à partager…

Ce n'était pas le moment, mais l'image du banquier Leroy-Ferreux et son soulagement lorsque je lui avais appris que sa femme Irène ne le trompait pas avec un homme mais avec une femme me revint à l'esprit. Il n'avait pas tort, le banquier : du moment que Florence ne couchait pas avec un homme mais avec Karla, tout allait bien. Mais moi, au contraire du banquier, je participais aux jeux de Florence et Karla, j'étais leur invité. Karla avec Florence, Jérôme avec Florence et Karla, Jérôme avec Florence, les combinaisons étaient nombreuses mais il n'y avait jamais Karla avec Jérôme. La walkyrie avait peut-être peur de la jalousie de Florence…

Il faisait jour lorsque je me réveillai. Karla et Florence dormaient enlacées. Je me levai et m'habillai sans bruit. Au moment où j'allais sortir de la chambre, Florence releva la tête et m'envoya un baiser.

24

Je rentrai chez moi sans cesser de penser aux événements de la nuit que je revoyais plan par plan, comme un film. Mes sentiments pour Florence n'avaient pas changé, j'étais toujours très amoureux, mais je la voyais maintenant d'un autre œil. Je m'étais jusqu'à présent méfié des hommes qui tournaient autour d'elle ; désormais, il y aurait aussi les femmes ! J'eus envie de téléphoner à Tony pour lui dire que j'avais enfin connu l'amour à plusieurs mais il se serait fichu de moi : « Quoi ! Vous n'étiez que trois ! »

Florence était en sécurité, mais moi ? Je comptais sur le dégonflage de Lionel de Wiet, mais dans l'ombre il y avait Voronov qui attendait le moment propice pour frapper. Je ne pouvais pas continuer d'habiter chez moi pour le moment, c'était trop risqué. Je n'osais pas m'imposer de nouveau chez François au risque de le mettre en danger. Chez qui, alors ? Je ne trouvais pas et j'allais renoncer lorsque... Tony ! Mais bien sûr, Tony. Comment n'y avais-je pas pensé plus tôt ? Il était à *Ciné Mondial* lorsque je l'appelai. Comme François, il ne me demanda pas d'explications, pour lui, un Italien, ça ne pouvait qu'être une histoire de fille.

« Tu es le bienvenu, Jérôme. Je te préviens, je ne suis pas tout seul en ce moment, je dépanne une petite actrice pour quelques jours, tu me connais, je suis un grand sensible, mais cela ne pose aucun problème, je me sacrifierai, elle dormira avec moi ! » Nous éclatâmes de rire ensemble.

A quelle heure avais-je prévu de venir ? Je lui dis que je devais accompagner Arletty à un cocktail pour Zarah Leander et Marika Rökk et que, si cela était possible, je débarquerais chez lui après.

« Formidable ! Je vais au même cocktail que toi pour *Ciné Mondial.* Retrouvons-nous chez Ledoyen, ensuite nous irons chez moi. » Il ajouta d'un ton admiratif : « Dis donc, tu ne t'ennuies pas… Arletty ! Florence est au courant ? Je plaisante. Tu me raconteras ça ce soir. A tout à l'heure. »

Vers 11 heures, on frappa à ma porte. Ce devait être Mme Tarot avec mon costume et ma chemise. C'était bien Mme Tarot avec mon costume et ma chemise sur un cintre mais aussi deux types qui se tenaient derrière elle en me dévisageant. Je reconnaissais celui qui ressemblait à un bouledogue, c'était l'inspecteur Simoni qui accompagnait Perrégaux la nuit où le Beau Raymond s'était fait descendre devant Chez Fanfan. L'autre sortait une carte de police et faisait les présentations : « Inspecteur Aubert et inspecteur Simoni, de la Brigade criminelle. »

Mme Tarot me tendit le cintre en me disant : « Bon, ben, j'vous laisse, j'vois que vous êtes occupé. »

Je fis entrer les deux flics et refermai la porte. J'attendais.

« Jérôme Dracéna ? demanda Aubert.

— Oui.

— Habille-toi. Tu vas nous suivre au 36, on a quelques questions à te poser. »

Je ne répondis pas et m'habillai en silence, sous l'œil attentif des deux poulets. Je me demandais si Perrégaux était au courant.

Mme Tarot, le balai à la main, était devant sa loge en train de grommeler. Je crus discerner les mots « flics, emmerder le monde, si c'est pas honteux… ». Je lui adressai un grand sourire pour la rassurer. Dans la rue, Simoni se mit au volant d'une traction avant et je montai derrière avec l'autre poulet. Ils ne m'avaient pas mis les bracelets, ce qui me laissa penser qu'il s'agissait d'un simple interrogatoire, pas d'une arrestation. Personne ne parlait. Qu'est-ce qu'ils cherchaient à savoir ? J'hésitais entre Domino et Riton, peut-être les deux.

Arrivés devant le 36, Simoni sortit de la voiture tandis que l'autre me poussait dehors sans ménagement. Les plantons, la main au képi, les saluaient, un type menotté marchait la tête basse entre deux gardiens, des plantons portaient des dossiers, l'escalier aux murs jaunâtres… C'était le 36 dans toute sa splendeur. Au troisième étage, on me fit entrer dans un bureau dont l'occupant était absent. Il entra pendant que je regardais le ciel plombé par la fenêtre.

« Commissaire Archambault, de la Brigade criminelle, dit-il en prenant place derrière son bureau et en posant une feuille de papier devant lui. Je sais que vous avez fait partie de la Crim avant mon arrivée dans la maison et que vous êtes le fils du commissaire principal Louis Dracéna, de la Mondaine, qui a pris sa retraite l'année dernière. »

C'était plutôt courtois comme entrée en matière. Un ronron destiné à m'endormir. Comme si je n'avais pas compris… Archambault avait les cheveux en brosse et de la couperose. Il avait sorti d'un tiroir une pipe – pour faire Maigret aurait dit mon père – qu'il bourrait avec soin sans me regarder.

« Asseyez-vous. Je ne vous ai pas fait venir ici pour vous réciter votre dossier, mais pour vous demander de nous expliquer ce que vous étiez en train de maquiller avec Henri Loisel, dit Riton l'Anguille, ancien braqueur, mac occasionnel, j'en passe et des meilleures, avant qu'on le découvre égorgé chez lui il y a deux jours. On vous a vus ensemble la nuit où Beau Raymond s'est fait repasser à Pigalle. »

Il fallait que je leur lâche quelque chose, des noms qui les gêneraient, leur feraient comprendre que mon enquête était « spéciale » et qu'elle ne les concernait pas. Je commençai par Arletty, le cercueil, Dita Parlo, Lionel de Wiet, Florence Préville, son père, ministre de Vichy… Je leur servais du vent, de la barbe à papa, tout et rien à la fois. Archambault écoutait en tirant sur sa pipe et me dit :

« Qu'est-ce que Riton vient faire là-dedans ? »

J'expliquai que le soir du repassage de Beau Raymond, après une partie de poker, j'étais allé prendre un verre au bar de l'hôtel Proust, à côté de chez moi, et que j'y avais rencontré Riton, un ancien indic de mon père. Je sentais dans mon dos les yeux de Simoni.

« Ensuite ?

— Ensuite, rien. Nous nous sommes quittés à l'aube après avoir échangé nos numéros de téléphone. Quelques jours plus tard, j'ai voulu faire appel à lui pour un renseignement dont j'avais besoin pour mon enquête et je l'ai appelé.

— Quel renseignement ? questionna Archambault sur un autre ton.

— Ce renseignement concerne Arletty et le capitaine Karl von Sperlich, je ne peux rien vous dire de plus. »

Je pouvais lire dans la tête d'Archambault : pourquoi est-ce que j'irais me mêler d'une histoire qui concerne une vedette de cinéma qui tourne pour la Continental et un officier allemand haut placé ? Un truc à se faire muter ! Pourtant, il voulait en savoir plus.

« Riton vous a fourni l'information que vous cherchiez ?

— Il m'a téléphoné il y a deux jours pour me dire qu'il voulait me voir et qu'il ne pouvait pas parler au téléphone. Il m'a donné rendez-vous le soir au bar de l'hôtel Proust à 21 h 30 – Archambault prenait des notes –, mais à cette heure-là, j'étais encore à L'Heure Bleue avec Mlle Préville et je suis arrivé en retard au Proust. Riton était parti. J'ai attendu, mais il n'est jamais venu. J'ai téléphoné chez lui, ça ne répondait pas. Je suis allé au Liberty's – comme vous pourrez le vérifier – pour rencontrer un informateur, j'y suis resté très tard et je suis rentré chez moi. Le lendemain, j'ai appris que Riton s'était fait buter.

— Le lendemain, déjà ? Comment l'avez-vous appris ? »

Je souris au brave commissaire qui faisait semblant de ne pas vouloir renoncer.

« Vous savez, monsieur le commissaire, j'ai beau ne plus faire partie de la maison, j'ai encore quelques indics chez les voyous… »

Archambault, visage fermé, essayait de rallumer sa pipe éteinte, dans un silence pesant. La pipe était rallumée.

« Bien. Vous pouvez partir, mais restez à la disposition de la justice. Nous aurons peut-être besoin d'un témoignage plus précis. »

Il gardait la tête baissée et ne se levait pas. Je me retournai. Les deux poulets étaient blêmes. Je pouvais compter sur eux pour éplucher mon témoignage qui était loin d'être en béton armé. Personne n'avait prononcé le nom de Domino : je devais m'inquiéter ou ne pas y accorder d'importance ?

En haut de l'escalier, au moment où j'allais descendre, Simoni me dit : « On se reverra. »

25

Place Saint-Michel, je sautai sur la plate-forme d'un autobus qui passait et rentrai chez moi. J'étais fatigué, mais pas mécontent de mon entrevue avec les poulets.

Je me rasai après avoir pris une douche. De loin, sur son cintre, mon costume faisait illusion, de près un peu moins, mais les taches avaient disparu et il ne manquait aucun bouton. Ma chemise blanche, ma cravate Charvet, les boutons de manchettes que Florence m'avait offerts pour Noël, non, je ne ferais pas honte à Arletty. Je m'habillai et sortis de chez moi.

Mme Tarot me vit passer devant sa loge et ouvrit la porte. Elle ne posa aucune question. Elle avait l'air soulagée de me voir. Elle m'examinait comme un tailleur qui jette un dernier coup d'œil sur le costume que son client met pour la première fois.

« Bon, ça va. Si j'étais pas là… »

Je ne voulais pas m'encombrer de ma voiture et commençai à marcher en attendant de trouver un taxi. Je fis signe à un G7 qui s'arrêta. Je dis 13, quai de Conti au chauffeur en blouse grise et m'installai à l'arrière où régnait une puanteur de cigarillo éteint. J'ouvris la fenêtre. Il faisait beau, mais le plaisir de rouler dans ce Paris que j'adorais était gâché par les panneaux en allemand qui défiguraient les rues et l'omniprésence des doryphores sur les trottoirs.

Quai de Conti, c'est Marcel qui vint m'ouvrir. Ce soir, il faisait le chauffeur pour Arletty, et lui aussi avait voulu se montrer digne d'elle. Il éclatait dans son costume dont je connaissais l'origine, « Alba donne la silhouette moderne », et le col de sa chemise rebiquait, mais il était propre, rasé, brillantiné. Il était content de me voir.

« Dis donc, p'tite tête, tu m'avais pas dit que j'ferais le chauffeur ! Remarque, ça m'plaît bien, c'est la première fois que j'vais conduire une Mercedes-Benz ! »

Arletty était prête, renversante d'élégance. Elle portait une robe blanche imprimée de grosses fleurs noires, qui sentait le grand couturier.

« Ça vous plaît, cher neveu ? C'est un modèle de Jacques Fath que j'avais repéré à sa dernière collection. Vous êtes content de sortir avec votre tante ? Vous avez l'air un peu inquiet. Vous verrez, tout s'passera bien, comme toujours avec tante Arlette ! » Elle était de très bonne humeur et ne me demanda pas où en était mon enquête.

Marcel nous ouvrit la portière en me faisant un clin d'œil et se mit au volant de la grosse Mercedes-Benz, garée devant la maison. Il semblait à l'aise, il avait dû l'essayer. Arletty m'affranchit sur le cocktail.

« La réception est donnée pour l'exposition des sculptures d'Arno Breker qui est, pour votre gouverne, le sculpteur préféré de l'homme à la moustache. Il parle français, il a connu pas mal d'artistes à Montparnasse avant la guerre. Je l'ai rencontré une fois avec Karl qui le connaît bien, mais ses statues géantes, merci beaucoup, j'en voudrais pas chez moi !… »

Place de la Concorde, un officier à la tête d'une patrouille nous fit signe de nous arrêter. Une Mercedes-Benz avec une plaque d'immatriculation diplomatique mais conduite par un chauffeur à la gueule de voyou, c'était louche. Il se pencha et reconnut Arletty qui avait baissé la vitre et lui mettait sous le nez son laissez-passer.

Il s'excusa et nous fit signe de continuer. Marcel s'arrêta devant l'Orangerie et vint nous ouvrir la portière. Arletty descendit, son invitation à la main, moi sur ses talons. Je dis à Marcel d'aller garer la voiture plus loin et de nous attendre.

Le service d'ordre était impressionnant. Deux polices, l'allemande et la française, veillaient au grain. Passé la réception où l'on contrôlait les invités – « Monsieur est avec moi », laissa tomber Arletty en donnant son carton –, nous nous trouvions maintenant dans la salle principale de l'Orangerie. Les statues étaient énormes, écrasantes. Je comprenais pourquoi Breker plaisait tant à Adolf. Ce gigantisme académique répondait bien aux canons de la beauté aryenne exaltée par le régime.

Des maîtres d'hôtel passaient parmi les invités et proposaient, sur des plateaux, des coupes de champagne et des canapés. Des gens venaient saluer Arletty qui me présentait chaque fois de la même manière : « Karl est toujours en mission, alors j'ai réquisitionné mon neveu Jérôme, qui est de passage à Paris. Le pauvre, il préférerait sûrement être dans une surprise-partie plutôt que d'accompagner sa vieille tante à une réception officielle ! »

On protestait, on se récriait, on admirait la drôlerie de cette Arletty, toujours surprenante. Entre deux salamalecs, elle faisait à mon intention des commentaires signés Arletty.

« Là, à gauche, près de la statue de la femme à poil, le petit bonhomme qui a l'air d'un caissier, c'est le ministre de l'Education nationale, Abel Bonnard. Lui, les femmes, il doit pas leur faire de mal, vous savez comment on l'appelle ? Gestapette ! Au centre, en train de parler avec Arno Breker, c'est Serge Lifar, ils sont intimes, Breker a fait son buste. Et là-bas, le type qui est coiffé comme une torche et qui agite ses mains dans tous les sens, c'est Jean Cocteau. Breker a fait son buste aussi. Qu'est-ce qu'ils lui trouvent, tous ? Moi, si Breker faisait ma statue, je s'rais obligée de démolir mon appartement pour la faire entrer ! A propos de Lifar, vous savez qu'il a été condamné à mort par Londres ? Voilà c'que c'est que d'se faire faire son buste par Arno Breker ! »

Je n'osais pas m'éloigner d'Arletty. Pendant qu'elle répondait aux compliments de ses admirateurs, j'observais ce qui se passait autour de moi. Les invités, comme des nains, circulaient entre les monstres de Breker. Je ne reconnaissais personne, sauf Sacha Guitry qui, au milieu d'un cercle subjugué, discourait avec de grands effets de manches.

Je demandai à Arletty la permission de m'absenter un instant. En revenant des toilettes, je vis qu'elle était en grande conversation avec un type au costume strict et aux cheveux rasés qui dissimulait mal l'officier allemand en civil. Elle me fit signe d'approcher.

« Mon cher Gerhard, voici mon neveu, Jérôme Bathiat, le fils de ma sœur Germaine, qui est de passage à Paris. Comme vous le savez, Karl est toujours en mission et j'en ai fait mon accompagnateur pour la soirée. » Elle se tourna vers moi : « Le lieutenant Heller dirige le département littérature à la Propaganda Staffel. C'est un ami de Karl. »

Nous échangions une poignée de main lorsque Arletty me dit : « Jérôme, j'aimerais une coupe de champagne, le lieutenant Heller aussi...

— Je m'en occupe. Vous voulez aussi des canapés ? »

Heller, surpris, levait un sourcil. « Vous vous vouvoyez ? »

On avait oublié ce détail mais il en fallait davantage pour démonter Arletty. Elle riait en prenant Heller à témoin.

« Vous avez remarqué ? Quand il était enfant, il me tutoyait et maintenant il me vouvoie, j'ai beau lui dire que ça m'énerve, y a rien à faire, il dit que j'l'intimide ! Tiens, moi aussi, pour la peine, je vais le vouvoyer ! » Elle me dit avec emphase : « Jérôme, voulez-vous nous apporter deux coupes de champagne, s'il vous plaît ? »

Heller riait. Je jouai le jeu et répondit : « Mais, tante Arlette, vous savez bien que je n'arrive pas à vous tutoyer, ce n'est pas de ma faute.

— Vous voyez, confirma Arletty à Heller, y a vraiment rien à faire. Ah, c'est quelqu'un ! »

Heller riait encore et trouvait sympathique cette Arletty qui trimbalait pour faire plaisir à sa sœur un neveu si niais...

Nous prîmes congé. Le lieutenant Heller s'éloigna. Des hommes saluaient Arletty ou venaient lui baiser la main, tandis que nous nous dirigions vers la sortie. Marcel, au volant de la Mercedes, nous guettait de loin et vint se ranger à notre hauteur. En montant dans la voiture, Arletty lui indiqua que nous allions chez Ledoyen et me dit en souriant : « On n'avait pas pensé à l'histoire du vouvoiement, mais on s'en est bien tirés, hein ? D'ailleurs, je sais même pas si j'aurais pu vous tutoyer ! C'était plutôt assommant cette exposition, la seule chose drôle, c'est ce que m'a dit Sacha pendant que vous vous êtes absenté : “Ma chère Arletty, si les statues de Breker entraient en érection, on ne pourrait plus circuler !” Y a que Sacha pour trouver ça ! » Elle ajouta : « Vous allez voir, chez Ledoyen, ça va être plus amusant, y aura plein de jolies filles. Tout à fait votre genre ! En tout cas, là-bas, vous êtes toujours mon neveu, mais pas de tante Arlette, hein, moi ça m'vieillit et vous, ça fait grand dadais ! »

*

Nous avions quitté l'Orangerie et, quelques minutes plus tard, nous arrivions chez Ledoyen, dans les jardins des Champs-Elysées. Je vis, en descendant de voiture, qu'il n'y avait qu'un service d'ordre réduit devant le restaurant. De jolies femmes entraient aux bras d'hommes élégants : le gratin de la Collaboration.

A l'entrée, on se précipita pour accueillir Arletty. Un gros type en costume gris, œillet à la boutonnière et sourire servile, accourut et lui baisa la main. On l'entourait. J'étais à quelques pas d'elle, silencieux. Arletty souriait, ravie, et posait sur moi un regard protecteur qui semblait me dire : « N'ayez pas peur, Tante Arlette est là. » Les portes vitrées du restaurant étaient grandes ouvertes sur le jardin où se tenaient la plupart des invités.

« Suivez-moi », dit Arletty qui avançait en répondant par un sourire à ceux qui la saluaient. Je restais dans son sillage, affrontant les regards interrogateurs : qui était ce type qui accompagnait Arletty ? Notre numéro était maintenant bien rodé. Arletty faisait les commentaires et me présentait. J'étais le neveu passionné de cinéma, en visite à Paris.

« Vous voyez la jolie brune, là-bas près de la fenêtre, c'est Zarah Leander. Vous la trouvez comment ? » Elle n'attendit pas la réponse et enchaîna : « Vous croyez qu'elle est allemande, eh bien vous vous gourez, elle est suédoise et c'est la plus grosse vedette de la UFA – vous savez ce qu'est la UFA, Jérôme, non ? C'est la plus importante maison de production allemande dont dépend la Continental, à Paris. C'est des choses qu'il faut savoir quand on est comme vous un fou de cinéma. Goebbels ne l'aime pas parce qu'elle n'est pas allemande mais la UFA mise sur elle pour prendre la place de Marlène Dietrich, qui est partie en Amérique. Y a du travail avant qu'elle y arrive même si elle se fait les sourcils de Marlène ! En tout cas, elle est devenue l'idole des soldats allemands. Je suppose que vous n'avez vu aucun de ses films, *La Habanera*, *Pages immortelles*… »

J'avouai mon ignorance.

« Vous, évidemment, votre genre, c'est plutôt Ginette Leclerc ou Viviane Romance, des brunes qui ont du monde au balcon ! Remarquez, si les blondes vous intéressent, je peux vous présenter à Marika Rökk, elle est là-bas avec le type qui fume le cigare. C'est une danseuse, elle tourne dans toutes les comédies musicales. Bien entendu, vous n'avez vu aucun de ses films non plus, *Cora Terry*, *Allo ! Janine*, ça vous dit rien... Vous manquez pas grand-chose ! Elle aussi, c'est une vedette de la UFA. Allez-y, vous gênez pas pour moi, allez regarder ses jambes, c'est c'qu'elle a de mieux ! »

Autour de moi, je découvrais des visages familiers que j'avais vus dans *Vedettes* et dans *Ciné Mondial* : Fernand Gravey, Edwige Feuillère, Corinne Luchaire, Albert Préjean, Mireille Balin, André Luguet, Jean Tissier, Paul Meurisse. Tony virevoltait au milieu des invités, le Rolleiflex en batterie. Il avait mis en marche la machine à séduire pour la danseuse Espanita Cortez, qui le regardait avec bienveillance. Il fendit la foule pour me rejoindre. Arletty l'avait vu.

« J'vous connais, vous. Vous m'avez photographiée pour *Ciné Mondial*. Elles étaient chouettes vos photos, tenez, prenez-moi avec mon neveu Jérôme, ça lui fera un souvenir ! » Tout le monde rit. Arletty avait compris que Tony et moi nous connaissions. Tout en prenant la pose, elle me souffla dans l'oreille : « Moi, faut pas m'la faire ! »

Tony s'éloigna après m'avoir fait un clin d'œil entendu. Plus tard, il faudrait que je lui explique comment j'étais devenu le neveu d'Arletty. Elle bavardait avec des producteurs, des journalistes, des acteurs aussi. Elle me présenta à Jules Berry avec qui elle avait tourné *Le jour se lève*. On voyait qu'elle l'adorait. Berry, très élégant, ressemblait à un prestidigitateur mondain. Ses longues mains s'agitaient devant lui comme s'il voulait détourner votre attention pendant qu'il vous dérobait votre portefeuille.

Berry parlait comme au cinéma ; son aisance, son naturel étaient extraordinaires. Arletty me dit, après qu'il se fut éloigné :

« Personne ne lui vient à la cheville. Même Gabin est bluffé, c'est dire. Un jour, il m'a dit : "Quand Berry apparaît, plus personne n'existe, j'sais pas comment il fait !" C'est marrant, quand je pense à Gabin, j'ai jamais compris comment il pouvait plaire aux femmes avec une bouche aussi mince ! Mais Jules ! Dommage qu'il perde tout ce qu'il gagne au jeu. Le casino, les courses, y a pas de limites. Quand il tournait *Le Crime de Monsieur Lange*, où il jouait un escroc qui se déguise en prêtre, il s'échappait entre deux prises pour aller aux courses... en soutane ! Jules, c'est malheureux au jeu... malheureux en amour. Josseline Gaël, qui a pu tourner grâce à lui, le trompe avec un truand de la rue Lauriston... »

J'écoutais, elle aurait pu parler toute la nuit. Arletty continuait sur sa lancée, mais elle s'arrêta net. Elle ne souriait plus. Son regard s'était posé sur un type gras et négligé qui parlait fort au milieu d'un groupe d'invités. Elle avait sentit ma curiosité.

« Celui-là, c'est Alain Laubreaux, je risque pas de vous le présenter, c'est une véritable ordure. Il est critique à *Je suis partout*. Ce qu'il écrit est vraiment dégueulasse, mais y a une justice. Quand il s'en est pris à Cocteau pour sa pièce *La Machine à écrire* et à Jean Marais qui tenait le rôle principal, Marais est tombé sur lui dans un bistrot à côté du théâtre Hébertot et lui a cassé la gueule. C'était drôlement gonflé, Jeannot aurait pu avoir des ennuis, sérieux, mais Cocteau a fait intervenir Breker, et y a pas eu de suite. Une ordure, j'vous dis... »

Carette s'approchait et Arletty retrouva sa bonne humeur. Ils étaient comme un frère et une sœur heureux de se retrouver. Arletty lui dit qu'elle me faisait passer pour son neveu. Carette jubilait.

« C'est pas à moi qu'ça arriverait d'avoir une tante comme toi ! Faudrait voir à penser à moi quand t'auras encore besoin d'un neveu, pas vrai, Arlette ? »

Les invités commençaient à partir. Tony rangeait son Rolleiflex. Je demandai à Arletty la permission de m'en aller de mon côté après l'avoir confiée à Marcel. Elle me regarda d'un air entendu.

« Avec qui vous avez rendez-vous ? Zarah Leander ou Marika Rökk ? Si j'avais su que vous me laisseriez tomber pour ces deux poules à la noix... C'est de votre âge, allez... »

Je n'arrivais pas à trouver une réplique drôle, ce qui n'avait aucune importance. Elle savait qu'elle serait toujours gagnante. Marcel nous attendait avec la voiture devant Ledoyen. Je lui expliquai que je partais de mon côté et que je lui confiais Arletty. Au moment où la Mercedes allait démarrer, elle baissa la vitre de sa portière :

« Si vous savez y faire avec Zarah et Marika, vous allez peut-être devenir une vedette de la UFA... »

26

Je partis avec Tony dans sa petite Peugeot. Nous roulions en direction de Montparnasse où Tony habitait un atelier d'artiste, rue Campagne-Première. Il se moquait :

« Tu m'avais caché que tu étais le neveu d'Arletty ! C'est le truc que vous avez trouvé pour camoufler votre idylle ? Comme on dit chez nous en Italie, "Se non è vero, è bene trovato". »

Je ris et lui expliquai pourquoi Arletty avait imaginé ce stratagème afin de pouvoir s'afficher avec moi en public pendant l'absence de Karl von Sperlich. Il était redevenu sérieux.

« C'est dans le cadre de ton enquête ? Tu es vraiment en danger ?

— Je ne veux pas dramatiser, mais je préfère disparaître de chez moi pendant quelques jours.

— Tu es chez toi, même si ça va ressembler à du camping. Tu as faim ? Au lieu de bouffer des rutabagas dans un bistrot ou de dépenser une fortune que nous n'avons pas dans un restaurant de marché noir, on va manger des pâtes chez moi. Tu sais que je ne suis pas italien pour rien. Et puis, tu feras la connaissance de Véra, ma dernière nouvelle conquête... »

Tony était épatant. Toujours de bonne humeur, prêt à déployer son charme à l'italienne auprès des hommes comme des femmes. Nous étions arrivés devant un petit immeuble. Tony habitait un studio d'artiste au troisième étage. L'escalier était rude mais l'atelier spacieux, avec une grande mezzanine entourée de rideaux. Sa chambre, probablement. Sur une commode, un gros chat noir et blanc m'observait, les yeux mi-clos.

« C'est Benito, me dit Tony. Comme le Duce, mais lui, il est beau. Il viendra peut-être sur ton lit pendant que tu dors mais tu n'as rien à craindre, il est très gentil. »

Benito ne me quittait pas des yeux, se demandant s'il ferait de moi un ami ou un ennemi. Aux murs, une impressionnante série de photos de starlettes en disait long sur la vie professionnelle – et privée – de Tony. J'en connaissais quelques-unes : Gaby Vernon, Suzanne Mareuil, Reine Dancourt, Maud Varenne… Ce Tony ! Etendue sur un canapé, une jeune femme écoutait en fumant la musique qui sortait d'un pick-up. Je reconnus « Rif 41 », par Noël Chiboust et son orchestre. Elle ne nous avait pas entendus. Tony l'appela plusieurs fois : « Véra… Véra… Véra… » Elle se leva et s'avança vers nous en souriant. Tony faisait le maître de maison.

« Chérie, je te présente mon ami Jérôme Dracéna dont je t'ai parlé. Jérôme, voici Véra Robin, que tu as peut-être pu admirer à l'écran… »

J'avais compris. Tony me serait reconnaissant si je pouvais y aller de mon compliment pour montrer à Véra Robin qu'elle ne m'était pas inconnue. C'était une jolie blonde frisottée, bien faite, l'œil bleu pas très expressif mais gai, ce qui compensait. Elle me regardait pendant que ma mémoire fonctionnait à la vitesse de la lumière. Moi, pris en défaut ! Je me tournai vers elle.

« Comment pourrais-je vous oublier après vous avoir vue dans *Premier bal*, avec Raymond Rouleau et Gaby Silvia, et, surtout, dans *Caprices*, avec Albert Préjean et

Danielle Darrieux ? Tony me prend vraiment pour un idiot ! »

Elle était ravie. Tony appréciait en hochant la tête. Je ne savais pas comment j'étais arrivé à me souvenir de ces deux films, mais ma mémoire cinématographique était si aiguisée que j'étais capable de me rappeler le nom du chef opérateur d'un film que j'avais vu cinq ans auparavant.

Pendant que je bavardais avec Véra qui dressait la table, Tony se mettait en cuisine. Nous parlions cinéma, bien sûr. Elle était fière d'avoir tourné dans un film qui sortirait bientôt, *Promesse à l'inconnue*, aux côtés d'acteurs célèbres – Charles Vanel, Madeleine Robinson et Pierre Brasseur. Le metteur en scène était Berthomieu. La garantie pour que le film fût un navet.

Les pâtes étaient prêtes. Avec rien, un peu d'huile d'olive, une sauce tomate à sa façon et la touche italienne, Tony avait réussi à préparer des tagliatelles dignes d'un grand restaurant. Il avait sorti une bouteille d'un excellent bordeaux – « C'est la dernière, je la gardais pour une bonne occasion ! » –, et la vie, soudain, me parut douce dans ce cocon perdu de Montparnasse. Véra, qui aimait le jazz, mettait des disques de Fred Adison, André Ekyan, Eddie Barclay et mon cher Quintet du Hot Club de France.

Tout le monde était fatigué, moi le premier. Véra mettait des draps au canapé-lit et Tony me montrait la salle de bains où il me donna un pyjama, une brosse à dents et une serviette-éponge, avant de monter dans la mezzanine d'où il ressortit en robe de chambre de soie. Véra l'avait rejoint. D'en haut, comme les passagers d'un paquebot font leurs adieux à un ami resté à terre, ils agitaient leurs mains en me souhaitant une bonne nuit.

Je m'endormis lourdement, à peine couché. Pendant la nuit, il me sembla entendre des coups de tonnerre. Je me réveillai tôt et regardai le ciel de l'autre côté de l'immense mur vitré de l'atelier. Il avait plu, les toits brillaient. Plus tard, Tony et Véra descendirent l'escalier de la mezzanine, l'air heureux et un peu gêné. Ils devaient se demander si le bruit de leurs ébats ne m'avait pas dérangé dans mon sommeil. Je vis qu'ils étaient rassurés lorsque je leur dis que j'avais dormi comme un enfant et que je n'avais même pas entendu le tonnerre. Tony la Débrouille préparait un café italien et faisait griller du pain de la veille. Véra, en déshabillé, venait de mettre un disque qui me rappelait de bons et de mauvais souvenirs à la fois, « Chez moi à six heures ». Chère Domino… Je retombai vite sur terre face à l'équation que j'avais à résoudre : Sperlich + Crystal + Tchernycheff + Voronov = ?

Tony me parlait : « Nous allons partir dans un moment, j'ai des rendez-vous de photos toute la journée et je dois déposer Véra chez un metteur en scène pour des essais. Reste ici autant que tu voudras, fais comme chez toi. Tire la porte en partant et appelle-moi dans la journée. Mes amitiés à ta tante ! »

*

J'avais envie de voir Florence. Je l'appelai chez Karla, c'est elle qui répondit. Elle aussi avait envie de me voir, elle m'invita à passer chez Karla en début d'après-midi. Je pris une douche et je fis rissoler le reste des tagliatelles en écoutant à la radio « Douce Georgette », un morceau que je connaissais sous le titre « Sweet Georgia Brown ».

J'allai prendre le métro à Montparnasse et, après avoir changé à Concorde, descendis à George-V d'où j'allai à pied chez Karla, rue de Berri.

Florence m'attendait. Le changement, depuis la nuit du bois de Boulogne, était spectaculaire. Elle avait repris des couleurs, son visage était reposé et rehaussé par un maquillage léger. Nous nous embrassions comme des fous sans pouvoir nous arrêter. Je l'entraînai doucement vers la chambre et sentis une résistance. J'insistai, elle se cabra. Elle me dit, en s'excusant :

« Non, Jérôme, j'en ai envie comme toi, mais ce n'est pas possible. Karla peut rentrer d'une minute à l'autre, je ne sais pas si cela lui plairait de nous trouver tous les deux seuls dans son lit. »

Seuls, c'est-à-dire sans elle ! J'essayai de trouver une réponse sans tomber dans le ridicule « C'est elle ou moi », mais Florence ne m'en laissa pas le temps. Elle semblait sincèrement désolée.

« Mon chéri, sois patient. Bientôt, nous serons de nouveau réunis, il n'y aura plus ni Karla… ni Arletty ! » ajouta-t-elle d'un air moqueur.

J'expliquai à Florence que, ce soir, j'étais invité à l'anniversaire de Lafont et que, pour les besoins de mon enquête, il m'était impossible de ne pas y aller. Elle prit l'air dégoûté.

« J'ai déjà accepté des invitations à Paris chez des gens pas très fréquentables, mais Lafont, ça, jamais. Si tu ne peux pas faire autrement, je comprends, mon chéri, vas-y. Je t'aime, je penserai à toi. Sois prudent, téléphone-moi demain pour me dire comment ça s'est passé. »

Je repris le métro jusqu'à Saint-Georges. Mme Tarot balayait devant l'immeuble.

« Ah ! vous voilà, ça fait deux jours que vous avez disparu. Celle-là, elle doit être drôlement bien pour que vous découchiez deux nuits de suite ! J'ai fait un sauté d'agneau avec des navets, j'vous en garde une assiette pour ce soir ? »

Je la remerciai et lui dis que je ne serais pas là. Elle marmonna.

« Donnez-vous du mal, voilà comment on est récompensé. »

Chez moi, le courrier habituel m'attendait. Une lettre, décollée et recollée par la censure à la poste, d'une petite amie récente qui s'étonnait de mon silence, des factures, des prospectus et aussi, à ma grande surprise, un joli chèque d'un client à qui j'avais sauvé la mise dans une sale affaire. Il m'avait demandé un délai de paiement et je l'avais oublié.

Je donnai quelques coups de téléphone. A mon père d'abord, pour lui dire que j'étais toujours en vie. A Perrégaux ensuite, pour savoir où il en était.

« Je n'ai pas encore réussi à loger Voronov, mais on est dessus. Quant à ton entrevue avec Archambault, tu as pu voir que ça s'est fait sans moi. Ils savent que je te connais, ils ont préféré que je ne m'en mêle pas. C'est aussi bien, non ? D'autant que j'ai su par Simoni, même s'il ne t'aime pas, que tu t'en étais bien tiré. Dis donc, tu devineras jamais qui a refroidi Beau Raymond, c'est pas Riton, c'est Robert le Pâle, un fourgue à qui il avait refilé des lingots d'or. Ecoute ça, quand le Pâle a scié les lingots en deux, il a découvert que c'était du plomb recouvert d'une feuille d'or, mais Beau Raymond, prudent, s'était déjà fait la malle. Pour le moment, on ne peut rien, le Pâle a un alibi en acier trempé. Devine… il a passé la soirée chez sa vieille mère. Tu connais ! Quand tu as vu Archambault et les autres, ils étaient au courant, ils t'ont baladé, histoire de te montrer qu'ils ne t'oubliaient pas… Et toi, où en es-tu ? »

Je le remerciai et lui promis que j'aurais bientôt quelque chose pour lui.

Je téléphonai à Tony pour lui dire que je rentrerais tard et qu'il ne s'inquiète pas. « La clé sera sous le paillasson », me répondit-il.

Je sortais mon costume bleu marine de la penderie et une chemise blanche de ma commode lorsque le téléphone sonna. C'était Arletty.

« Alors, Jérôme, comment s'est passé votre nuit avec Zarah et Marika ? Faites attention, vous aussi vous allez recevoir un cercueil ! » Sa voix était joyeuse. « Dites, j'vous téléphone pas pour vous parler de vos conquêtes, mais pour quelque chose de beaucoup plus sérieux. Je dois participer à un gala demain soir à Deauville et je suis invitée à passer le week-end chez des amis qui ont une maison là-bas. J'aimerais bien y aller, mais j'ferai rien sans votre accord et j'vous rassure tout d'suite, Jérôme, les gens qui m'emmènent sont des amis de Karl et ils sont, comment dirais-je, très protégés. Vous voyez de qui je veux parler ? »

Mon père m'avait affranchi. Je voyais très bien qui étaient ses amis : le comte et la comtesse de Chambrun par qui elle avait rencontré Karl von Sperlich. Josée de Chambrun était la fille de Pierre Laval… J'avais compris. Je lui demandai de dire à Marcel que je l'autorisais à rentrez chez lui pour le week-end et qu'il attende mes instructions. Avant de raccrocher, elle me donna un numéro de téléphone à Deauville où je pourrais la joindre en cas d'urgence.

Je me rasai et me regardai dans le miroir de ma salle de bains. J'avais pris cent ans en quelques jours. Je me ressemblais vaguement.

J'étais prêt. Mon costume sombre, ma chemise blanche toute propre et la belle cravate de Florence faisaient de moi quelqu'un de présentable, quelqu'un qui, avec un peu de chance, éveillerait la curiosité de la comtesse Tchernycheff. Avant de partir, je pris mon portefeuille, mon ausweis et la photo qui, désormais, ne me quittait plus. J'avais le sentiment que je m'approchais de plus en plus de Voronov.

27

Le Chapiteau, où avait lieu la soirée d'anniversaire de Lafont, faisait l'angle de la place Pigalle et du boulevard de Clichy. J'y allais en flânant. Le Chapiteau était tenu par Jean Rossi, « Jeannot le Corse », une vieille connaissance de la Crim. Le bruit courait que Rossi avait choisi son camp, la Résistance. Si je le savais, Lafont devait le savoir aussi. Comment pouvait-il donner une soirée chez un voyou dont il n'ignorait pas qu'il avait choisi l'autre côté ? Mon père me l'aurait sûrement expliqué, mais il devait être en train de fumer son cigare tranquillement, sans savoir que son fils avait accepté d'être invité à l'anniversaire d'Henri Lafont, patron de la Gestapo française de la rue Lauriston. Il aurait eu honte, mais il savait mieux que personne que les flics et les détectives privés doivent souvent se boucher le nez pour arriver à leurs fins.

En arrivant, je vis que la Bentley blanche de Lafont était garée rue Duperré. Deux truands qui se tenaient côte à côte comme les battants d'une porte à l'entrée du Chapiteau se refermèrent devant moi lorsque je me présentai.

« Monsieur ? C'est une soirée privée, sur invitation seulement.

— Je sais. J'ai été invité par M. Lafont, rue Lauriston, il y a quelques jours. »

Le premier battant de porte me dit d'attendre et me laissa en face du second tandis qu'il entrait à l'intérieur du Chapiteau. Lorsqu'il revint, il dit à l'autre battant « Ça va » et à moi, avec un signe de tête : « Par ici. »

La boîte était pleine à craquer. A mesure que j'avançais, je reconnaissais au passage des têtes « bien connues des services de police », Villaplana, Pagnon, Delehaye, Hirbes, Venturini, Accade, Prévost... Tout le fichier était de sortie !

Lafont se leva pour me serrer la main. J'étais à sa table, la table du patron. Pourquoi ? Pour l'instant, je n'avais pas la réponse.

« J'étais sûr que tu viendrais. Assieds-toi, je vais faire les présentations. »

Je pris place sur la banquette, séparé de lui par une poule brune au parfum violent, couverte de bijoux. Elle avait glissé son bras sous celui de Lafont, qui me dit :

« Betty fait du cinéma, tu vas entendre parler d'elle ! Et là, en face de toi, tu as George l'Arménien, Bonnal, Moura, Sartore et leurs gonzesses, fais gaffe, pas touche, ils pourraient devenir méchants, surtout Chaves, quand il est avec Dany la Brune, sa régulière, tu la vois, là, à côté de lui, il est capable de t'arracher la tête si tu la regardes ! » Les autres m'examinaient avec méfiance : qu'est-ce que c'était que ce type qui avait l'air au mieux avec M. Henri ? « Tiens, voilà Jeannot, le patron de la taule, un vieux pote d'avant la guerre. »

Jeannot riait et plaisantait avec Lafont. Il ne déparait pas parmi les tronches du fichier : même brutalité, même vulgarité, et autant de méfaits à son palmarès. Quelque chose m'échappait. Il quitta la table et Lafont remarqua que je le suivais du regard. Il jeta à la poule brune : « Va danser, toi ! Faut que j'parle à ton voisin. » Il ordonna à une serveuse qui passait d'apporter d'autres bouteilles de Mum cordon rouge et me fit signe de me rapprocher.

« Toi aussi, tu te demandes pour Jeannot, hein ? T'aimerais bien savoir si c'est vrai c'qu'on dit ! » Il éclata de rire. « Eh ben oui, c'est vrai ! Mais tu peux pas comprendre. T'as beau avoir été flic et avoir connu des voyous, y a des règles du mitan qui t'échappent. Jeannot, c'est un vieux pote, ça remonte à 34, 35. On a fait des coups ensemble, on a été en prison ensemble. Avec lui, jamais d'embrouille, le pognon facile et la bouche cousue. Alors, s'il a choisi l'autre côté, c'est son problème, moi j'm'en fous royalement. Et Le Chapiteau, c'est, comme ils disent les Anglais, un "no man's land", un endroit où on n'est pas là pour régler ses comptes. Tu piges ? »

Il s'interrompit pour parler à un grand type mince aux cheveux argentés. Il se tourna vers moi. « Il faut que tu connaisses mon ami Henry Garcia de La Palmira, l'associé de Jeannot. Un héros de 14-18 ! » Les deux hommes s'esclaffaient, en vieux complices. La Palmira s'éloigna. Lafont se pencha vers moi avec l'expression de quelqu'un qui ne vous a pas encore raconté la meilleure. « La Palmira, c'est comme Jeannot. De l'autre côté aussi ! Enfin, des deux côtés ! On est associés dans un cercle de jeu et on a fait quelques affaires ensemble. Il fait c'qu'il veut... tant que son business ne m'dérange pas. Parce que moi, si on essaye de m'doubler, ma devise c'est : sévère mais injuste ! »

Il commençait à être soûl. Les magnums de champagne millésimé se succédaient. Lafont s'était levé pour aller danser avec la femme de Villaplana qui affichait un sourire forcé. Il avait mis le paquet pour sa soirée et s'était offert Aimé Barelli et son orchestre avec son épouse, la chanteuse Lucienne Delyle. Sur la piste, je reconnaissais la compagne de Jules Berry, Josseline Gaël, enroulée autour d'un truand de la Carlingue, des petites poules que j'avais vues en photo dans *Ciné Mondial* et dans *Vedettes*. Trois nouveaux arrivants se tenaient debout devant la table de Lafont qui les invitait à s'asseoir. Les cheveux rasés autour des oreilles, la nuque raide, les costumes sévères… les amis allemands de M. Henri venaient d'arriver, à la découverte de « *Paris bei Nacht* »…

Je me levai pour aller aux toilettes. Un type en smoking, qui ressemblait à une murène, finissait de se recoiffer avec un petit peigne qu'il essuya sur son pantalon avant de sortir. Je m'enfermai dans un des quatre cabinets. Deux hommes entrèrent et commencèrent à discuter. Ils se croyaient seuls. Je ne bougeais pas. Ils étaient si près de ma porte que pas un mot de leur conversation ne m'échappait. Ils parlaient de la Bentley blanche, de la rue Duperré, de leur voiture qui était garée rue Victor-Massé et qu'il faudrait rejoindre au plus vite « après »… J'entendais « au moment où il arrivera à la hauteur de la Bentley…
– C'est pas mieux si on attend qu'il soit dans la voiture ? A quelle heure il va partir, ce fumier »…

Un guet-apens se préparait contre Lafont. Les deux types s'apprêtaient à retourner dans la salle. J'entrouvris de quelques centimètres ma porte en silence et eu le temps de reconnaître Terrail et Prévost, deux tueurs de la Carlingue. De la Carlingue ou de chez Lionel de Wiet ? Je me lavai les mains et regagnai la table de Lafont. Il faisait très chaud, les gens étaient de plus en plus soûls.

Lafont me dit : « J't'ai à la bonne, j'ai un cadeau pour toi. »

Il me montrait une rousse très décolletée, assise sur la banquette, dont le sourire enjôleur m'invitait à venir m'asseoir à côté d'elle. Elle me dit qu'elle s'appelait Viviane et, sous la table, posa sa main sur ma cuisse. Dans le genre vulgaire que j'affectionne parfois, et même souvent, elle me plaisait, mais ma tête était ailleurs. Fallait-il avertir Lafont de ce qui se tramait ? J'hésitais. J'entendais les cris de colère de mon père et de mes amis : « Comment peux-tu hésiter ? Laisse-les faire, ça fera une ordure de moins à Paris, et pas n'importe quelle ordure, un salaud condamné par la Résistance qui aurait déjà dû être rectifié il y a longtemps. » Ils avaient raison mais ce n'était pas aussi simple que ça. Si j'avais surpris la conversation de deux résistants, j'aurais gardé le silence, mais deux fumiers qui bouffaient au râtelier de Lafont et lui ciraient les pompes à longueur d'année, il y avait quelque chose qui me dérangeait.

J'hésitais encore. De loin, je voyais Terrail et Prévost en train de boire et de discuter au bar. Je descendis deux coupes de champagne d'affilée. Lucienne Delyle avait attaqué « Nuages », hommage à Django. La main de mon cadeau se faisait insistante, mais je continuais à réfléchir. L'autre soir, Lafont, en envoyant une équipe s'occuper des truands de Lionel de Wiet, lui avait fait comprendre qu'il valait mieux pour lui en rester là, et nous avait peut-être évité des représailles... Je me décidai. Lafont me regardait, goguenard, fier de sa soirée, de son cadeau. Je lui fis signe que je voulais lui parler et je me rapprochai. Il m'écouta. Pendant que je parlais, son visage se changeait en pierre, son regard devenait haineux. Quand j'eus fini, il chercha du regard Cazauba, son homme de confiance, et lui fit signe d'approcher. L'autre se pencha sur Lafont qui avait oublié ma présence. Il donnait des ordres d'une voix sèche.

« Terrail et Prévost vont m'attendre dehors pour me buter quand je partirai. Fais pas cette gueule d'ahuri, je t'expliquerai plus tard. En attendant, tu vas prendre Moura avec toi et tu t'arrangeras pour que ces deux fumiers t'entendent quand tu lui diras : “Le Patron a décidé d'aller ailleurs, il va s'tirer dans une vingtaine de minutes. Il veut personne avec lui, à mon avis, il doit avoir un rencart, pour une fois, on s'couchera pas trop tard !” T'as compris ? Faut qu'ça ait l'air naturel. Ensuite, vous traînerez quelques minutes dans la boîte et vous irez vous planquer en douceur rue Duperré, pas loin de la Bentley. Les autres sortiront un peu après vous et se planqueront aussi en attendant qu'je sorte. Après, à vous de jouer. C'est clair ?

— C'est clair, patron.

— Alors, répète c'que j'viens de dire. »

L'autre répéta presque mot pour mot, sachant ce que lui coûterait une erreur. Lafont continuait de boire, le visage fermé, m'ignorant, ne répondant pas aux saluts des invités qui passaient près de sa table.

De loin, je voyais au bar les deux sbires de Lafont qui commandaient à boire et se tenaient très près de Prévost et de Terrail. Je n'entendais pas ce qu'ils disaient mais je le devinais, juste en regardant leur manège. Cazauba s'adressait à Moura, et, en voyant la réaction des autres, je compris que le poisson avait mordu. Puis, Cazauba et Moura se tournèrent vers Terrail et Prévost, et je vis qu'ils plaisantaient avec eux – pour la dernière fois – avant d'opérer un mouvement discret vers la sortie.

Lafont s'était levé et jouait avec son écharpe blanche, comme s'il allait partir. Terrail et Prévost avaient quitté le bar, je ne les voyais plus. Lafont se rassit. Pourquoi continuer à donner le change quand l'exécution était en cours ? Il attendait le retour des bourreaux.

Le temps était suspendu. Je n'entendais plus la musique, j'ignorais ma voisine. Lafont me regardait sans me voir. Je fixais la porte. Cazauba et Moura venaient de rentrer et s'installaient au bar. Lafont s'était redressé et les regardait. Cazauba hocha la tête de haut en bas. Lafont lui fit signe d'approcher :

« Alors ?

— C'est fait, patron, dit Cazauba en même temps qu'il passait le tranchant de sa main sur son cou.

— Ça venait d'où ? Ils ont parlé ? »

Cazauba prit l'air peiné d'un grand cuisinier à qui l'on demanderait s'il n'a pas oublié de mettre des œufs dans son omelette. « Le marquis. » Lafont retrouva sa bonne humeur. Il se tourna vers moi. « Quel con, ce Lionel de Wiet. Le jour de mon anniversaire ! »

Je sortis une Week-End de mon paquet et m'apprêtai à l'allumer. D'une chiquenaude, il la fit sauter de ma bouche en me disant « Fume pas ces saloperies ! ». Il me tendait un paquet de Chesterfield. J'en pris une tandis qu'il sortait de sa poche un gros briquet en or pour me donner du feu.

« Regarde ça ! Tu sais d'où ça vient ? Il a appartenu à Maurice Chevalier. Il l'avait mis aux enchères au cours d'un gala aux Ambassadeurs donné au profit de l'Association d'entraide aux prisonniers de guerre ! C'est moi qui l'ai acheté. Quand M. Henri veut quelque chose, il l'a ! »

Ma voisine, que j'avais délaissée, continuait à sourire. Elle était en service commandé et, s'il le fallait, garderait le sourire jusqu'au bout de la nuit. Elle attendait mon bon plaisir. Elle pouvait attendre longtemps : c'était un cadeau mais je n'en avais pas envie. J'eus pitié d'elle et entamai une vague conversation meublée de noms de vedettes de cinéma lorsqu'on me tapa sur l'épaule. C'était Lafont. Une belle femme blonde de type slave, aux cheveux tirés en chignon, avait pris place à côté de lui. Elle me regardait. Lafont dit :

« Je te présente la comtesse Tchernycheff. Je crois que tu voulais faire sa connaissance. »

Je m'inclinai. La conversation entre elle et Lafont avait repris. Leurs visages étaient sérieux, leurs têtes rapprochées. Ils devaient parler affaires.

Lafont se leva brusquement en disant qu'il avait des gens à voir et il ajouta : « Je vous laisse. » Nous étions maintenant séparés par la place vide de Lafont et nous nous regardions en silence. Un observateur ignorant aurait pu croire qu'il assistait à un coup de foudre alors que nous étions comme deux fauves en train de se mesurer.

*

Elle rompit le silence la première.

« Votre visage ne m'est pas inconnu.

— Nous nous sommes croisés l'autre jour, rue Lauriston. Vous arriviez, je partais.

— Vous êtes un ami d'Henri ?

— Non. Nous avons été amenés à nous voir pour diverses raisons, c'est tout.

— Vous êtes bien mystérieux.

— Vous êtes bien curieuse. »

Elle savait tout ou presque sur moi, mais elle s'amusait comme un chat avec une souris, sauf que je n'étais pas une souris. Elle s'était rapprochée. Elle portait une robe en taffetas vert émeraude qui laissait voir une épaule nue, de longs gants noirs et un seul bijou, un collier de diamants. Son regard me mettait mal à l'aise. Ses yeux étaient trop bleus, trop fixes. Elle me détaillait. J'eus l'impression qu'elle allait me demander mes mensurations, sexe compris. Elle leva son verre.

« A Henri.

— Non, à nous.

— Vous allez un peu vite, monsieur Dracéna.

— Vous connaissez mon nom ?

— Oui. Tout se sait rue Lauriston : Jérôme Dracéna. Jérôme, Hieromymus en latin. Saint Jérôme. Saviez-vous qu'il a traduit la Bible en latin et qu'il a été peint par Rembrandt ? »

Je comprenais ce qu'elle voulait me dire : Ne me confondez pas avec les poules qui sont là ce soir, je suis la comtesse Tchernycheff.

J'avouai que je l'ignorais. J'en remettais dans le côté origine modeste : comment moi, un ancien flic, un pauvre petit détective privé, pouvait-il avoir les mêmes connaissances qu'une aristocrate russe…

« N'en faites pas trop, monsieur Dracéna. Henri m'a dit que vous n'êtes pas le bon jeune homme pour lequel vous voudriez vous faire passer. Vous êtes peut-être surpris de me voir ici avec des gens dont on n'aurait pas voulu dans ma famille comme palefreniers. Mais ce n'est pas parce qu'on sort d'un pensionnat de religieuses françaises à Saint-Pétersbourg qu'il est interdit de fréquenter d'autres milieux, n'est-ce pas ? » Elle n'attendit pas ma réponse pour continuer. « D'ailleurs, je ne suis pas la seule ici ce soir à faire tache. Là-bas, assise près de l'orchestre, vous avez la comtesse Hilde von Seckendorff, excellente famille allemande. A la même table, en robe mauve, c'est la marquise d'Abrantès avec son amie, Annie de Saint-Jaymes. Juste derrière vous, il y a la baronne Beck de Beaufort. Et de l'autre côté de la piste de danse, à la table de Jean Luchaire, la belle brune en lamé, c'est la comtesse Natacha Kolnikov que j'ai connue lorsque nous étions toutes les deux mannequins chez Chanel. Vous voyez, en réalité, c'est très mondain ici, on se croirait aux courses à Longchamp, le jour du Grand Prix. La différence, c'est qu'au Chapiteau il n'y a que des chevaux de retour ! »

C'était drôle. Je ris, elle aussi. Pendant qu'elle parlait, je l'examinais. Elle sentait l'argent, le sexe, le danger, ce qui n'était pas pour me déplaire. Je la laissais venir sans l'interrompre. Elle se leva.

« Allons prendre un verre au bar. »

Marie Tchernycheff fendait la petite foule qui se pressait autour du bar. Cazauba et Moura nous avaient vus arriver. La comtesse, d'un geste sec, leur fit comprendre qu'ils devaient nous laisser leurs tabourets. Après leur départ, nous commandâmes des champagne cocktails. Elle sortit un porte-cigarettes de son sac et m'offrit une Abdullah à bout doré. Je déclinai. Elle replongea la main dans son sac et me tendit une petite boîte plate en métal rouge avec, au milieu, une tête de chat noir dans un cercle blanc. Des Craven A. Elle vit mon regard et me dit : « Je les réserve à mes amis. Gardez-les, je ne fume que des Abdullah. »

La première bouffée de tabac anglais me fit tourner la tête. J'en avais oublié le goût.

« Vous aimez danser, monsieur Dracéna ?

— Non. Sauf quand je ne peux pas faire autrement.

— Ce soir, vous ne pouvez pas faire autrement. »

Elle me prit par la main et m'entraîna sur la piste. L'orchestre de Barelli jouait « Moonlight Serenade ». Tout de suite, elle se plaqua contre moi. Je la repoussai avec douceur.

« Vous avez peur d'Henri ou je vous dégoûte, monsieur Dracéna ?

— Au contraire, vous m'excitez, mais je n'aime pas m'exhiber en public. »

Je venais d'abattre une carte risquée, mais quelque chose me disait qu'elle entrerait dans mon jeu. Elle s'arrêta de danser et me dit : « Dans ce cas, nous n'avons plus rien à faire ici. Voulez-vous me raccompagner, monsieur Dracéna ? »

Ça allait vite, très vite. Je n'avais pas l'habitude des aventurières internationales. J'allais poursuivre la partie à l'instinct.

La voiture filait dans la nuit. Je regardais le beau visage dur de la comtesse Tchernycheff, éclairé par le tableau de bord. Elle conduisait vite et se tournait de temps en temps vers moi, un demi-sourire ironique aux lèvres. Je cherchais à quel animal elle me faisait penser. Une panthère ? Une hyène ? Un cobra ? Elle, devait me voir dans le rôle de l'agneau qui ne sait pas qu'il va être sacrifié… Elle pouvait toujours rêver.

En sortant du Chapiteau, la comtesse s'était dirigée vers une Delahaye 135 six cylindres 20 CV, une voiture que j'avais admirée dans mes rêves et sur les photos de concours d'élégance automobile. Elle s'était mise au volant tandis que je prenais place à côté d'elle. En fait, elle me raccompagnait chez elle. Il était 2 heures et les enseignes au néon de Pigalle s'évanouissaient derrière nous.

Place du Trocadéro, une patrouille allemande bloquait le début de l'avenue Paul-Doumer. Marie s'arrêta et baissa la vitre de sa portière.

Un officier s'approcha. Sans lui laisser le temps de parler, elle lui tendit une carte jaune et lui jeta, comme à un chien, quelques mots en allemand. Le chleuh regarda à peine le document et salua respectueusement en reculant. La carte du SD, la police des SS, qu'on ne trouvait pas dans une pochette surprise. La comtesse Tchernycheff, après avoir été la maîtresse de Voronov, de Lafont et de tant d'autres ordures que je ne connaissais pas, avait-elle fait tomber dans son lit le chef du SD, Helmut Knochen ? J'eus froid, tout à coup.

28

Quelques minutes plus tard, nous nous arrêtions devant un petit hôtel particulier au début de la rue Scheffer. Sans me regarder, sans un mot, Marie Tchernycheff sortit de la Delahaye et ouvrit la porte de la maison.

Je m'attendais au classicisme de l'entrée : un grand miroir en bois doré au-dessus d'une console d'époque, deux fauteuils Louis XVI et le portrait d'une femme imposante au visage sévère, habillée à la mode du début du siècle. Elle semblait dévisager l'intrus que j'étais dans la maison de la descendante d'une vieille famille russe.

« Ma mère, la princesse Sherbatoff », dit Marie Tchernycheff en me désignant le tableau.

Elle ouvrit la porte d'un salon et alluma deux lampes qui donnaient un éclairage rose. Aux murs, un Manet, un Vuillard, un Picasso. Des tableaux de la collection Hallenstein peut-être, que la comtesse s'était offerts pour son domicile parisien avant d'envoyer le reste en Suisse. Sur une console, je remarquai du courrier au nom de Mme Henri Garat.

Une porte laissait entrevoir la chambre de la maîtresse de maison qui s'était fait peindre, les épaules nues, par Jean-Gabriel Domergue. Le tableau, au-dessus du lit recouvert d'une couverture en fourrure, semblait inviter le visiteur à venir découvrir de près son modèle. Sur une table de nuit, une photo encadrée la montrait avec Gabin avec qui elle avait tourné *Zouzou* dans les années trente.

« Cocktail ou champagne ? » Je répondis champagne et elle se dirigea vers la cuisine d'où elle revint avec une bouteille de Roederer millésimé.

« Voulez-vous l'ouvrir ? C'est le jour de congé de ma femme de chambre – je me demandais si c'était l'effrontée qu'elle avait envoyée chez Arletty – et c'est vous qui allez la remplacer, monsieur Dracéna... »

« Monsieur Dracéna, monsieur Dracéna ! Ça va comme ça. J'ai un prénom, Jérôme. Vous vous souvenez ? Hieronymus, en latin. J'ai traduit la Bible, j'ai été peint par Rembrandt.

— Touchée ! »

J'avais ouvert le champagne et rempli nos verres. Elle levait le sien en souriant.

« A saint Jérôme, détective privé et martyr !

— Touché ! » C'était à moi maintenant de marquer le prochain point. Nous étions assis l'un en face de l'autre, sur des canapés.

« Henri m'a dit que vous meniez une enquête pour Arletty et que vous voudriez me poser quelques questions à ce sujet. Je ne vois pas en quoi cela me concerne...

— Moi, je le vois très bien. Est-ce que ceci vous rappelle quelque chose ? » J'avais sorti la photo de ma poche et la lui montrai par-dessus la table basse qui nous séparait. Elle n'eut aucune réaction et me répondit sans même l'examiner de près : « Bien sûr. Elle a été prise il y a quelques années au cours d'une soirée à Berlin, au Club Barok, un cabaret de travestis. En quoi est-ce qu'elle vous intéresse ? Donnez-moi un peu de champagne, Jérôme.

— Vous ne la trouvez pas intéressante ? Moi, je la trouve passionnante. Elle raconte une histoire, l'histoire d'un chantage dont tous les acteurs sont réunis sur cette photo.

— Mon pauvre Jérôme. Vous débarquez avec vos gros sabots d'ancien flic et vous croyez que vous allez m'interroger comme si nous étions Quai des Orfèvres. Vous êtes ridicule. Je ne sais pas de quoi vous parlez, je n'ai pas pour habitude de collectionner les souvenirs.

— Mais je suis sûr que vous vous souvenez de la collection Hallenstein ? »

Elle n'avait pas vu venir le coup. Son expression changeait, le numéro de séduction était fini.

« Je me souviens forcément des Hallenstein, puisqu'ils m'ont demandé de faire passer leurs tableaux en Suisse quand ils ont dû quitter la France. Et alors ?

— Et alors, les tableaux sont bien en Suisse, à Genève, mais dans un coffre à votre nom. » J'anticipai sa réponse.

« Mais oui, Jérôme, ils sont à Genève, en sûreté dans un coffre à mon nom, en attendant que je les restitue à leurs propriétaires quand ils reviendront. »

Elle devait avoir le sentiment d'avoir gagné la partie, que je n'aurais plus de questions à lui poser.

« Assez de mensonges. Les Hallenstein ne reverront jamais leurs tableaux. Normalement, vous auriez dû faire l'affaire fifty-fifty avec Lafont qui les convoitait, mais vous avez préféré vous associer à Rudy de Mérode, de la Gestapo de Neuilly, à qui vous avez donné un simple pourcentage, et vous avez fait passer les tableaux en Suisse par votre ami Voronov. Lafont sait qu'ils sont à Genève mais il croit que le coup a été monté par Rudy de Mérode tout seul. Vous, associée avec Rudy de Mérode, qui l'a déjà doublé ! Imaginez sa réaction s'il apprenait l'arnaque que vous lui avez faite. Ça se terminerait dans la cave de la rue Lauriston, et quand vous en sortiriez, vous ressembleriez à l'une de ces gueules cassées au profit desquelles on achète des billets de la Loterie nationale ! Ça vous tente ? »

Elle s'était levée et s'approchait de moi. Un chat enragé. Elle levait la main pour me frapper, mais je bloquai son bras et, de ma main libre, je la giflai à toute volée. Elle essayait de se débattre, mais je lui maintenais les mains derrière le dos. Le temps des politesses était passé.

« Voilà le marché : tu vas tout me dire sur les gens qui sont sur la photo et me raconter en détail le chantage que vous avez monté contre Karl von Sperlich. En échange, Lafont ne saura rien de ton arnaque avec Rudy de Mérode. Je ne suis pas une ordure comme toi, quand je m'engage, je tiens mes promesses. C'est à prendre ou à laisser. Et ne me demande pas du temps pour réfléchir, c'est maintenant ou jamais. »

Son visage redevenait celui d'une femme d'affaires qui s'apprête à négocier.

« Qu'est-ce qui me garantit que tu ne parleras pas à Henri ?

— Rien. Ma promesse, c'est tout. Quel intérêt j'aurais à te balancer à Lafont une fois que tu m'auras dit ce que je veux savoir ? »

Elle avait pris sa décision. Elle semblait presque soulagée. Je lisais dans sa tête : c'était simple après tout, il lui suffisait de me raconter un épisode de son passé berlinois pour échapper à la vengeance de Lafont. Elle reprit sa place sur le canapé et me tendit son verre sans rien dire. Je le remplis de champagne.

« Qu'est-ce que tu veux savoir ?

— Tout sur ce qui s'est passé à Berlin : quel a été le rôle de Dita Parlo, de Crystal, le tien, celui de Voronov – elle cilla –, comment vous avez fait chanter Karl von Sperlich, qui en a eu l'idée…

— Je n'ai pas fait grand-chose, commença-t-elle en allumant une de ses Abdullah à bout doré, je me suis contentée de présenter Karl à Erich et à Crystal, ensuite la situation m'a échappé.

— Tu mens déjà ! Arrête de jouer les innocentes, parle-moi d'abord de Voronov.

— Son père est russe, sa mère allemande. Il est arrivé à Berlin au début des années trente. Personne ne savait d'où il sortait. Il avait déjà ce physique inquiétant et la réputation d'être cruel ; même le milieu berlinois le craignait. Il a fait quelques coups avec eux, puis il s'est fait passer pour l'imprésario des Weintraub Syncopators, un jazzband très connu, mais la plupart des musiciens étant juifs, ils ont été obligés de fuir aux Etats-Unis. Erich est passé à autre chose. Le soir, on le trouvait au Bal Paradox, une boîte près du Kurfürstendamm, où ce sont les femmes qui invitent les hommes à danser. Il sentait le danger, il y avait des clientes pour ça. Il faisait le gigolo avec des vieilles. Un jour, l'une d'elles a disparu. Je la connaissais, c'était la veuve d'un grand industriel de la Rhur, c'est même par elle que j'avais connu Erich. On ne l'a plus revue au Bal Paradox, ni ailleurs. Erich a été soupçonné de l'avoir assassinée mais on n'a rien trouvé contre lui. Il a disparu et il a refait surface un an plus tard. Cette fois, il était le secrétaire particulier, très particulier, d'un marchand de tableaux richissime qu'il avait rencontré dans un bar d'homosexuels, l'Adonis Diele, et qui donnait souvent des réceptions à Berlin. C'est comme ça que nous nous sommes revus.

— Pourquoi as-tu continué à le voir ?

— Il était toujours aussi inquiétant mais il avait changé. Il avait appris à s'exprimer et, à table, à ne pas confondre son couteau avec sa fourchette. Son petit vernis lui a permis de s'introduire dans certains milieux que je connaissais bien et…

— Tu es devenue sa maîtresse.

— Oh ! pas longtemps, quelques semaines seulement, dit-elle sur le ton d'une étudiante qui avouerait une passade de jeunesse. Je crois que je lui faisais un peu peur. Je n'étais pas une de ces vieilles sans défense dont il piquait le magot. Il me respectait. Au bout d'un moment, j'ai commencé à faire des affaires avec lui ; nous achetions et revendions des tableaux, des meubles de prix. Nous sortions beaucoup la nuit, d'une façon très libre, chacun pour soi. Un jour, il s'est absenté et il est revenu une semaine plus tard avec Crystal, un travesti qu'il avait connu dans un bordel à Hambourg. Il l'a fait engager au Club Barok où elle est devenue la reine d'un certain Berlin by night.

— Que viennent faire là-dedans Karl von Sperlich et Dita Parlo ?

— Karl était un ami. Nous étions sortis ensemble et nous nous rencontrions dans des soirées mondaines. Sa famille est une des plus anciennes et des plus riches d'Allemagne, mais Karl était un peu le mouton noir. Il sortait beaucoup la nuit et, surtout, il fréquentait des gens qui ne plaisaient pas au Nouveau Régime, des bohèmes, des peintres, des écrivains d'avant-garde, des fumeurs d'opium, tous des habitués du Café Schwannecke, un endroit dont Goebbels disait qu'il était "le foyer de la pourriture" ! La Gestapo lui a envoyé Dita Parlo qui travaillait pour eux, avec pour mission de le surveiller et de faire des rapports sur ses activités. Mais Dita est tombée amoureuse de lui ! Les rapports qu'elle continuait d'envoyer n'avaient plus aucun intérêt et, au bout de quelques mois, la Gestapo l'a rappelée. »

Elle avait oublié Lafont, l'affaire Hallenstein, elle prenait un vrai plaisir à tout déballer, pour la première fois peut être.

« Bon, la suite. Comment Voronov a-t-il connu Karl ?

— Par moi. Un soir, après un dîner que j'avais donné chez moi où Karl et Dita étaient invités, nous avons fini la nuit au Club Barok, où Crystal passait en attraction. Karl était fasciné. J'ai présenté Karl à Voronov, qui a fait venir Crystal à notre table. Quelques jours ont passé et il a voulu revoir Crystal. Il est revenu plusieurs fois au Club Barok, et puis l'inévitable s'est produit. Un soir, Crystal l'a emmené chez elle et Karl a commencé à la voir régulièrement en se cachant. Il venait au Club Barok, mais il partait seul et la rejoignait chez elle après le spectacle, ou bien ils se voyaient dans la journée chez Crystal.

— Et au bout d'un moment, Crystal a voulu le faire chanter en le menaçant de tout dire, c'est ça ?

— Oui, et Karl ne pouvait rien faire. Voronov avait installé une glace sans tain dans un placard de la chambre de Crystal et il a pris des photos d'eux pendant qu'ils étaient au lit. »

Je ne pus retenir un sifflement.

« Un jour, il a débarqué chez Crystal pendant que Karl y était et lui a montré les photos. Karl a été malade, il a vomi, puis il leur a demandé ce qu'ils voulaient. Cinquante mille Reichsmarks, a répondu Voronov, payables en plusieurs fois, et au dernier paiement il donnerait à Karl les photos et les négatifs.

— Quelle a été la réaction de Karl ?

— Il était terrifié à l'idée que les photos puissent être envoyées à son père, le vieux baron von Sperlich, qui était un proche de Ribbentrop. Il leur a donné de l'argent plusieurs fois, puis la guerre est arrivée. Il a été mobilisé et il a cessé de payer. Voronov était fou de rage. Il a essayé de relancer Karl, mais il avait quitté Berlin. Ensuite, il a découvert que Karl avait été envoyé à Paris, et lui et Crystal ont recommencé à le relancer. Comme il ne répondait pas, ils ont décidé de s'en prendre à Arletty en espérant que Karl comprendrait le message. C'est tout, je n'en sais pas plus.

— Tu es sûre ? Explique-moi pourquoi tu as envoyé chez Arletty une femme de chambre qui écoutait aux portes et répétait tout à Voronov ? Il est à Paris, tu le sais. Il a dû te téléphoner plusieurs fois et vous vous êtes sûrement vus. Ne me prends pas pour un cave, où est-il ? »

Elle me regardait sans rien dire. Sa peur de Voronov était plus forte que la terreur que lui inspirait Lafont avec qui, devait-elle penser, il y aurait toujours moyen de s'arranger. Mais il me fallait l'adresse de Voronov à n'importe quel prix. Elle s'était levée, comme si la conversation était terminée. Je m'approchai d'elle.

« Pour la dernière fois, où est Voronov ? »

Elle leva son verre et but lentement son champagne en ne me quittant pas des yeux. D'un revers de main, je balayai le verre qui alla se briser dans la cheminée et lui tordis le bras derrière le dos en même temps que je la prenais par les cheveux pour lui ramener la tête en arrière. Elle se débattait sans crier.

Je tordais son bras de plus en plus. Elle grimaçait de douleur mais comprenait que je ne la lâcherais pas.

« Salaud ! Espèce de salaud ! Arrête, tu me fais mal…

— Je ne plaisante plus. Donne-moi cette adresse avant que je ne passe à des choses beaucoup plus douloureuses. »

Je la retournai et continuai de bloquer son bras derrière son dos pendant qu'elle m'entraînait jusqu'à un secrétaire dont elle ouvrit un tiroir à double compartiment. Dans celui de gauche, il y avait un nécessaire pour préparer l'opium et un Browning dont je m'emparai. Elle prit un livre d'adresses dans le compartiment de droite et, de sa main libre, l'ouvrit à la lettre V. Je lus Voronov, Erich, 2, villa Léandre, 18e. Il n'y avait pas de numéro de téléphone. J'arrachai la page malgré ses protestations et la rangeai dans une poche de ma veste où se trouvait déjà la photo, cette photo qui n'avait plus, dorénavant, de mystère pour moi.

Je bloquais toujours son bras et la poussai sur le canapé, mais elle se releva aussitôt. Elle crachait ses mots :

« Pauvre imbécile. Tu ne feras jamais le poids en face de Voronov, il va te manger tout cru. Si tu n'arrives pas trop tard… »

Trop tard ? Devant mon air surpris, elle dit :

« Mais oui ! Je l'ai balancé à Henri, il le cherche depuis longtemps pour lui régler son compte. Remarque, ricana-t-elle, avec un peu de chance, tu pourras lui mettre la main dessus le premier. »

C'était bien vu. Avant même et sans savoir qu'elle me donnerait Voronov, elle avait prévu de le faire liquider par Lafont, et maintenant, elle multipliait par deux les chances d'éliminer le seul témoin de l'arnaque des tableaux Hallenstein. Elle me toisait.

« Tu ne peux rien me reprocher. Je t'ai tout raconté sur ce qui s'est passé à Berlin. Mais tu ne m'as jamais demandé si Lafont connaissait Voronov, je n'étais pas obligée de te le dire. Maintenant, il ne te reste plus qu'à tenir ta promesse. » Elle eut un petit rire condescendant. « C'est vrai, tu as du charme, Jérôme, mais ça ne suffit pas. Tu n'es qu'un amateur, nous ne boxons pas dans la même catégorie. »

Elle me défiait mais son regard était trouble. Elle respirait vite. Je m'approchai d'elle et la giflai encore plus fort que la première fois. Elle tomba sur le canapé en m'entraînant. Je m'écrasai sur elle.

« Tu m'as fait mal… tu avais envie de me faire mal, salaud ! »

Elle essayait de me débarrasser de ma veste et de déboutonner ma chemise. Elle m'embrassait avec rage tandis que je remontais sa robe. Une chienne sur un canapé, cela manquait à mon tableau de chasse. La comtesse Tchernycheff était une hurleuse. Une griffeuse aussi, mais je lui tenais les poignets. J'entendais déjà les plaisanteries à la salle : « Dis donc, t'as passé la nuit avec un tigre ! » et les explications vaseuses à Florence : « Tu sais, quand j'étais chez Tony, son chat, Benito, s'est jeté sur moi pendant que je dormais et il m'a griffé, je n'ai pas compris, d'habitude, il est très gentil... »

Je la frappai de nouveau pour l'empêcher de hurler, ce qui eut l'effet contraire. Je ne voulais pas me déshabiller, la suivre dans sa chambre, continuer la séance, m'endormir et me réveiller à côté d'un cobra. J'avais eu ce que je voulais et même davantage. Je l'avais prise, je la jetais après usage, une humiliation qu'elle ne me pardonnerait pas.

La java au Chapiteau, la fin de la soirée rue Scheffer et l'alcool nous avaient achevés. Nous étions toujours couchés sur le canapé l'un contre l'autre, elle me tournant le dos, et le sommeil nous tombait dessus comme du plomb. Je voulais résister, mais mes yeux se fermaient. Elle s'était endormie, la cruauté avait disparu de son visage, elle respirait régulièrement. Je sombrai, moi aussi.

Quand je me réveillai, les lampes étaient allumées et la lumière de l'aube filtrait entre les rideaux. Je me levai et ramassai mes vêtements. J'allai à la salle de bains et m'aspergeai d'eau froide. Dans le miroir au-dessus du lavabo, je voyais un cadavre qui me ressemblait.

Elle dormait toujours, la robe relevée. Je me demandais si j'allais arracher les fils du téléphone et l'enfermer à clé avant de partir, mais je n'en vis pas l'utilité. Elle ne téléphonerait pas à Lafont, c'était certain, et elle ne pouvait pas prévenir Voronov qui comprendrait qu'elle l'avait donné. Je la regardais dormir. Son plan avait failli réussir. Son ex-mari, Henri Garat, avait eu raison de me prévenir,

Marie Tchernycheff était une Milady de Winter moderne à qui il ne manquait qu'une svastika gravée sur l'épaule. Il avait dû en baver avec elle…

Je sortis dans la rue. Le jour s'était levé. Les premières voitures et les vélos-taxis commençaient à circuler. Ma Juvaquatre était restée rue Saint-Georges. Je remontai à pied la rue Scheffer jusqu'à l'avenue Paul-Doumer et continuai jusqu'au Trocadéro où je trouvai un G7 en maraude.

J'avais deux heures de sommeil derrière moi et une affaire à régler d'urgence. Mme Tarot me vit passer devant sa loge. Je n'avais pas le temps de m'arrêter et lui fis un signe d'excuse. Elle haussa les épaules. Dans l'escalier, je m'arrêtai et me mis à rire : Pétain avait annoncé qu'il faisait don de sa personne à la France ? Moi aussi, je m'étais sacrifié, j'avais donné mon corps à la comtesse Tchernycheff !

29

C'était le foutoir habituel, mais je n'étais pas rentré pour faire le ménage. Arletty était encore en week-end, j'appelai Marcel chez lui. Je ne lui laissai pas le temps de me faire ses plaisanteries habituelles.

« Ecoute-moi bien, Marcel. Je vais avoir besoin de toi dans la matinée pour un boulot... un peu dangereux. Ne bouge pas de chez toi et attends mon coup de fil. Tu as pigé ?

— A tes ordres, p'tite tête. Quel genre de boulot ?

— Du sérieux. Avec accessoires. »

Il siffla joyeusement. S'il y avait des coups à donner, on pouvait compter sur Marcel.

J'allai prendre ma voiture place Saint-Georges et cherchai sur mon plan de Paris la villa Léandre. C'était une ruelle qui faisait l'angle du 25, avenue Junot. Avant de démarrer, je vérifiai que le poing américain et une paire de menottes que je n'avais pas rendues lorsque j'étais parti du 36 étaient bien dans la boîte à gants. A la place Clichy, je pris la rue Caulaincourt, longeai le cimetière de Montmartre et, au bout d'un moment, arrivai en haut de l'avenue Junot. Je roulais doucement en descendant l'avenue et, de loin, je repérai sur la droite la villa Léandre, une ruelle pavée étroite. Le 25 était une petite maison de deux étages de taille moyenne, dont tous les volets étaient fermés.

J'allai me garer un peu plus bas après avoir vu qu'un café faisait face à la ruelle. Un coup de chance. Le patron, en bras de chemise, finissait d'installer ses chaises. Je m'installai à une table près de la vitre. Il me suffisait d'écarter légèrement le rideau en macramé pour pouvoir surveiller la maison. Le patron avait l'air arrangeant. Je commandai un café. Il me dit avec un demi-sourire : « Vous voulez dire de l'orge ?

— Vous êtes sûr que je ne peux pas avoir un vrai café ? » En parlant, j'avais sorti un billet confortable de mon portefeuille. Je le posai sur la table. Il continuait de sourire en empochant le billet, sachant qu'il n'y aurait pas de monnaie à rendre. « Et si c'est possible, deux croissants. » Je lui demandai aussi un jeton pour mettre dans le taxiphone au fond du bistrot. J'appelai Marcel.

« Tu es prêt ? Prends un taxi et rejoins-moi au Café des Amis, en face du 25 de l'avenue Junot. Et ne viens pas les mains vides, on va peut-être faire un peu de bricolage et de gymnastique. » Il était aux anges. Garde du corps d'Arletty, c'était bien mais trop calme. Là, il sentait qu'il allait y avoir du sport.

Le café fumant et les croissants m'attendaient sur la table. Le patron se faisait aimable.

« Je ne vous ai jamais vu, vous êtes du quartier ?

— Non, j'attends un de mes amis qui cherche un local pour ouvrir une salle de sport. Nous avons rendez-vous avec une agence.

— Dommage que vous ne cherchiez pas un appartement. Vous voyez, là, juste en face, la maison qui fait l'angle de la villa Léandre, le premier étage est à louer et peut-être le rez-de-chaussée aussi. Y a un couple bizarre là-dedans, j'les trouve pas très catholiques. Depuis qu'ils sont dans le quartier, y sont jamais venus ici. Je les ai vus plusieurs fois avec des valises, je m'demande c'qui font… » J'approuvai poliment. Il retourna derrière son comptoir et je fis semblant de m'intéresser à des papiers que je tirai de ma poche.

Marcel descendit d'un taxi. Il avait l'air d'un ouvrier de bonne humeur qui va montrer à son patron de quoi il est capable.

« Salut, p'tite tête. Alors, y a urgence ? Tu crois que je pourrais avoir un café et des croissants, comme toi ? »

Je montrai un autre billet au patron et lui fit signe d'apporter la même chose. J'expliquai à Marcel, sans entrer dans les détails, pourquoi il y avait urgence. Qui étaient Voronov et Crystal, pourquoi ils étaient dangereux. Qu'il me fallait à tout prix récupérer des documents importants. Il écoutait attentivement :

« Bon. Qu'est-ce que tu veux que je fasse ?

— On va attendre ici le temps qu'il faudra jusqu'à ce qu'ils sortent. Ensuite, on s'introduira dans la maison. C'est la partie la plus facile. J'espère que tu as ce qu'il faut sur toi ?

— Qu'est-ce que tu crois, mon pote, dit-il en rigolant, que j'me déplace avec une lime à ongles ! Tiens, regarde. » Il entrouvrit sa veste pour me laisser voir une série de passes accrochés à une poche et un couteau dans son fourreau caché sous son aisselle. Devant mon air surpris, il ajouta, sûr de son effet : « Tu m'as connu quand j'soulevais des poids boulevard des Batignolles et tu t'rappelles qu'avant ça, j'ai cassé quelques coffres chez des particuliers, c'est pas pour rien qu'on m'appelait l'ouvre-boîte ! Mais y a une chose que tu sais pas, espèce d'ancien flic de mes deux, dit-il en me donnant une bourrade, c'est que j'ai été lanceur de couteaux à Médrano ! Hein, ça te la coupe ! »

Ça me la coupait, en effet. Ça me plaisait aussi. Marcel, c'était du sûr, du solide. Il n'avait pas fini son numéro. Il sortait de sa poche un rouleau de chatterton en disant : « Ça peut toujours servir, y a des gens qui continuent à bouger quand on leur a dit d'arrêter ! » Marcel sortit sa boîte à mégots et en tira un reste de gauloise qu'il alluma. Il me racontait, en mettant ses mains devant lui, que la nouvelle femme de chambre chez Arletty avait « des pare-chocs comme ça ».

A 10 heures, la porte du rez-de-chaussée de la maison d'en face s'ouvrit et un couple apparut. Je voyais enfin Voronov en plein jour. Malgré la douceur de l'air, il portait un manteau en cuir noir et un chapeau qui cachait ses yeux. Sa peau était pâle et je pouvais distinguer la profonde balafre qui lui zébrait la joue gauche. Crystal n'avait plus rien de la Rita Darlo du Liberty's. Elle était très peu maquillée et ne portait pas de perruque, ses cheveux étaient coupés court. La veste croisée de son tailleur à la coupe masculine s'ouvrait sur un chemisier qui pouvait être confondu avec une chemise d'homme.

Ça ressemblait à une tenue de voyage. Comment eût-elle pu passer une frontière habillée en femme avec des papiers au nom de – je me rappelai le nom que m'avait donné Tonton – André Simonnot ?

Le café s'était rempli. Des habitués du quartier, les ouvriers d'un chantier voisin. Le patron, occupé à servir, ne faisait plus attention à nous. Nous attendions le moment propice pour traverser l'avenue. Voronov et Crystal échangèrent quelques mots devant la maison puis commencèrent à descendre l'avenue Junot. Dix minutes après qu'ils eurent disparu de notre vue, nous étions devant la porte de la maison. Elle s'ouvrait grâce à une minuterie et donnait sur un vestibule mal éclairé. Il n'y avait pas de concierge. Au fond, une seule porte, forcément celle de l'appartement du couple. Marcel avait sorti ses outils et tripotait la serrure en chantonnant « *On ne danse plus la java, chez Bébert le monte-en-l'air, on est swing du haut jusqu'en bas, chez Bébert dit les pieds plats* ». Je surveillais l'entrée.

Un déclic. La porte s'ouvrit. J'allumai le plafonnier. La première pièce était si laide que ce ne pouvait être qu'un meublé. A droite, une cuisine. A gauche, une porte s'ouvrait sur une chambre aussi moche que le salon. Deux valises à moitié faites étaient posées sur le lit. Le couple, à l'évidence, était sur le départ. Posés sur le dessus d'une des valises, il y avait quatre passeports, l'un au nom d'André Simonnot, les trois autres aux noms d'Erich Voronov, Egon Sereny et Anton Lishka, tous avec la même photo. Je dis à Marcel d'entrouvrir légèrement les volets d'une des deux fenêtres et de surveiller l'extérieur. Je commençai à fouiller méthodiquement le salon comme à la Crim, la commode, le secrétaire, derrière les coussins des fauteuils, sous le tapis, puis les placards de la cuisine, de la salle de bains, en prenant soin de remettre les objets à leur place. Rien. Je revins dans la chambre. Dans un placard, il restait des vêtements dont toutes les poches étaient vides. Je trouvai un Luger 9 mm au fond d'une des deux valises dont j'enlevai le chargeur. Je continuai à fouiller. Toujours rien. Je réfléchissais à toute allure. Les photos étaient là, j'en étais sûr, mais où ? Jamais Voronov et Crystal ne partiraient sans leur trésor de guerre. Je revins dans le salon. Marcel continuait sa surveillance.

Je jetai un coup d'œil circulaire. J'avais regardé partout, vraiment partout, sauf… comment moi, un ancien poulet, n'y avais-je pas pensé ? Trois tableaux – des mauvaises reproductions de Toulouse-Lautrec – étaient accrochés aux murs. Je ne trouvai rien derrière les deux premiers, mais le gros lot m'attendait derrière le troisième.

J'en retirai une enveloppe en papier kraft et l'ouvris après m'être assis sur l'un des fauteuils. A l'intérieur, en vrac, des photos prises au Club Barok, de la même série que celle que je connaissais, d'autres, prises au même endroit, où l'on ne voyait que Crystal et Karl von Sperlich.

Avec les photos, une autre enveloppe, qui contenait des tirages et des négatifs. Je m'étais préparé à tomber sur des photos « spéciales », mais pas à ce qui s'étalait sous mes yeux. Comme la Tchernycheff me l'avait dit, celles-ci avaient été prises dans la chambre de Crystal, une bonbonnière de pute de luxe, avec un miroir au plafond, au-dessus du lit, et des rideaux noirs qui donnaient une sensation d'étouffement.

L'éclairage était cru. Crystal avait laissé la lumière allumée pour que Voronov, caché dans le placard, puisse opérer. C'était difficile à regarder. Les clichés les moins durs montraient Karl et Crystal au lit, nus dans diverses positions. On voyait très clairement que Crystal n'était pas une femme et aussi que Karl, pendant leurs ébats, ne tenait pas toujours le rôle de l'homme. Sur d'autres photos, Crystal, harnachée, une cravache à la main, semblait prête à frapper Karl, agenouillé devant elle, la tête baissée.

Mon père avait dû voir souvent ce genre de choses à la Mondaine, pas moi. Je ne montrai pas les photos à Marcel et les rangeai dans l'enveloppe. Au moment où j'allais lui faire signe que nous pouvions quitter les lieux, il se tourna brusquement vers moi pour m'avertir : « Ils reviennent ! Merde, on n'a plus le temps de s'tirer. »

Je replaçai l'enveloppe derrière le tableau, vérifiai que tout était en ordre et dis à Marcel : « On va se planquer derrière la porte. Quand ils entreront, je saute sur Voronov et toi, tu t'occupes de Crystal. Souviens-toi qu'elle m'a allongé d'un direct l'autre soir au Liberty's. Alors, fais gaffe et frappe le premier. »

Un moment, une éternité passa. Il y eut d'abord le bruit de la minuterie, puis une clé tourna dans la serrure et la porte s'ouvrit. Voronov et Crystal entrèrent dans la pièce. Je poussai le battant de la porte de toutes mes forces. Il tomba. Je me jetai sur lui, armé du poing américain. Il était encore à terre quand je le frappai à la tempe, deux fois de suite. Du coin de l'œil, je vis le poing de Marcel s'enfoncer dans l'estomac de Crystal, puis la cueillir au menton. Elle tombait en suffoquant pendant que Voronov, qui s'était relevé, s'avançait vers moi un couteau à la main, le même, eus-je le temps de penser, qui avait dû trancher la gorge de Riton. Il avait perdu son chapeau, je voyais maintenant ses cheveux presque blancs coupés court. Son visage était couvert de sang. Pas un mot, pas un cri ne sortaient de ses lèvres. Ses yeux trop pâles, enfoncés dans un visage de mort, me fixaient, sans expression. Un robot prêt à tuer.

Mais aujourd'hui, j'étais invincible. J'avais prié sainte Adrénaline et je comptais aussi sur sainte Savate pour me protéger. Erich Voronov avait-il jamais entendu parler de la boxe française dans sa vie d'assassin ? Il s'apprêtait à frapper. Mon premier coup de pied, d'après le bruit, lui cassa le genou, le second le cueillit au menton au moment où il s'effondrait en poussant un cri étouffé. Le robot émettait des sons ! Je n'avais jamais connu personne capable d'encaisser en silence un coup de savate au genou. Il était tombé face en avant et grimaçait de douleur. Je me ruai sur lui et commençai à lui serrer la gorge. Il se débattait violemment et réussit à me frapper. Son corps était une masse compacte de muscles durs comme de l'acier, mais je l'avais bien sonné, il faiblissait. Je continuai de serrer.

J'avais un voile rouge devant les yeux. Rien ni personne ne pouvait m'arrêter. Les yeux de Voronov devenaient vitreux. Marcel se précipita pour nous séparer et je l'entendis crier : « Arrête, tu vas le tuer ! »

Je revins à moi. Voronov ne bougeait pas. Je lui ramenai les bras dans le dos et lui mis les bracelets. Je me retournai. Marcel, assis dans un fauteuil, l'air satisfait, fumait un mégot, Crystal allongée à ses pieds. Il avait entouré ses mains et ses chevilles avec du chatterton et en avait collé une bande sur sa bouche. Ses yeux étincelaient de fureur et de haine.

Voronov avait retrouvé ses esprits. Il souffrait mais il me regardait d'un air de défi. Je l'avais bien amoché, le sang continuait de couler de son nez cassé sur son manteau en cuir.

« Qu'est-ce que tu veux ? » La voix était rauque, avec un léger accent allemand.

« Les photos.

— Quelles photos ? » Il ricanait, content de sa réponse. C'était la première fois que je voyais rire une tête de mort.

« Tu sais très bien de quoi je parle. Où sont-elles ? »

Il me fit signe de m'approcher, comme s'il allait me confier un secret que Marcel ne devait pas entendre. J'étais tout près de lui. Il me dit « Crève ! » et me cracha au visage. Je n'avais jamais été capable de frapper un homme menotté, même Voronov. Ce que je lui réservais était beaucoup plus amusant. Je m'essuyai avec mon mouchoir. Il était toujours à terre et je m'assis en face de lui.

« Comment se fait-il que tu ne saches pas où sont les photos, alors que moi, je le sais ? » Il continuait de ricaner, mais une lueur d'inquiétude passa dans ses yeux. Je me levai et allai retirer l'enveloppe cachée derrière le tableau. « Tu vois ? C'est pas beau de faire des cachotteries ! Le petit Voronov va être puni… Regarde bien. »

Je pris les pages d'un vieux journal qui traînait et les roulai en boules avant de les jeter dans la cheminée. Je posai dessus l'enveloppe contenant les photos et j'allumai.

Je regardais le feu prendre et l'enveloppe qui commençait à se consumer. Voronov était défiguré par la rage. Il ruait en m'injuriant. Je demandai à Marcel de lui entraver les jambes avec du chatterton. Il ne restait plus que des cendres dans la cheminée. Je me penchai sur Voronov.

« C'est fini pour toi. Tu n'as plus rien à vendre. Les photos n'existent plus, elles n'ont jamais existé. Tout le monde est après toi. La Criminelle te cherche, mais il y a pire. Lafont a décidé de te liquider et il sait où te trouver. A l'heure qu'il est, son équipe peut arriver d'une minute à l'autre, ou bien tout à l'heure, ou bien demain, tu vas voir comme le temps va te paraître long – je marchais autour de lui pendant qu'il me suivait du regard. Vous êtes pas bien, là, tous les deux, comme un vieux couple qui attend des amis ? Allez, fais pas cette tête-là, un peu de patience, M. Henri va s'occuper de vous… »

Voronov écumait.

« Je vais te tuer ! hurla-t-il.

— Mais non, tu ne vas pas me tuer, pauvre minable. Et moi, je ne vais pas te refroidir non plus, je ne suis pas un tueur comme toi. On va vous laisser ici en prenant quelques précautions avant de partir. Qu'est-ce que tu proposes, Marcel ? »

Marcel, hilare, vérifiait le chatterton autour du corps de Crystal et coupait un morceau du rouleau pour obturer la bouche de Voronov. Nous n'avions plus qu'à effacer nos empreintes. Après avoir regardé une dernière foi Crystal et Voronov, deux morts en sursis qui ne nous quittaient pas des yeux, Marcel s'assura que les volets étaient fermés, éteignit le plafonnier et referma la porte derrière nous. Dans l'entrée, il entrouvrit sa veste et me montra d'un geste désolé le couteau qui n'avait servi qu'à couper du chatterton.

30

Je raccompagnai Marcel chez lui, rue Montmartre. Avant de descendre de la voiture, il me dit en rigolant : « Ça te dirait, deux ou trois rounds, histoire de s'mettre en forme ? » Je l'injuriai.

J'avais l'impression d'être passé sous un rouleau compresseur. Je respirais avec difficulté, Voronov avait dû me casser une ou deux côtes. Je vis dans le rétroviseur que j'avais au cou la trace d'une morsure, petit souvenir de la comtesse Tchernycheff. Là encore, le coupable serait Benito, le chat de Tony, « si affectueux, à condition de ne pas jouer trop longtemps avec lui ». Dormir, dormir, dormir. Je ne rêvais que de m'enfermer chez moi et de disparaître pendant vingt-quatre heures. Je roulais en rêvant de mon lit. Surtout ne pas m'endormir au volant. J'étais si fatigué que je ne parvenais même plus à regarder les jambes des femmes sur leurs vélos.

J'entrai dans la loge et demandai à Mme Tarot de ne pas me déranger jusqu'au lendemain midi. Je devais vraiment avoir une sale gueule car je n'eus pas droit à ses sarcasmes habituels.

« Dites, vous êtes pas malade ? Vous allez pas vous coucher comme ça sans manger. Tenez, voilà une assiette de tripes, ça tient au corps. » Je l'embrassai, me promis de lui offrir des fleurs et montai dans mon domaine. J'avais trois coups de téléphone à donner avant de m'endormir : mon père, Florence, Arletty.

Avec mon père, ce fut bref. Je ne m'étendis pas et l'assurai qu'il aurait tous les détails dans quelques jours, quand je viendrais déjeuner. Je le sentais soulagé de savoir que j'étais toujours en vie. Au moment où j'allais appeler Florence, le téléphone sonna et une voix dit : « Monsieur Jérôme Dracéna ? Ici l'Hôtel du Parc, à Vichy, ne quittez pas, je vais vous passer Mlle Florence Préville. »

Florence était joyeuse, volubile. Elle comprenait ma surprise.

« Mon chéri, je n'arrivais pas à te joindre, je savais que tu étais très occupé, alors j'en ai profité pour aller voir mes parents à Vichy, ma mère m'avait téléphoné pour me rappeler que c'était l'anniversaire de mon père. Tu n'es pas fâché que je sois partie de chez Karla sans te demander la permission ? » Non, je n'étais pas fâché. J'étais dans un tel état que rien ne pouvait me fâcher. Florence me dit qu'elle rentrerait le lendemain matin et qu'elle voulait me voir le plus vite possible.

« Moi aussi. Tu me manques, mais si tu me voyais, je crois que tu préférerais encore Roger Duchesne ! Mon enquête est terminée, tu veux qu'on dîne ensemble demain soir ?

— Oui, mon chéri, tout ce que tu voudras. C'est moi qui t'invite. Je suis conviée à un cocktail vers 19 heures et je veux que tu viennes avec moi. Tu verras, il y aura des gens que tu n'as pas l'habitude de voir. A demain. Je t'aime. »

Je me sentais mieux. Mon père rassuré, Florence retrouvée. Restait Arletty. Je l'appelai à Deauville. Une femme me répondit. Elle n'avait pas la voix d'Arletty, mais sans réfléchir je dis « Arlette ? » en même temps que je réalisais mon erreur.

« C'est Josée de Chambrun à l'appareil. Vous désirez parler à Arletty, je suppose. Qui dois-je annoncer ? »

Comment avais-je pu confondre cette voix à l'accent snob avec celle, acidulée, d'Arletty. On me la passait.

« J'ai essayé de vous joindre plusieurs fois, Jérôme, mais l'oiseau n'était pas dans son nid. J'espère qu'il ne vous est rien arrivé ?

— Rien du tout, Arlette, quelques imprévus sans gravité. Je vous appelais surtout pour vous dire que mon enquête était finie et que vous n'avez plus rien à craindre.

— Vous pouvez pas savoir c'que ça m'fait plaisir, dit-elle, vraiment folle de joie. Je suis soulagée. Karl rentre cette semaine, j'espérais que rien ne viendrait gâcher son retour. »

Mais non, Arlette, ne vous inquiétez pas, avais-je envie de lui dire, le jeune Dracéna a détruit les photos où votre ami Karl se montrait sous un jour que vous ignoriez.

« Il faut que vous me racontiez ça de vive voix, Jérôme. Je rentre ce soir à Paris, j'ai un rendez-vous demain avec Marcel Carné, je vous propose de venir me voir après-demain vers 19 heures. Ça vous va ? »

Ça m'allait. Maintenant, je ne voulais plus entendre parler de rien, ni de personne. Je donnai un dernier coup de téléphone à Tony pour lui dire que tout allait bien et, après avoir fait réchauffer et englouti les tripes de Mme Tarot, je me couchai.

J'avais oublié de fermer les volets, un soleil violent me réveilla. Les yeux au plafond, j'essayais de me rappeler où j'étais. Au bout d'un long moment, je trouvai la réponse : chez moi. J'avais dormi près de vingt-quatre heures. Je n'arrivais pas à me lever. Je pris une douche froide qui m'arracha un hurlement mais me donna un coup de fouet. J'avais envie de profiter du beau temps et d'oublier Erich Voronov, la comtesse Tchernycheff et Henri Lafont.

J'enfilai un pantalon et une veste sport, et sortis dans la rue. J'avais l'impression de voir le jour pour la première fois. Je poussai jusqu'à la place Pigalle où j'achetai *Le Petit Parisien*. Je n'avais pas lu un journal depuis une semaine. Je rentrai chez moi et m'étendis sur le lit. Je n'avais plus qu'à attendre dans le calme le moment où je reverrais Florence. Le téléphone sonna. C'était Lafont.

« T'as vu le journal ?

— Non, je viens de l'acheter, je ne l'ai pas encore ouvert.

— Regarde page 3, tout en bas. Vas-y, j'attends. »

J'ouvris le journal à la page 3. Un titre me sauta aux yeux : « Incendie criminel dans le 18ᵉ ». L'article disait : « Deux personnes ont trouvé la mort dans un incendie d'origine criminelle, qui s'est déclaré avant-hier dans un meublé de l'avenue Junot. Il s'agit de M. André Simonnot, artiste de cabaret international connu sous le nom de Crystal, et de son imprésario, M. Erich Voronov, de nationalité russe. Les deux victimes ont été découvertes par les pompiers appelés sur les lieux du sinistre. Les corps étaient ligotés et portaient des traces de coups. L'enquête a été confiée à la Brigade criminelle. » Je restai sans voix. Lafont s'esclaffait au téléphone :

« Tu nous as pris de vitesse ! Mon équipe est arrivée en fin de matinée, mais t'avais mis les bouts. Ils ont eu qu'à finir le travail ! Comment tu t'es démerdé pour trouver Voronov avant moi ? En tout cas, chapeau ! T'es sûr que tu veux pas venir travailler avec nous, rue Lauriston ? »

Je ne répondis pas. Lafont attendait ma réponse. Je restai muet.

Sa voix haut perchée prit un ton menaçant : « Ça va, j'ai compris. On est quittes, l'ardoise est effacée, mais j'veux plus te trouver sur mon chemin. T'as saisi ? » Il raccrocha. Je respirais, Lafont, c'était fini. Je repensais à la fin de Voronov et de Crystal, je ne regrettais rien.

Occupe-toi d'Arletty !

Et Perrégaux ? Qu'est-ce qu'elle allait faire, la Crim, avec deux corps carbonisés sur les bras et une piste qui les conduirait 93, rue Lauriston, ses truands intouchables et son patron, Henri Lafont, qui leur rirait au nez ? Rien. Pauvre Jacques. Il n'avait pas volé une invitation à déjeuner et le récit exclusif d'une affaire qu'il ne résoudrait pas.

31

On frappa à la porte. Mme Tarot m'apportait le costume et la chemise que je lui avais confiés la veille, accompagnés de ses commentaires : « Vous direz à Arletty qu'elle vous paye un nouveau costume, celui-là commence à être fatigué mais pas autant que moi ! Dites, quand vous la verrez, demandez-lui une photo dédicacée, vous m'devez bien ça ! » Je lui dis que j'avais rendez-vous avec elle le lendemain et promis de revenir avec la photo.

Je me sentais bien. Beaucoup mieux que chez Voronov. Je voulais revoir Florence, vite. Tout en roulant dans Paris pour aller la chercher, je me demandais à quoi ressemblaient « ces gens que je n'avais pas l'habitude de voir », qu'elle voulait me présenter. La Florence qui m'accueillit était très élégante, parfaite, heureuse de me voir. La nuit de La Grande Cascade n'était plus qu'un mauvais souvenir. Nous nous embrassâmes, mais sans impatience, chacun savait qu'il fallait d'abord nous retrouver, nous redécouvrir. Elle m'examinait de la tête aux pieds.

« Tu es très bien. Evidemment, ajouta-t-elle, là où je t'emmène, tu vas un peu détonner, mais tu verras, ils sont très gentils... » Elle faisait la mystérieuse tout en arrangeant le mouchoir qui sortait de la poche de poitrine de ma veste. « Viens, nous allons être en retard. »

Dans la voiture, je lui demandai si je pouvais enfin savoir où elle m'emmenait. Elle éclata de rire.

« Chez les zazous ! Il y a un cocktail au Pam Pam en l'honneur de mon amie Irène de Trébert, que tu as peut-être vue au cinéma. Son nouveau disque sort en même temps que son film, *Mademoiselle Swing*. Le Pam Pam des Champs-Elysées, c'est le quartier général des zazous, ça va te changer de la rue Lauriston ! »

J'étais interloqué, mais content de voir enfin de près les héros de « Y a des zazous dans mon quartier », que je n'avais fait que croiser dans la rue. Avec leurs vestes qui leur battaient les mollets, leurs pantalons étroits, leurs cols à manger de la tarte et leurs chaussures à triple semelle, il était difficile de ne pas les remarquer au milieu de la foule grise des Parisiens et des occupants. Florence, pendant que nous roulions, me faisait un cours préparatoire pour que je n'aie pas l'air d'un paysan lorsqu'elle me présenterait à ses amis.

« Avant, on les appelait les "petits swings", jusqu'à ce qu'ils découvrent les paroles de "Je suis swing", la chanson de Johnny Hess, qui a lancé le mot zazou. Ne me dis pas que tu ne l'as jamais entendue, "Je suis swing, je suis swing, zazou, zazou, zazou, zazou, zay". » Elle gigotait, à côté de moi, en agitant ses bras au-dessus de sa tête. « Ils sont complètement inoffensifs, mais ils ne vont pas du tout avec l'Europe nouvelle telle que veulent la construire les Allemands et leurs amis français. Je voulais aussi te faire une autre surprise en arrivant là-bas, mais je ne résiste pas : mon frère, que tu vas rencontrer, est zazou ! Si tu avais vu la tête de papa la première fois que Roland est venu dîner habillé en zazou ! »

Nous entrâmes au Pam Pam. La musique couvrait le bruit des conversations des invités, tous des zazous, qui se pressaient autour du bar en buvant des bières grenadine. J'avais l'impression d'être un étranger qui a oublié de se déguiser pour un bal costumé. « Swingalero », par Fred Adison et son orchestre, sortait d'un pick-up derrière le bar, mais personne n'écoutait car Irène de Trébert faisait son entrée. C'était une jolie blonde aux yeux rieurs qui fendait la foule de ses admirateurs, tandis que le barman interrompait « Swingalero » pour le remplacer par « Mademoiselle Swing », le nouveau disque de la vedette :

Ouadadoudou, ouadadoudou,
C'est le cri de tout Paris
Qui chante et qui sourit…

Les zazous connaissaient les paroles par cœur et chantaient à l'unisson. Irène de Trébert avait aperçu Florence et l'embrassait comme une vieille amie. Elle me présenta. Irène n'écoutait pas et parlait d'elle, qui devait être son sujet favori.

« Mes enfants, le tournage a été merveilleux. Au début, j'étais intimidée par Elvire Popesco, mais quand elle m'a vue faire des claquettes, c'est elle qui était intimidée ! Je vais bientôt commencer *Paris s'amuse*, une comédie très drôle où j'ai le premier rôle. Tu sais, Florence, il y a peut-être quelque chose pour toi là-dedans, si tu veux je te présenterai au producteur. »

Florence déclina et, par politesse, lui demanda ce qu'elle allait faire avant le tournage de *Paris s'amuse*, un film que je me promis d'éviter.

« Je pars en tournée en Allemagne où je vais rejoindre Raymond Legrand et son orchestre qui sont déjà là-bas. »

Un froid tomba, mais Irène continuait de parler comme une mitraillette et se tournait maintenant vers un zazou éperdu d'admiration qui l'avait rejointe au bar. Il lui demandait de chanter l'autre chanson du film, « J'ai un clou dans ma chaussure ». C'était le moment de partir. Un jeune homme s'approchait. Je lui trouvais un air de famille avec Florence.

« Jérôme, tu ne connais pas mon frère Roland dont je t'ai parlé. C'est le zazou de la famille ! »

Le frère et la sœur riaient. Moi, je passais Roland en revue. Rien ne manquait à sa panoplie. La veste trop longue, le col trop haut, le minuscule nœud de cravate. Il portait sa montre à l'envers et enleva ses lunettes fumées pour m'inspecter.

« Florence, dis à ton ami Jérôme que je vais m'occuper de sa garde-robe. »

Tout le monde rit et Florence nous quitta pour aller embrasser une jeune zazou en jupe courte plissée et bas à rayures qui portait un parapluie noir fermé.

« C'est ma petite amie, Lysiane, me dit Roland. Elle travaille dans la maison de disques d'Irène de Trébert. » Il m'observa pendant un court instant et ajouta : « Je suis sûr que vous nous prenez pour des guignols, des fainéants, des inutiles. Je me trompe ?

— Vous avez tort. J'avoue que je serais incapable de m'habiller comme vous et de me mettre de l'huile de salade sur les cheveux, mais je vous trouve tous très sympathiques et très amusants.

— Amusants ? Ce n'est pas l'avis des Jeunesses populaires françaises qui nous cassent la gueule et nous tondent quand ils nous rencontrent. Vous connaissez leur mot d'ordre, "la décadence doit être arrêtée et les décadents corrigés". Nous leur disons merde et merde aux Allemands, chacun sa Résistance, Jérôme ! Est-ce que Florence vous a parlé de notre ami d'enfance, Etienne de Saint-Céran, qui, par défi, s'est fait appeler Simon Blum pendant un mois et portait une étoile jaune avec Swing 41 inscrit au milieu ? Il a été arrêté par les boches et il a fallu l'intervention de mon père auprès des Allemands et d'amis haut placés pour le faire libérer. Sinon, il serait en Allemagne aujourd'hui. Amusant, n'est-ce pas ? »

Roland n'était pas agressif. Il voulait seulement me convaincre que les zazous étaient, à leur manière frivole et provocatrice, des réfractaires. La preuve, assurait-il, « nous sommes détestés aussi bien par les nazis que par les collabos ».

Florence, de loin, me faisait signe qu'elle voulait s'en aller. Je saluai Roland qui me dit en souriant : « A bientôt, Jérôme. J'espère que nous nous reverrons, je suis sûr que vous êtes un zazou qui s'ignore ! »

Sur les Champs-Elysées, les terrasses des cafés étaient pleines. Les chleuhs aimaient beaucoup celle du Colisée d'où ils pouvaient contempler les jambes des Parisiennes. En face, une foule sortait d'un cinéma où l'on donnait *L'Amant de Bornéo*, avec Arletty et Jean Tissier, que je n'avais pas encore eu le temps de voir. Les vélos-taxis montaient et remontaient l'avenue, vides ou occupés. Florence avait réservé chez Laurent, que nous rejoignîmes en marchant doucement, la main dans la main, jusqu'aux jardins des Champs-Elysées.

Le directeur du restaurant, courbé en deux, accueillit Florence. « Votre table est prête, mademoiselle Préville, si vous voulez bien me suivre. » Il m'avait jeté un bref coup d'œil sans parvenir à me ranger dans une catégorie précise. Je ne reconnaissais personne dans la salle du restaurant, sauf Jean Luchaire qui dînait en tête à tête avec Yvette Lebon, une actrice que Tony m'avait présentée un jour dans un cocktail. « C'est sa maîtresse, précisa Florence, enfin, une de ses maîtresses. » La clientèle sentait le collabo riche et l'Allemand d'état-major. Florence avait tout organisé.

« J'ai commandé du homard, mon chéri. J'espère que tu aimes ça ? » Je n'osais pas lui avouer que je n'en avais jamais mangé. Le maître d'hôtel, à distance respectueuse, lui demandait des nouvelles de son père. « Nous n'avons pas eu le plaisir de recevoir monsieur l'ambassadeur depuis longtemps, j'espère qu'il va bien. » Florence, se doutant que mes connaissances en matière de vin devaient être égales à zéro, commanda un chablis dont elle précisa l'année au sommelier. J'avais encore beaucoup à apprendre. Le dîner passait comme dans un rêve. Nous nous étions retrouvés. Pour toujours, bien sûr. Le maître d'hôtel apporta en même temps que le café deux mille-feuilles, et regarda Florence d'un air entendu. Elle fouilla dans son sac et en tira deux billets de mille francs. Elle surprit mon regard et se mit à rire.

« Les deux mille-feuilles, ça veut dire que la vraie addition est de deux mille francs. Ça se pratique beaucoup dans certains restaurants à Paris, tu ne le savais pas ? » Il faudrait que je m'en souvienne. Un mille-feuille égale mille francs. Combien valait un flan ? En sortant de chez Laurent, Florence me dit : « Ginette Leclerc vient d'ouvrir une boîte, le Baccara, juste à côté, rue de Ponthieu. Je n'ai pas pu aller à l'inauguration, mais elle m'a envoyé un mot pour m'inviter le jour de mon choix. Veux-tu qu'on aille y prendre un verre ? »

J'étais d'accord. Florence me raillait.

« Je savais que tu accepterais. C'est ton genre, Ginette Leclerc, hein ? Vulgaire, avec une grande bouche et des yeux qui racolent, le contraire de moi. Avoue ! Je parie que tu as vu quatre fois *La Femme du boulanger* ! » Nous riions en amoureux en nous dirigeant vers la rue de Ponthieu. Florence se faisait sérieuse : « Je te préviens, je ne sais pas à quoi ressemble la clientèle. Je me méfie. Pour avoir le droit d'ouvrir son club, elle a dû passer par Greven, le patron de la Continental, qui est intervenu auprès de la Propaganda Staffel. On ne risque rien à aller jeter un coup d'œil, si ça ne nous plaît pas, on s'en ira. Et puis, si tu aimes la vulgarité, tu vas être servi quand je vais te présenter Lucien Gallas, l'ami de Ginette ! »

Nous marchions rue de Ponthieu. Un trio d'officiers allemands entrait au Nid, « *Das Elegante Kabaret der Champs-Elysées* », qui affichait ce soir la chanteuse Lys Gauty. Nous étions arrivés. J'avais le pressentiment, en entrant au Baccara, que ça ne me plairait pas. J'avais raison. La première table était occupée par deux truands de la rue Lauriston que j'avais vus à l'anniversaire de Lafont. J'avais déjà envie de m'en aller mais Ginette Leclerc s'avançait vers nous et embrassait Florence.

« Ma petite Florence, je suis si heureuse de te voir, que deviens-tu ? Qu'est-ce que tu tournes en ce moment ? » Elle correspondait exactement à la description qu'en avait faite Florence, et plus encore. La frange, la cigarette au bord des lèvres, le rire de gorge… Je l'observais. Florence me donna discrètement un coup de pied. Elle me présenta à Ginette Leclerc et je vis tout de suite à son regard poli que je n'étais pas son genre. Son genre, c'était le type qui venait de nous rejoindre.

« Florence, je crois que tu connais mon ami Lucien Gallas, qui s'occupe du Baccara lorsqu'il ne tourne pas. » Vulgaire, Ginette Leclerc ? Elle avait l'air de la maréchale Pétain à côté de Gallas ! Ils s'étaient bien trouvés. Maintenant, je me rappelais l'avoir vu dans un beau navet, *Le Moussaillon*, où il avait un second rôle au côté d'Yvette Lebon et… Roger Duchesne. Un physique de mac de seconde zone. Je le regardais faire des ronds de jambe devant Florence en se demandant qui j'étais – un flic, peut-être ? – tout en surveillant la salle.

Nous étions assis à une table et la patronne nous avait fait servir une bouteille de Roederer qui attendait dans un seau. On remplissait nos verres. Villaplana, un autre truand de la Carlingue, fit son entrée avec deux poules qui riaient trop fort. Florence, qui s'était aperçue que j'avais envie de partir, me fit comprendre d'un regard qu'elle était d'accord. Elle se pencha vers moi et me dit en désignant Lucien Gallas, qui discutait au bar avec un couple :

« Regarde-le bien. Tu n'as rien remarqué ? »

Je me retournai. J'avais tout vu chez les voyous : les costumes à grosses rayures, les chaussures bicolores, les gourmettes, les chevalières, mais Gallas emportait le morceau avec ses chaussures en crocodile assorties à sa ceinture. Florence riait en me regardant :

« Si tu es sage, je t'offrirai les mêmes… avec le portefeuille qui va avec ! »

Ginette Leclerc était désolée : pourquoi partions-nous si tôt, la soirée ne faisait que commencer… Mais Florence, le sourire inflexible, refusa. Dans la rue, nous nous regardâmes comme deux rescapés d'une chute dans un égout.

« J'espère que tu ne m'en veux pas, mon chéri. Je ne savais pas que nous allions tomber dans un traquenard. Tu es fâché ?

— Moi, fâché ! Grâce à toi, j'ai rencontré Lucien Gallas, mais tu sais quoi, Ginette Leclerc, même moi je la trouve trop vulgaire ! »

Notre nuit de retrouvailles se passa dans l'appartement des parents, au Champ-de-Mars. Pendant que Florence se déshabillait dans la chambre, je regardai dans le salon une photo de son père, dans un cadre d'argent. Jean de Sénanville était un monsieur sévère, élégant, distingué. Nous n'avions rien en commun, sinon sa fille. J'avais du mal à imaginer notre rencontre. J'aimais à penser qu'il me dirait : « Nous ne sommes pas du même monde, mon cher Jérôme, mais ni vous ni moi ne porterions des chaussures en crocodile et une ceinture assortie. »

32

Quand je me réveillai, Florence dormait à côté de moi. Je n'avais pas envie de la quitter. J'ouvris les rideaux et regardai les jardins du Champ-de-Mars. Bientôt, ce serait la rue Saint-Georges et son teint gris, Mme Tarot, le garde-manger vide. Florence s'éveillait. Je n'allais pas partir comme un voleur sans avoir partagé avec elle le petit déjeuner. Elle sonna sa cameriste, que lui avaient laissée ses parents avant de partir pour Vichy. Fernande avait vu naître Florence et lui passait tout. Ce matin, c'était moi. Elle apportait des croissants, du beurre, du vrai café, un petit déjeuner d'avant la guerre.

Je me préparais à partir. Ce soir, nous serions de nouveau ensemble, et demain soir, et d'autres soirs encore. J'avais rangé les menottes et le coup-de-poing américain au magasin des accessoires, mais il me restait encore une scène à jouer avant d'écrire le mot fin à l'affaire Arletty.

J'embrassai Florence et rentrai chez moi sous un ciel bleu de circonstance, dont un petit nuage noir qui grossissait au-dessus de ma tête gâchait la pureté : quelle serait la réaction de Karl von Sperlich lorsqu'il s'apercevrait de la disparition des lettres et des photos ? Il lui serait impossible d'en parler à Arletty qui, de son côté, ne pourrait pas lui avouer qu'elle m'avait laissé examiner ses vêtements et ouvrir sa valise pendant son absence. Qu'est-ce que j'allais raconter à Arletty ? J'avais deux heures pour trouver la réponse. La loge était fermée lorsque j'arrivai rue Saint-Georges. Je voulais me reposer et réfléchir avant d'aller chez Arletty et de lui servir un plat à ma façon qui ne la laisserait pas sur sa faim.

Comment épargner Karl von Sperlich ? Je ne l'avais jamais rencontré. Etait-il un nazi pur et dur ou un « bon Allemand » tombé amoureux d'une vedette de cinéma française ? Arletty, même si elle n'avait pas de sang sur les mains et aucun lien avec la Carlingue, était néanmoins une collabo, par amour, d'accord, mais une collabo. Qu'est-ce qui faisait qu'on l'oubliait ? L'explication, pour moi, était simple : sa personnalité hors du commun, son indépendance, son charme fatal et sa force de séduction étaient tels qu'ils masquaient, comme un rideau de fumée, la réalité. On lui pardonnait tout. Et moi, dans l'histoire ? J'avais succombé, comme tout le monde !

Je m'étais mouillé avec Henri Lafont et Marie Tchernycheff, deux ordures qui ne méritaient pas de vivre. D'autres ordures, Lionel de Wiet, Voronov, Crystal, avaient voulu me faire la peau. Deux personnes, Riton et Domino, avaient été refroidies à cause de moi… Karl von Sperlich pouvait aller se faire voir. Il vivrait dans l'inquiétude dès qu'il découvrirait la disparition des lettres et des photos ? Tant pis. Je ne me sentais tenu qu'à une seule chose : épargner Arletty.

Je me changeai et m'arrêtai devant la porte ouverte de la loge où Mme Tarot s'agitait autour de son fourneau. Elle me passait en revue de haut en bas.

« Vous allez encore faire vot'persil dans des boîtes de nuit ! Après, vous viendrez vous plaindre que vous êtes fatigué… »

Je lui dis que j'avais rendez-vous avec Arletty, chez elle.

« Ah oui ? Oubliez pas ma photo, sinon vos costumes, vous irez les faire repasser par vos poules ! »

C'était bon d'être revenu chez soi, de retrouver le vieux professeur qui écoutait Londres, Mme Tarot et sa tendresse bourrue.

Je roulai jusqu'au quai de Conti sans me presser. J'étais calme, très calme. Je savais exactement ce que j'allais dire à Arletty.

C'est elle qui m'ouvrit la porte. Je retrouvais son sourire ironique, sa désinvolture inimitable. Oui, on lui pardonnait tout…

« Eh bien, Jérôme, j'ai l'impression de pas vous avoir vu depuis une éternité. Comment allez-vous ? Vous avez l'air fatigué, épuisé même. C'est à cause de moi ? Asseyez-vous, je crois que vous avez beaucoup de choses à me raconter. »

Elle s'était installée en face de moi et semblait si impatiente de m'entendre qu'elle ne me proposa rien à boire. Je me lançai.

« Tout d'abord, je vous répète ce que je vous ai dit au téléphone : vous n'avez plus rien à craindre, l'affaire est terminée. En fait, ce n'est pas vous qui étiez visée, mais Karl von Sperlich. »

Elle ouvrait de grands yeux, les sourcils levés.

« Voilà : avant la guerre, Karl a fréquenté des gens qui ne plaisaient pas au nouveau régime, des peintres, des écrivains, des acteurs qui se réunissaient chez l'un ou chez l'autre pour parler de tout, de politique, de littérature, de peinture moderne, d'art dégénéré, selon l'expression de Goebbels. Ils étaient surveillés par la Gestapo, mais Karl était très prudent. Dans le groupe, il y avait un couple de maîtres chanteurs qui a vite compris que Karl était un gibier idéal. Ils ont commencé par le menacer de divulguer des photos prises au cours de ces réunions. Karl a été pris de panique. Si le scandale éclatait, son père n'y survivrait pas, quant à lui, il tomberait aux mains de la Gestapo. Il a payé une fois, deux fois, trois fois. Chaque fois, le couple lui promettait de lui donner les photos et les négatifs, mais ils trouvaient toujours un prétexte pour remettre au prochain paiement.

« La guerre est arrivée. Karl a été mobilisé et envoyé à Paris. Il avait arrêté de payer, croyant naïvement que les maîtres chanteurs, devant les événements, ne donneraient plus suite. Il se trompait. Lorsqu'ils ont découvert que Karl était en poste à Paris, ils l'ont relancé, mais il ne leur a jamais répondu. Ils ont alors décidé de s'en prendre à vous dans l'espoir que vous en parleriez à Karl et qu'il comprendrait d'où le coup venait, mais ils n'avaient pas prévu que vous ne lui en parleriez pas. »

Arletty était bouche bée.

« Vous vous souvenez de la femme de chambre, recommandée par la comtesse Tchernycheff, qui est partie sans vous prévenir ? Elle travaillait pour eux. Elle écoutait et leur répétait vos conversations téléphoniques. C'est par elle qu'ils ont su que Karl partait en mission en Italie, et c'est à ce moment-là que vous avez reçu le cercueil et les menaces. »

Elle était stupéfaite. La cendre de sa cigarette était tombée sur le tapis. Elle voulait savoir comment j'avais découvert le pot aux roses.

« Je ne vais pas vous ennuyer avec des détails, Arlette, mais quand j'ai compris que ça ne venait pas de la Résistance, je me suis tourné vers d'autres pistes, et avec l'aide de quelques informateurs, n'oubliez pas que j'ai été flic, j'ai pu remonter jusqu'aux coupables.

— C'était qui ? C'étaient qui les salauds qui faisaient chanter Karl ? Elle criait presque.

— Ecoutez, Arlette, je ne peux pas vous en dire plus, de toute manière vous n'avez jamais entendu parler d'eux, leurs noms ne vous diraient rien. Je peux vous dire une chose, une seule. Ils ont été neutralisés et les photos détruites.

— Neutralisés ? Qu'est-ce que vous entendez par là ?

— Neutralisés. Mis hors d'état de nuire, si vous préférez.

— Vous voulez dire que...

— Je ne veux rien dire, Arlette. Pour être plus clair, ce couple ne fera plus jamais chanter Karl von Sperlich ni vous ni personne. »

Elle était sous le choc. « Et il y a d'autres personnes qui ont été neutralisées, comme vous dites ?

— Non. Certaines ont été, comment dirais-je... empêchées.

— Empêchées ! Vous alors, vous avez le chic pour trouver les mots qui disent la vérité sans la dire ! Et la Tchernycheff, qu'est-ce qu'elle vient faire là-dedans ? J'en suis baba !

— Marie Tchernycheff s'est contentée de leur fournir la femme de chambre sans savoir le but précis de l'opération ou en faisant semblant de l'ignorer.

— Cette salope de Tchernycheff qui m'fait des grands sourires chaque fois que nous nous rencontrons ! Elle va entendre parler de moi !

— Non, Arlette, elle ne va pas entendre parler de vous. D'abord, parce qu'elle fait partie des gens qui ont été... empêchés et qui ont eu la chance de n'être pas neutralisés. La disparition du couple lui a fait peur et je puis vous assurer qu'elle ne se manifestera pas. Si elle le faisait, elle risquerait de perdre la vie, pas de ma main mais de celle de quelqu'un plus dangereux qu'elle. Quand vous la rencontrerez, ignorez-la, elle comprendra. Ensuite, puisque vous n'avez jamais parlé à Karl des menaces que vous avez reçues, continuez, sinon, en lui disant la vérité, vous lui rappelleriez des événements qu'il préfère oublier. »

Elle avait retrouvé son calme. Je respirais. J'avais réussi à lui faire gober une histoire que je n'aurais jamais osé raconter à quiconque, mais Arletty était une femme amoureuse, donc sourde et aveugle.

« Vous avez raison. Même si c'qu'il a fait est sans gravité, il a sûrement pas envie qu'on remue le passé. Je vous promets de pas lui en parler. Mais avec la Tchernycheff, ça va être plus dur. J'sais pas comment j'vais me retenir de lui en balancer une ! »

L'ambiance s'était détendue. Elle se leva pour aller jusqu'à un secrétaire d'où elle revint avec deux liasses de billets, une grosse, une petite, à la main.

« Celle-là, c'est pour vous, l'autre c'est pour Marcel. »

Je protestai. C'était trop, beaucoup trop, ce que nous avions fait ne méritait pas tout cet argent.

« Vous avez pris des risques, alors, prenez ça et m'énervez pas. Sinon, j'vous neutralise ! »

L'Arletty que j'aimais était de retour. Je lui demandai, sous peine d'être battu à coups de balai par ma concierge, Lucienne Tarot, de lui dédicacer une photo. Je précisai qu'elle était née à Courbevoie, comme elle.

Elle retourna au secrétaire et, après avoir fourragé dans un tiroir, en tira deux photos. Elle s'assit et prit un stylo.

« J'ai plus d'photos du Studio Harcourt, je vais lui donner celle-là qui est très bien, elle a été prise sur le tournage d'*Hôtel du Nord.* » Elle écrivit rapidement sur la première photo, puis elle prit l'autre cliché en me regardant avec un sourire narquois, comme quelqu'un qui prépare un mauvais coup. Elle faisait semblant de chercher l'inspiration. Elle se leva et me donna la première photo. Je lus « Pour Lucienne Tarot, avec toute ma sympathie, sa payse de Courbevoie, Arletty. » Si après ça, Mme Tarot ne me nourrissait pas jusqu'à la fin de mes jours...

Elle me tendit l'autre photo. Je la regardai et sentis que je devenais écarlate. Elle sortait de la douche complètement nue en tenant une grosse éponge devant elle. Elle avait écrit : « Pour mon neveu Jérôme, sa tante reconnaissante, avec toute son affection, Arlette. » J'avais le visage en feu.

« Qu'est-ce qui vous arrive, Jérôme ? Vous avez le rif qui vous monte aux joues ! Vous avez jamais vu de femme à poil ? Cette photo-là, vous risquez pas de la voir dans les journaux, elle a été prise pendant une scène du *Jour se lève* qui a été censurée par Vichy, en 40. Dommage que Pétain l'ait pas vue, ça l'aurait changé de sa Maréchale ! »

Elle s'était rassise en face de moi, ravie de son effet, de me voir gêné comme un collégien surpris en train de lire un magazine de femmes nues. Elle redevenait sérieuse.

« Jérôme, je plaisante plus. Je voudrais vous remercier pour tout ce que vous avez fait pour moi, pour Karl, ne protestez pas, et aussi pour votre gentillesse. Ah ! vous êtes bien le fils de votre père, n'oubliez pas de l'embrasser pour moi, hein ! J'le montrais pas mais j'étais très inquiète. Grâce à vous, je me sens revivre, l'esprit libre. Surtout que j'ai *Les Visiteurs du soir* qui sortent bientôt, c'est important pour moi – vous allez voir, Jules Berry, là-dedans, il est sensationnel –, et ensuite, il y aura le tournage des *Enfants du Paradis* avec Marcel Carné. Les acteurs sont tous des copains, Pierre Brasseur, Marcel Herrand, Louis Salou, et c'est Prévert qui écrit les dialogues, ça va être quelque chose ! »

La photo d'elle dans *Hôtel du Nord* destinée à Mme Tarot était toujours devant moi, posée sur la table basse : c'était la scène où elle est sur la passerelle du canal Saint-Martin avec Louis Jouvet. Je la regardai de nouveau avant de me jeter à l'eau et de poser à Arletty la question qui me brûlait les lèvres depuis notre première rencontre :

« A propos d'*Hôtel du Nord*, Arlette, vous savez, la scène du canal Saint-Martin, où vous êtes sur la passerelle avec Louis Jouvet, je voulais vous demander si... » Elle se leva d'un bond et ne me laissa pas finir ma phrase.

« Ah non, pas vous ! Depuis que Jeanson m'a écrit cette réplique, y a pas un dîner où on m'la demande pas. Je l'fais jamais, j'suis pas un perroquet, moi, j'passe pas en attraction chez les gens ! »

Elle jouait l'indignée, la furibarde, mais son œil pétillait. Elle se campa devant moi, les épaules roulantes, les mains sur les hanches, et j'entendis :

« Atmosphère !... Atmosphère !... Est-ce que j'ai une gueule d'atmosphère ? »

Ensuite, nous avons bu une bouteille de champagne.

Sources et bibliographie

ARLETTY, *La Défense*, La Table Ronde, 1971.

Gregory AUDA, *Les Belles années du Milieu 1940-1944*, Ed. Michalon, 2002.

Philippe AZIZ, *Tu trahiras sans vergogne*, Arthème Fayard, 1970.

Annuaire général du spectacle en France 1942-1943, Ed. Paris.

Jean BARONNET, *Les Parisiens sous l'Occupation*, photographies d'André Zucca, Gallimard, 2008.

Olivier BARROT et Raymond CHIRAT, *La Vie culturelle dans la France occupée*, Gallimard, 2009.

Patrice BOLLON, *Pigalle*, Hoëbeke, 2004.

Anne BONNY, *Les Années 40*, Ed. du Regard, 1985.

Patrick BUISSON, *1940-1945 Années érotiques. De la grande prostituée à la revanche du mâle*, Albin Michel, 2009.

Marie-Hélène CARBONNEL, *Suzy Solidor*, Ed. Autres Temps, 2007.

René CHÂTEAU, *Le Cinéma français sous l'Occupation*, Ed. René Château, 1995.

Pierre DELANNOY, *Just a gigolo. Rubirosa, le dernier des playboys*, Olivier Orban, 1987.

Denis DEMONPION, *Arletty*, Flammarion, 1996.

Cécile DESPRAIRIES, *Ville lumière, années noires*, Denoël, 2008.

—, *Paris dans la Collaboration*, Seuil, 2009.
Marc Doelnitz, *La Fête à Saint-Germain-des-Prés*, Robert Laffont, 1979.
Cyril Eder, *Les Comtesses de la Gestapo*, Grasset, 2006.
Fabienne Falluel et Marie-Laure Gutton, *Elégance et Système D. Paris 1940-1944*, Paris musées, 2009.
Jean Galtier-Boissière, *Journal 1940-1950*, Quai Voltaire, 1992.
Jean-Pierre Guéno et Jérôme Pecnard, *Paroles de l'ombre*, Les Arènes, 2009.
André Halimi, *Chantons sous l'Occupation*, Olivier Orban, 1976.
Hervé Le Boterf, *La Vie parisienne sous l'Occupation*, France Empire, 1997.
Ginette Leclerc, *Ma vie privée*, La Table Ronde, 1963.
Marc Lemonier et Alexandre Dupouy, *Histoire du Paris libertin*, La Musardine, 2003.
Jean-Claude Loiseau, *Les Zazous*, Sagittaire, 1977.
Corinne Luchaire, *Ma drôle de vie*, Ed. Deterna, 2000.
Irène Nahour et Maurice Rajsfus, *L'Humour des Français sous l'Occupation*, Le Cherche-Midi, 1995.
Pascal Ory, *Les Collaborateurs, 1940-1945*, Le Seuil, 1976.
Bernard Oudin et Michèle Georges, *Histoires de Berlin*, Perrin, « Tempus », 2010.
Gilles Perrault, *Paris sous l'Occupation*, Belfond, 1987.
Gérard Régnier, *Jazz et société sous l'Occupation*, L'Harmattan, 2010.
Carlo Rim, *Le Grenier d'Arlequin*, Denoël, 1981.
Henri Rousso, *Les Années noires*, Gallimard, 1992.
Raymond Ruffin, *Violette Morris, la Hyène de la Gestapo*, Le Cherche-Midi, 2004.
Michel Soulais, *Arletty*, Ed. Dualpha, 1999.
Véronique Willemin, *La Mondaine*, Hoëbeke, 2009.

Composition et mise en page

NORD COMPO
multimédia

Achevé d'imprimer
sur Roto-Page
par l'Imprimerie Floch à Mayenne
pour le compte des Éditions Plon
76, rue Bonaparte
Paris 6e
en mars 2011

Dépôt légal : mars 2011
N° d'édition : 14685 – N° d'impression : 79271

Imprimé en France